数智时代职业素养拓展教材

新媒体内容创作与运营
文案+图片+视频+直播

李永玖　钱佳　主编
陈倩羽　韩玉梅　梁远山　参编

New Media Content Strategy:
From Creation to Monetization

北京·旅游教育出版社

图书在版编目（CIP）数据

新媒体内容创作与运营：文案+图片+视频+直播 / 李永玖，钱佳主编. -- 北京：旅游教育出版社，2024. 12. --（数智时代职业素养拓展教材）. -- ISBN 978-7-5637-4818-1

Ⅰ. F713.365.2

中国国家版本馆CIP数据核字第2024LY1109号

数智时代职业素养拓展教材

新媒体内容创作与运营：文案+图片+视频+直播

李永玖　钱佳　主编

陈倩羽　韩玉梅　梁远山　参编

策　划	李红丽
责任编辑	李红丽
出版单位	旅游教育出版社
地　址	北京市朝阳区定福庄南里1号
邮　编	100024
发行电话	（010）65778403　65728372　65767462（传真）
本社网址	www.tepcb.com
E-mail	tepfx@163.com
排版单位	北京旅教文化传播有限公司
印刷单位	天津雅泽印刷有限公司
经销单位	新华书店
开　本	710毫米×1000毫米　1/16
印　张	22.5
字　数	304千字
版　次	2024年12月第1版
印　次	2024年12月第1次印刷
定　价	49.00元

（图书如有装订差错请与发行部联系）

前 言
FOREWORD

新媒体运营能力是目前从事旅游服务、酒店管理、会展管理、宣传策划、销售推广等岗位工作必不可少的职业能力之一。新媒体以较低的推广成本、年轻且付费意愿强的客户群、与消费者面对面沟通的机制等优势，能够为景区、酒店、展览、商务服务等构建良好的形象，营造良好的舆论氛围，成为企业首选的营销平台。新媒体运营的关键在于构建准确的用户画像、采取差异化的产品策略、设计高转化的内容以及开展跨界且富有创意的活动。

党的二十大报告提出实施科教兴国战略，强化现代化建设人才支撑，对深化教育领域综合改革、加强教材建设提出新的要求。本书坚持立德树人，强调爱国主义、职业精神、工匠精神，通过理论教学和实践教学的结合，以典型项目案例设计的方式展开编写。全书包括"新媒体概论""新媒体文案写作""新媒体图片拍摄""视频拍摄与制作""直播"五个模块，涵盖新媒体运营各个环节的基础知识、基本理论和实训安排。

模块一"新媒体概论"，介绍了新媒体相关的理论基础知识，包括媒介的发展、营销的更迭、受众的升级和效果的多元，帮助读者构建新媒体领域的知识框架，为职业发展打下基础。模块二"新媒体文案写作"，包括通讯新闻写作、活动推广文案写作、产品推广文案写作，突出信息搜集与整理、文字编辑与写作技巧，聚焦组织机构新媒体的推广需求，从行文风格到文字编辑，体现组织传播的特征。模块三"新媒体图片拍摄"，介绍旅游类企业常见的图片宣传需求以及呈现方式，通过案例解读不同情境下的宣传需求，以项目为引导讲解实践操作的要求、标准、技术要点，包括自然风光、人文风光及产品的摄影。模块四"视频拍摄与制作"，解读了短视频产业发展现状，主要围绕自媒体内容创作需求，融入创新创业教育，本模块四个任务分别是旅行短视频拍摄与制作、产品短视频拍摄与制作、美食短视频拍摄与制作,以及酒店短视频拍摄与制作。模块五"直播",涉及用户画像、直播营销、直播带货策划实践和社群直播策划四个方面,根据工作流程介绍播前筹备、直播过程管理和直播后反馈三个环节中的工作要求和执行要点,注重对平台特征和规范的分析,帮助读者快速掌握直播的工作流程和合规化要求。

  本书结合数智技术赋能职业教育的创新发展,应对数字化转型、升级的主要挑战,帮助学习者建立对新媒体运营基本理论的理解,了解国内外新媒体领域的最新趋势和现状,掌握新媒体运营策划的基本流程和基本方法。通过本书的学习,学习者能够运用创新思维,完成高质量的新媒体内容创作和运营活动,提高品牌影响力和产品竞争力,并提出改进新媒体运营的策略以适应不断变化的市场需求。

  理论讲授指导和案例操作实战贯穿本书引导的教学过程,重点突出新媒体内容创作实践实训,力求实现"岗课赛证研"融通。在传授知识技能的同时,强调在岗体验,适合高等院校相关专业的学生和新媒体运营岗位职场新人使用。

编　者

目 录 CONTENTS

二维码资源列表 ··· 1

模块一　新媒体概论

任务一　新媒体的概念与特征 ··· 2
  任务分析 ··· 2
  知识准备 ··· 4
   一、新媒体的概念与特征 ··· 4
   二、新媒体平台及账号 ·· 6
  案例分析与实践 ··· 11
   一、新媒体平台特征分析 ·· 11
   二、新媒体形态的变化规律 ····································· 11
   三、创建新媒体账号任务工单 ································· 12
  任务考核 ··· 14

任务二　新媒体运营策略与技巧 ·· 16
  任务分析 ··· 16
  知识准备 ··· 18
   一、新媒体运营 ·· 18
   二、新媒体变现 ·· 20
   三、新媒体数据分析 ·· 23
  案例分析与实践 ··· 25

一、账号分析 ... 25
二、新媒体账号运营工单 ... 25
任务考核 ... 27

模块二　新媒体文案写作

任务一　新媒体文案概述 ... 30
任务分析 ... 30
知识准备 ... 32
一、新媒体文案的概念及特点 ... 32
二、智能写作工具与文案编辑 ... 36
三、新媒体文案创作技巧 ... 37
四、搜索引擎优化（SEO）的关键词设置 ... 44
案例分析与实践 ... 47
一、新媒体文案案例 ... 47
二、新媒体文案关键词设置案例分析 ... 48
任务考核 ... 50

任务二　新闻通讯写作 ... 52
任务分析 ... 52
知识准备 ... 54
一、新闻写作概述 ... 54
二、新媒体内容写作 ... 62
案例分析与实践 ... 70
一、新闻写作案例 ... 70
二、新闻写作案例分析任务 ... 72
三、新闻报道写作任务 ... 73
任务考核 ... 74

任务三　活动推广文案写作 ... 76
任务分析 ... 76

知识准备 78
一、活动概述 78
二、活动目标定位 81
三、活动推广文案写作 88

案例分析与实践 92
一、活动文案案例及写作要求 92
二、活动文案案例分析任务 94
三、活动文案写作任务 96

任务考核 98

任务四 产品推广文案写作 100
任务分析 100
知识准备 102
一、产品推广文案的功能与目标 102
二、产品文案受众分析 103
三、产品文案调研 106
四、推广文案结构与写作技巧 108
五、法律与伦理 114

案例分析与实践 116
一、产品文案写作案例分析 116
二、产品文案写作任务 118

任务考核 121

模块三 新媒体图片拍摄

任务一 摄影基础 124
任务分析 124
知识准备 126
一、摄影基础知识 126
二、摄影构图技巧 132
三、光线的类型 137

四、拍摄技巧 ……………………………………………………………… 138
　案例分析与实践 …………………………………………………………… 141
　　一、案例分析 …………………………………………………………… 141
　　二、摄影任务观察 ……………………………………………………… 142
　　三、摄影任务实践 ……………………………………………………… 143
　任务考核 …………………………………………………………………… 144

任务二　自然风光摄影 ……………………………………………………… 145
　任务分析 …………………………………………………………………… 145
　知识准备 …………………………………………………………………… 147
　　一、自然环境与摄影表现 ……………………………………………… 147
　　二、光线与时间、气候 ………………………………………………… 148
　　三、自然光在风景拍摄中的应用 ……………………………………… 150
　　四、拍摄时机与计划 …………………………………………………… 152
　　五、自然风光摄影的要点 ……………………………………………… 153
　案例分析与实践 …………………………………………………………… 158
　　一、自然风光摄影作品分析 …………………………………………… 158
　　二、自然风光拍摄任务 ………………………………………………… 159
　任务考核 …………………………………………………………………… 160

任务三　人文风光摄影 ……………………………………………………… 162
　任务分析 …………………………………………………………………… 162
　知识准备 …………………………………………………………………… 164
　　一、什么是人文风光摄影 ……………………………………………… 164
　　二、人文风光摄影的分类 ……………………………………………… 166
　　三、人文风光摄影的要点 ……………………………………………… 173
　案例分析与实践 …………………………………………………………… 178
　　一、人文风光摄影作品分析 …………………………………………… 178
　　二、人文风光拍摄任务 ………………………………………………… 179
　　三、人文风光拍摄计划制订 …………………………………………… 180
　任务考核 …………………………………………………………………… 181

任务四　产品摄影 ········· 183
　任务分析 ········· 183
　知识准备 ········· 185
　　一、产品特性分析 ········· 185
　　二、拍摄设备与器材选择 ········· 187
　　三、产品摄影照明技巧 ········· 189
　　四、产品摄影背景与道具设计 ········· 191
　　五、产品摄影构图与拍摄角度 ········· 192
　案例分析与实践 ········· 195
　　一、产品摄影作品分析 ········· 195
　　二、产品摄影拍摄任务 ········· 196
　　三、产品摄影拍摄计划制订 ········· 197
　任务考核 ········· 199

模块四　视频拍摄与制作

任务一　旅行短视频拍摄与制作 ········· 202
　任务分析 ········· 202
　知识准备 ········· 204
　　一、旅行短视频营销 ········· 204
　　二、摄像工具 ········· 205
　　三、摄像构图及拍摄技巧 ········· 211
　　四、影片制作 ········· 216
　案例分析与实践 ········· 219
　　一、旅行短视频脚本案例分析 ········· 219
　　二、旅行短视频案例特征分析 ········· 220
　　三、旅行短视频案例分析 ········· 220
　　四、旅行短视频拍摄任务 ········· 221
　任务考核 ········· 224

任务二　产品短视频拍摄与制作 ·················· 226
任务分析 ··· 226
知识准备 ··· 228
一、产品分类及特征分析 ································· 228
二、产品摄像工具的选择 ································· 229
三、产品拍摄灯光 ··· 230
四、拍摄道具与场景创意 ································· 233
五、产品拍摄方法 ··· 234
六、视频剪辑 ·· 236
案例分析与实践 ·· 238
一、产品短视频案例分析要点 ·························· 238
二、产品短视频案例分析 ································· 239
任务考核 ··· 243

任务三　美食短视频拍摄与制作 ·················· 245
任务分析 ··· 245
知识准备 ··· 247
一、旅游、美食与美食视频 ····························· 247
二、美食短视频摄像工具 ································· 249
案例分析与实践 ·· 257
一、美食短视频案例分析要点 ·························· 257
二、美食短视频案例分析任务 ·························· 259
三、美食短视频拍摄与制作 ····························· 260
任务考核 ··· 262

任务四　酒店短视频拍摄与制作 ·················· 264
任务分析 ··· 264
知识准备 ··· 266
一、短视频与酒店营销 ··································· 266
二、酒店短视频创作 ······································ 269
案例分析与实践 ·· 277

一、酒店短视频案例分析要点 ·· 277
　　二、酒店短视频案例分析 ·· 277
　　三、酒店短视频拍摄任务 ·· 279
　任务考核 ·· 281

模块五　直　播

任务一　直播工具与平台 ·· 284
　任务分析 ·· 284
　知识准备 ·· 286
　　一、直播类型及平台 ·· 286
　　二、直播道具及设备 ·· 288
　　三、直播账号 ·· 289
　　四、用户画像 ·· 290
　案例分析与实践 ·· 298
　　一、案例分析 ·· 298
　　二、直播实践任务 ··· 299
　任务考核 ·· 301

任务二　直播方案策划 ·· 303
　任务分析 ·· 303
　知识准备 ·· 305
　　一、直播策划 ·· 305
　　二、直播流量 ·· 306
　　三、直播营销 ·· 309
　　四、直播数据 ·· 311
　案例分析与实践 ·· 312
　　一、直播案例分析 ··· 312
　　二、直播实践任务 ··· 312
　任务考核 ·· 314

任务三 直播实践 ································· 316
  任务分析 ································· 316
  知识准备 ································· 318
   一、直播 ································· 318
   二、优化直播运营 ························· 321
   三、直播带货话术技巧 ····················· 324
  案例分析与实践 ··························· 326
   一、直播案例分析 ························· 326
   二、直播实训任务 ························· 329
  任务考核 ································· 331

任务四 社群直播 ································· 333
  任务分析 ································· 333
  知识准备 ································· 335
   一、社群 ································· 335
   二、社群运营 ····························· 336
   三、社群直播 ····························· 340
   四、社群直播分销系统 ····················· 341
  案例分析与实践 ··························· 342
   一、社群运营案例分析 ····················· 342
   二、社群直播实践 ························· 343
  任务考核 ································· 345

参考文献 ··· 346

二维码资源列表

章　节		资源名称	资源类别	所在页码
模块一	任务一	1-1 新媒体账号定位	视频微课	2
		任务考核答案 1-1	文本	15
	任务二	1-2 新媒体运营策略	视频微课	16
		任务考核答案 1-2	文本	28
模块二	任务一	2-1 新媒体文案关键词设置与 SEO 优化	视频微课	30
		任务考核答案 2-1	文本	51
	任务二	2-2 新媒体新闻类写作要点	视频微课	52
		任务考核答案 2-2	文本	75
	任务三	2-3 活动文案写作中 SMART 目标设定	视频微课	76
		任务考核答案 2-3	文本	99
	任务四	2-4 产品文案写作中的号召性用语	视频微课	100
		任务考核答案 2-4	文本	122
模块三	任务一	3-1 摄影曝光三要素	视频微课	124
		任务考核答案 3-1	文本	144
	任务二	3-2 自然风光摄影中的光线选择与应用	视频微课	145
		任务考核答案 3-2	文本	161
	任务三	3-3 通过城市街头摄影讲故事	视频微课	162
		任务考核答案 3-3	文本	182
	任务四	3-4 产品摄影布光的基本要求与创意表现	视频微课	183
		任务考核答案 3-4	文本	200

续表

章　节		资源名称	资源类别	所在页码
模块四	任务一	4-1 摄像机的运动及操作要点	视频微课	202
		任务考核答案 4-1	文本	225
	任务二	4-2 产品视频拍摄方法与实践	视频微课	226
		任务考核答案 4-2	文本	244
	任务三	4-3 用手机拍摄美食探店视频	视频微课	245
		任务考核答案 4-3	文本	263
	任务四	4-4 酒店短视频创作及营销	视频微课	264
		任务考核答案 4-4	文本	282
模块五	任务一	5-1 直播活动中的用户画像	视频微课	284
		任务考核答案 5-1	文本	302
	任务二	5-2 直播引流方法及应用	视频微课	303
		任务考核答案 5-2	文本	315
	任务三	5-3 直播带货话术技巧	视频微课	316
		任务考核答案 5-3	文本	332
	任务四	5-4 社群运营与社群直播	视频微课	333
		任务考核答案 5-4	文本	345

模块一

新媒体概论

任务一 新媒体的概念与特征 /2
任务二 新媒体运营策略与技巧 /16

任务一　新媒体的概念与特征

📝 任务分析

联合国教科文组织认为,"以数字技术为基础、以网络为载体进行信息传播"是新媒体的典型特征。新媒体是在计算机信息处理技术基础上出现和产生影响的媒介形态,通过互联网、宽带局域网、无线通信网、卫星等渠道,以及电脑、手机、数字电视机等终端,向用户提供信息和娱乐服务的传播形态。新媒体实现了所有人对所有人的信息传播。新媒体媒介形态的进化经历了从 1.0 到 2.0 再到 3.0 时代的变迁。在不断发展的过程中,新媒体的内涵也在不断发生变化。

本部分的学习任务如表 1-1-1 所示。

表 1-1-1　学习任务表单

任务概述	（1）了解新媒体的基本特征：从传播层面来说，新媒体以全时传播、全域传播、全民传播、全速传播、全媒体传播、全渠道传播、全互动传播、去中心化传播为主要特征。 （2）熟悉不同的新媒体平台：新媒体主要包括政务新媒体、企业新媒体、地方新媒体、新媒体联盟、自媒体，以"两微一端"为主的新媒体平台居于核心地位。小红书、微博、今日头条、抖音、快手、西瓜视频、网易号等均是使用率较高的新媒体平台。 （3）创建新媒体账号：新媒体账号运营最重要的是内容运营，只要用户能输出高质量的内容，即使粉丝基数不大，也可以得到平台的流量推荐。
学习目标	知识目标： （1）了解新媒体的概念和特征； （2）掌握新媒体平台的类型； （3）掌握新媒体账号的基本要素； （4）掌握账号定位的基本步骤。 技能目标： （1）能正确选择和使用新媒体平台； （2）能根据账号内容、用户特点及平台优势创建新媒体账号； （3）能熟练运用账号定位的方法和策略。 素质目标： （1）培养学生开拓进取的精神； （2）培养学生严谨科学的工作态度； （3）树立民族自信和文化自信； （4）提升独立思考能力，培养新思维能力。
学习内容	（1）了解新媒体与传统媒体的异同，更好地运用新媒体的优势。 （2）了解新媒体与传统媒体的区别：从技术层面看，凡是基于数字技术在传媒领域运用而产生的新媒体形态即新媒体；从受众层面看，新媒体是"受众主导型"，传统媒体是"主导受众型"，在新媒体中，受众有更大的选择权；从时效层面看，新媒体传播跨越时空，传统媒体有明确的发布时效、时段。 （3）掌握注册和创建新媒体的步骤，一般包括选择平台、准备材料、填写注册信息、验证身份、创建账号、完善个人信息和介绍等。成功注册和创建新媒体账号后，最重要的是内容运营，即通过发布有价值、有吸引力的内容吸引用户关注和参与。 （4）了解账号定位：无论是横向布局还是纵向布局，账号定位最好保持一致，如果用户不精准，会出现无效运营的情况。
学习重点	了解门户媒体、社交媒体及智能媒体时代的不同"新媒体形态"。
学习难点	能根据账号定位的核心逻辑与人设打造要素，完成账号定位。

知识准备

一、新媒体的概念与特征

1. 新媒体的概念

新媒体是一个相对的概念。随着互联网技术及以手机为代表的移动硬件的普及，与过去相比，手机、电视、网络直播、社交软件、信息发布软件等在技术、传输方式上都发生了变化。在不断发展的过程中，新媒体的内涵也在不断发生变化。我们认为新媒体是相较于报刊、广播、电视等传统媒体而言的，是在传统媒体以后发展起来的新的媒体形态。从广义上讲，新媒体泛指一切利用计算机网络和卫星等数字技术向用户提供信息和服务的通信形式。网络媒体、互动式数字电视、手机移动终端等都属于新媒体的范畴。新媒体正在逐步取代传统媒体成为使用率较高的媒体形态，社交媒体、新闻客户端成为日益重要的资讯获取通道。新媒体跨屏使用行为普遍，多屏互动有较大发展。

新媒体运营是通过现代化移动互联网手段，利用抖音、快手、微信、微博、贴吧等新兴媒体平台工具进行产品宣传、推广、营销的一系列运营手段。

2. 新媒体媒介形态的进化

（1）Web 1.0 推动的门户媒体时代

新媒体的表现形态是"网络—人"的二维关系，是从网站到用户的单向行为，互联网络是信息提供者。主要特点是单向性的提供和单一性的理解。

（2）Web 2.0 推动的社交媒体时代

随着智能手机的普及，手机网民数量大幅增长。于是，互动性和即时性更强的社交媒体成为 Web 2.0 时代的主体。用户提供信息，其他用户可以获取信息。

（3）Web 3.0 推动的智能媒体时代

由于移动互联、大数据和人工智能等新技术的广泛应用，新媒体的发展进入了智能媒体时代。网络对用户了如指掌，知道用户的特征、需求及行为习惯，进行资源筛选、智能匹配，直接给用户提供答案。

新媒体媒介的属性分析如表 1-1-2 所示。

表 1-1-2　新媒体媒介的属性分析

媒介	表现形态	本质	特征	新媒体角色
门户媒体	网络—人	聚合、联合、搜索巨量芜杂的网络信息	只满足了人们对信息搜索、聚合的需求，而没有满足人与人之间沟通、互动和参与的需求。	信息提供者
社交媒体	人—人（以网络为沟通渠道进行人与人的沟通）	个体创造与群体协作的联合，也就是个人为主体的社会关联	"关系为王"逐渐取代了"内容为王"，网络社会的属性更加清晰；社交媒体更注重用户的交互作用。	平台
智能媒体	人—网络—人	智能媒体成为用户需求的理解者和提供者	互联网内容的聚合更自由和高效；互联网服务更具普适性；用户体验的个性化定制。	用户需求的理解者和提供者

3. 新媒体的特征

新媒体具有全时传播、全域传播、全民传播、全速传播、全媒体传播、全渠道传播、全互动传播、去中心化传播的优势，其具体特征如下。

（1）即时性

在新媒体环境中，计算机网络技术的发展使信息得以即时传播，数以亿计的网络用户可以随时随地把所见所闻、所思所想传播到网络空间。

（2）互动性

随着新媒体的出现，普通公民通过网络表达自己的意见成为常态。基层话语权得到前所未有的尊重。互联网用户既是信息接收者，又是信息的提供者和发布者。过去，传统媒体是舆论的最主要生产者，社会上的热点话题首先从传统媒体产生；现在，常常个人媒体的信息发布和网友之间的互动成为舆论的重要信息源。新媒体以一种有别于传统媒体的方式影响着我们的社会生活。

（3）共享性

数字媒体使信息的传播和流通更加自由，改变了以往多媒体区域传播的特点，将传播范围扩大到全世界，可以在任何地点和任何时间与任何人交流。同时，网络用户可以决定接收信息的时间、内容、主题，还可以随时反馈信息、参与评论。新媒体完成了从"一对多"到"多对多"的形式转换，具有与用户互动的功能。其信息交流极为丰富，完全摆脱了时间、地点的限制。

（4）海量性

通过采用多媒体技术对文字、图形、声音和图像进行综合处理，新媒体融合了传统媒体的优势，具有文本、声音、动画、视频等其他通信方式以保存信息。

（5）个性化

受众不再被动地接收按照线性广播过程编辑的媒体内容，而是根据他们的兴趣和需求在无限的信息空间中搜索、选择和传播节目。网络通信不仅全面、主动，并且具有较高的参与性、透气性、操作性和交互功能。

4. 新媒体的影响

（1）融合性

在通信技术、网络技术、数字技术等技术的基础上，通过媒介所有权的融合，新媒体可实现不同媒介内容传播形态的融合、传播渠道的融合、媒介终端的融合。

（2）共享性

"共享经济"这一概念最早由美国得克萨斯大学社会学教授马科斯·费尔逊和伊利诺伊大学社会学教授琼·斯潘思提出。"协同消费"（collaborative consumption），即个体通过第三方市场平台实现点对点的直接的商品和服务的交易，这种新的生活方式已成为新媒体时代的主要特点。我们发现有越来越多的共享社会形态出现，如物质共享——共享图书、共享衣物等。

（3）去中心化

在新媒体时代，人人拥有传播权。由于互联网是去科层化①的，它重构了信息沟通机制，减少了传播的层级，这样信息可以直接和迅速传播，打破了原有的"中心"，也就是"去中心化"。我们可以看到，在新媒体时代，信息在社会中的传播，从传统媒体的单向沟通模式，即"我说你听"的广播模式，转向了"人人皆可说"的广场模式，摆脱了传统权力中心对信息传播的控制。

（4）圈层化

新媒体的广泛运用，包括微博、微信、知乎、豆瓣等在内的社交媒体重构了人际传播和群体传播的形态，人们结成一个相互作用、紧密联系的社区。

二、新媒体平台及账号

1. 新媒体平台类型

了解新媒体平台的分类及其特征，既有助于用户更好地利用这些资源，也可以为内容创作者和企业制定更有效的策略提供基础。常见新媒体平台的

---

① 去科层化，指的是通过减少组织层级或打破信息垄断，提升效率和透明度的过程。

类型如表 1-1-3 所示。

表 1-1-3 新媒体平台的类型

类型	具体平台
社交媒体	微信、微博、QQ、百度贴吧、豆瓣、小红书、虎扑社区等
咨询门户	百度知道、知乎、腾讯问问、天涯问答、360问答等
视频媒体	视频类平台主要分为中视频、长视频和短视频平台。其中短视频平台常见的有抖音、快手和微信视频号,中视频平台包括西瓜视频,长视频平台主要包括哔哩哔哩
音频平台	喜马拉雅、荔枝 FM、蜻蜓 FM、懒人听书等
电商	京东、淘宝等
图文媒体平台	以微信公众号、百家号、企鹅号、知乎自媒体为代表,这些内容平台对图文形式相对比较友好

2. 新媒体账号

（1）账号注册

新媒体账号注册的要求如表 1-1-4 所示。

表 1-1-4 新媒体账号注册的要求

基本资料	账号名称、头像及介绍（刊例）
选择领域	申请时确定领域一般不可更改,提前确定好制作哪个领域的图文、视频、音频
身份信息	运营者身份证及手持身份证照片
辅助资料	一般需要用到微信公众号、微博、博客及其他平台新媒体账号等,根据要求选择其中 1~2 种方法填写

新媒体账号的取名原则：好识记、好理解、好传播,如加量词、加命令动词、用叠词、使用数字等。账号名称要避免生僻字和繁体字。

头像的选择能给用户带来直观印象。当不确定用何种头像时,可直接参考头部达人的头像,或者有一定影响力的同行账号的头像。但要避免以下几点：

①以风光背景为头像,毫无亮点;

②以动物图片为头像,显得不专业,除非是相关行业;

③以产品或者二维码为头像,很容易让用户产生反感;

④以人群为图像,用户第一眼看不到你在哪儿;

⑤虽然以人像为头像,但是图片背景大过人物,人物成为衬托,失去焦点。

刊例是直播账号的说明书和广告，除了承担价目表的功能以外，同时还是一部品牌介绍手册，是对公司、博主、品牌的理念、态度、价值、身份及提供的服务的全方面展示，能够让受众看到刊例以后，对你形成明确的概念和印象。通过刊例告诉用户账号是做什么的，有哪些合作方式。刊例要简单明了、一针见血，提取一两个重点即可，不要有生僻字，以便粉丝搜索。

例如，"×××分享四级备考经验及技巧……每周六晚8点准时开播，带给你不一样的实战思维！"这种定位设置精准、详细，既说明了侧重的方向，又公示了直播的时间和频次，会大大提升用户的认知度。

下面以头条号为例解读新媒体账号注册的注意事项。头条号是今日头条旗下的媒体平台，便于企业和个人在移动端通过获得更多曝光，提升自身影响力，进而实现品牌价值传播和内容创作变现。头条的主要商业模式为广告和电商导购。企业如需宣传产品特性，可在头条上由企业号或者第三方自媒体作者发布可读性强的优质文章，还可使用"号外"功能进行推广。头条号含插入商品外链功能，在文章中含有链接图片，点击图片会跳转到京东、亚马逊、天猫等外部平台，在文章中使用此功能可正常通过审核。对头条号平台的具体分析如表1-1-5所示。

表1-1-5 头条号平台分析

新媒体平台	头条
入驻者类别	个人用户、企业用户、机构用户
内容创作	图文、视频
填写资料	1. 内容 （1）头条号名称； （2）头条号介绍； （3）头条号头像； （4）辅助资料。 2. 相关要求 （1）头条号名称和介绍不能包含有博客字眼； （2）头条号头像不能包含有网址； （3）辅助材料填写5篇及以上含有自己署名的文章名称及链接，可以是自己博客的文章，文章中的作者或版权声明中要出现头条号名称。

续表

平台 主要功能	1. 发表 一个刚注册好的头条号在后台会有一个"新手"标识，此时一天只能发表一篇文章，暂时无法开通头条广告、原创及微信同步等功能。此时发表文章只有两个基本功能：封面和设置。 （1）封面有三个选项可选：自动、单图和三图模式。单张图片最大支持5MB，视频支持2GB，暂不支持一篇文章上传多个视频和插入第三方网站视频。 （2）设置：可以设置是否投放广告。广告分为头条广告和自营广告。 2. 管理 一个新头条号有两个基础的功能：内容管理和评论管理。 3. 数据统计 文章分析、头条号指数和粉丝分析。 4. 号外 为帮助头条号运营者获得更好的曝光与推广，今日头条官方推出了号外功能，头条号运营者可以通过付费增加文章的阅读量。
常见错误	1. 标题错误 （1）标题含特殊符号； （2）标题全部为英文、外文、繁体字，含特殊、敏感信息； （3）标题冒用头条名义； （4）涉嫌不雅甚至恶俗信息。 2. 正文错误 （1）文章正文出现全文繁体字、全文英文、全文或大段乱码、未分段或无标点；正文内容不完整或重复，正文缺失或有多个重复的段落或图片，影响整体阅读体验； （2）文章为旧闻（以文章具体发表时间为准，4天前发布于网络且非长时效的内容，系统会将其判断为旧闻）； （3）内容低质（图片类除了漫画、财经、棋谱、试卷、单张长图外，以图片为主或图文夹杂的文章，图片少于3张，并且内容不完整、不丰富，直接不予推荐；文字类除了诗歌、短新闻、行业资讯外，以文字为主体的文章，内容不完整或不丰富，只有1段或者不足5行，不予推荐）。

（2）账号定位

账号内容垂直深耕细分领域是最优的定位方法，原因如下：

①维持用户黏性是关键。有用户才有流量变现的可能，因此维持用户的黏性非常重要。很多用户的关注只是一时兴起，一旦用户感觉到无聊了，就会随时取消关注。如何维持用户黏性，对那些刚加入短视频行业的内容创作者来说是一件比较困难的事。对内容进行垂直深耕能较好地避免这种问题，因为垂直深耕的内容大多是在某一领域经过长时间打磨的，而且制作精良，能够有效避免用户产生视觉疲劳，这样便能持续不断地吸引用户，维持用户的黏性。

②吸引用户群体的话题是形成互动的基础。新媒体主要用户群体，尤其是"Z世代"人群（该概念将在"模块五—任务—四、用户画像"中详述）表达欲较强，且对同龄人的想法和好恶存在普遍的好奇心。账号内容，不管是图文还是视频，越细分就越能引起用户的讨论。

③在新媒体领域，垂直深耕的内容很容易使话题发酵，这些话题不仅会成为用户群体的谈资，还会成为同行甚至是电视、报纸等传统媒体关注的对象。这样一来就可以提高自身曝光率，继而扩大在新媒体领域的影响力。

账号定位步骤如表1-1-6所示。

表1-1-6 账号定位步骤

筛选账号内容	了解用户	筛选平台
我所好	用户群体	精准定位
我所长	用户需求	垂直投放
定语+身份标签	我能提供	商业合作

案例分析与实践

一、新媒体平台特征分析

分组检索新媒体各大平台，每一组负责一个平台（导购类平台、视频类平台、社交类平台和音频类平台等）类别，制作一份表 1-1-7 所示的演示资料，向同学们详细介绍平台的发展历程、目标用户群、功能、营销案例等。每一组汇报结束后，其他组学生针对该平台不清楚的地方进行提问，讲解组进行解答；若无法解决则教师组织一起讨论解决，并由教师进行答疑、总结、点评。

表 1-1-7 新媒体平台分析

平台类别	
平台发展历程	
目标用户群	
内容体系	
平台功能介绍	
平台营销案例	
其他	

二、新媒体形态的变化规律

新媒体形态的变化规律反映了技术、用户需求和社会文化等多方面的互动，如表 1-1-8 所示。随着技术的不断进步和用户需求的多样化，新媒体形态将继续演变，新的平台和形式会不断涌现，推动信息传播和社会互动的方式持续改变。这一变化不仅影响了用户的内容消费习惯，也为内容创作者和企业提供了新的机遇和挑战。根据搜集资料情况补充填写完成表1-1-8。

表1-1-8 新媒体形态的变化规律

序号	内容	变化		不变	
1	使用形态	从"大媒介"向"小媒介"演变。	核心价值	满足人的需求，强调现实需求或潜在需求的体验，主要是务实精神和人性化的极致体验。
2	表现形式		社会服务功能	
3	功能			

三、创建新媒体账号任务工单

1. 任务要求

创建新媒体账号不仅是技术上的操作，更需要战略规划和持续努力。通过明确的定位、高质量的内容输出和积极的用户互动，你才可能在新媒体领域中建立起自己的影响力。表1-1-9明确了本次实践创建新媒体账号的任务要求。

表1-1-9 任务要求

任务	任务描述
任务目标	能够根据新媒体平台、账号的定位完成前期的策划，刊例能够体现该账号的理念、态度、价值、身份以及所提供的服务，能够让受众看到刊例以后，对你形成明确的概念特征和印象；账号首页特点鲜明，展示完整。
任务要求	（1）选择新媒体平台 根据新媒体平台的类型及特点，结合拟创建账号的定位，选择合适的新媒体平台，并了解平台典型营销策略。 （2）创建新媒体账号 完成新媒体账号的注册和创建。账号应具有特色，刊例能体现账号定位，用户画像精准。

2. 创建账号

根据自身媒体使用习惯创建一个新媒体账号，并完成表1-1-10进行账号分析。

表 1-1-10 账号分析

序号	题目	内容
1	账号名称	
2	账号图像	
3	账号平台	
4	用户画像	
5	账号类型	
6	账号内容	

任务考核

一、单选题

1. 下列不是新媒体特点的是（　　）。
   A. 即时性　　　　　　　　B. 海量性
   C. 互动性　　　　　　　　D. 传播速度慢

2. 下面哪种媒体形式属于新媒体？（　　）
   A. 微信　　　　　　　　　B. 广播
   C. 电视　　　　　　　　　D. 杂志

3. 以下哪个概念不属于 Web 3.0 的范畴？（　　）
   A. 智能网　　　　　　　　B. 语义网
   C. 门户网站　　　　　　　D. 大数据

4. 我国发布网络行业伦理规范的主要社会组织是（　　）。
   A. 中国互联网协会　　　　B. 中国电子商务协会
   C. 中国互联网络信息中心　D. 中国软件行业协会

二、多选题

1. 以下哪些是新媒体的特征？（　　）
   A. 互动性　　　　　　　　B. 单向性
   C. 网络化　　　　　　　　D. 个人化

2. 短视频变现方式有（　　）等类型。
   A. 平台红利　　　　　　　B. 电商
   C. 广告　　　　　　　　　D. 付费内容

3. 以下哪些为社交媒体？（　　）
   A. 百度知道　　　　　　　B. 知乎
   C. 微博　　　　　　　　　D. 小红书

4. 以下不属于头条内容的常见错误的是（　　）。
   A. 诗歌　　　　　　　　　B. 短新闻
   C. 行业咨询　　　　　　　D. 不足5行的文字

三、判断题

1. 新媒体是相较于传统媒体而言的，是在传统媒体以后发展起来的新的媒体形态。网络媒体、互动式数字电视、手机移动终端等都属于新媒体的范畴。（   ）

2. Web 2.0 推动的社交媒体时代，新媒体的表现形态是"网络—人"的二维关系，是从网站到用户的单向行为，互联网络是信息提供者。
（   ）

3. 图文形式的内容在微信公众号、企鹅号、知乎自媒体平台使用较多。
（   ）

4. 新媒体具有全时传播、全域传播、全民传播、全速传播、全媒体传播、全渠道传播、全互动传播、去中心化传播的特点。（   ）

任务考核答案 1-1

任务二　新媒体运营策略与技巧

✍ 任务分析

新媒体正在成为第三方话语权的重要组成部分。对新媒体运营者来说，好的账号内容有利于增加粉丝数量和用户黏性，提高商业转化及运作的效率。通过有效运用平台优势，使用新媒体账号营销策略，可以有效提升品牌或者产品知名度，扩大影响力。

本部分的学习任务如表 1-2-1 所示。

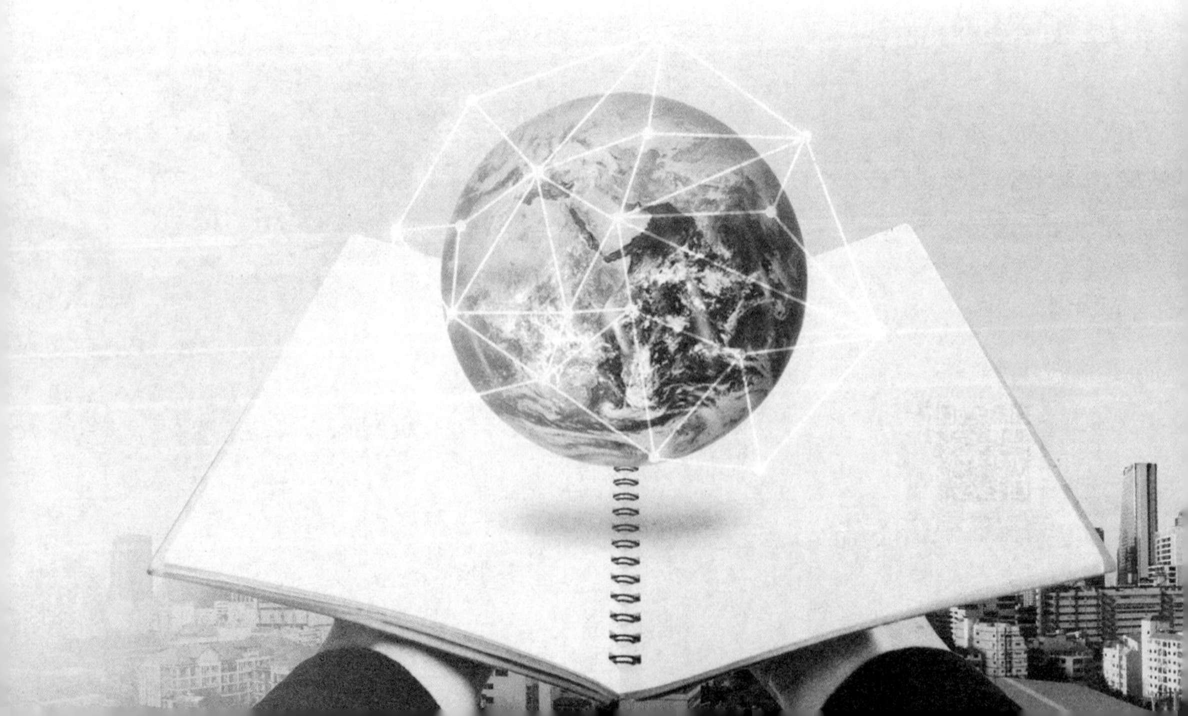

表 1-2-1　学习任务表单

任务概述	（1）完成一期账号内容运营，包括文案撰写、营销策略等。确保在合法合规的前提下，每期内容吸引力不断提升。 （2）实现有效且有特色的营销：以新媒体平台为载体，以获得品牌的提升或销量的增长为目的。具有互动性良好、参与感强的特点。新媒体营销应注重多种营销模式的联合使用，以用户为核心，让用户参与品牌或产品的整个建设过程，增加消费者对品牌或产品的认同感。 （3）做好数据分析：在收集运营数据后加以详细研究，提取有用信息并形成结论。用数据指导账号运营，驱动营销策略。账号优化和数据分析是相辅相成的。通过分析数据得知账号运营哪些环节可以继续优化提升，而账号优化的结果也将直接反馈到数据指标上。
学习任务	知识目标： （1）了解账号运营思维的类型； （2）掌握新媒体变现的路径； （3）掌握新媒体营销的模式； （4）掌握数据分析的基本要素。 技能目标： （1）能正确运用新媒体运营思维； （2）能根据账号定位，做好新媒体营销策划； （3）能熟练运用数据分析的方法和策略。 素质目标： （1）培养学生开拓进取的精神； （2）培养学生严谨科学的工作态度； （3）树立民族自信和文化自信； （4）提升独立思考能力，培养新思维能力。
学习重点	采用有效的新媒体营销策略与技巧进行账号运营。
学习难点	能根据重大选题策划规范，结合热点完成重大选题策划。

📝 **知识准备**

一、新媒体运营

1. 运营思维

（1）相关概念

要了解新媒体运营思维，我们先来了解下"产品"和"用户"这两个概念。

产品通常指能满足人们某种需求的任何东西，包括有形的物品、无形的服务、组织、观念或它们的组合。

用户即新媒体粉丝。粉丝在互联网中以社群的形态聚集，通过社群有效连接产品和用户，是运营工作的重点。

（2）运营思维类型

运营思维类型通常包含五种：产品思维、用户思维、数据思维、场景化思维及互联网思维。

产品思维，即以产品为核心的运营思维。新媒体运营的内容和服务都是提供给用户的产品。新媒体产品的好坏不仅关乎其质量，还取决于它满足用户需求的程度，以及产品收益、产品的社会效益和社会责任。

用户思维，则注重社群的运营。社群的建立和粉丝维护需要结合运营推广需求进行长期规划，定位不清晰、功能不明确的社群有可能会起到反作用。

数据思维，是指通过各种方法收集用户的数据，将落脚点和具体的业务紧密结合。通过了解用户需求，改进运营决策并推动产品不断迭代升级。数据思维的目的是了解数据背后的人，核心是数据分析。

场景化思维，是指把产品嵌入用户日常所见的情境中，让用户产生身临其境感。如，"使用××智能音响，让你置身演唱会现场"就是场景化描述。

互联网思维，是指在互联网对社会生活各个方面的深入影响下，对用户、产品、营销，乃至对整个价值链和生态系统重新审视的思维方式。相较于工业化思维而言，互联网思维更加凸显商业民主化和用户至上，并具有颠覆性创新和开放中博弈的特点。

2. 运营流程

新媒体运营流程通常包含四个阶段：市场调研、内容创作、数据统计和迭代优化。

（1）市场调研

市场调研包括产品调研、用户调研、竞品调研等，调研工作贯穿运营工作的始终，是新媒体运营中最重要的一环，为后面的步骤打下基础。

（2）内容创作

内容创作是市场调研的延伸实践过程，是新媒体运营的核心。内容创作的最终目的和价值标准是吸引用户，完成拉新、促活、留存、转化。优质内容的要素通常包括：统一的风格、优质的封面、精致的内容、合理的排版及人设的建构。

打造爆款内容需要深入了解受众、精心策划、持续优化和积极推广。成功的内容往往是多种因素共同作用的结果（见表1-2-2）。

表1-2-2 打造爆款内容

热门话题	原创内容	重大事件
根据当前热点策划专题	结合账号定位策划相关主题内容	针对可预见的重大事件做专题策划

（3）数据统计

统计推送内容产生的各种数据，做好用户的参与量、表单的填写率等数据的统计。

（4）迭代优化

在复盘阶段，依据用户调查和数据统计分析得出的结果持续优化产品，获取精准的流量。

3. 新媒体运营文案创作技巧

新媒体运营需要精准定位受众、优化内容、增强互动、利用数据分析，同时保持灵活应变和持续创新，以提升品牌影响力和用户参与度。新媒体运营文案创作技巧如表1-2-3所示。

表1-2-3 新媒体运营文案创作技巧

序号	内容	说明
1	优化标题	标题应尽量在特定的环境里达到吸引用户注意的目的，并且传递完整且正确的信息，用好最关键的前3秒。
2	图片	选择与文章相关的优质图片。
3	内容创作	明确文案写作的目的，找到目标用户，将他们关注的问题进行细分，再逐个解决。具体包括：主题描述、故事梗概、场地和道具要求，以及人员分工。

续表

序号	内容	说明
4	营销策略	通过借势营销等营销策略，巧妙地将热点事件与自己的产品相结合；善于使用基于感情色彩的沟通内容，触达用户的内心世界，引起共鸣；制造话题，以事件某方面为基点，通过矛盾对比制造冲突感。
5	变现模式	根据账号类型、选题内容选择合适的变现模式。
6	排版	（1）排版图片 图文尺寸推荐 900px（宽）× 500px（高），格式为 JPG、PNG、GIF 等。封面图大小不超过 5M，关键信息可以放在图片 500px × 500px 的位置。 （2）文案配图 图片要与内容一致；采用多张图片时，保持风格一致；图片与文字最好隔一行。 （3）文字字号 文字的排版非常重要。具体到每一段、每一句、每一个标点符号，都蕴含排版的技巧。可使用的排版工具有秀米等，其功能的差距不大。标题建议采用 18～20 号；正文建议采用 14～17 号；若有标注，建议采用 10～12 号（可根据实际情况进行修改）。

二、新媒体变现

1. 盈利模式

（1）知识付费

知识付费的门槛没有人们想象中那么高，并不是需要有一定成就才能做。你只需要在某个领域比一部分人强，就可以教这一部分人。关于付费阅读，目前仍处在发展阶段，包括优质内容是否应无门槛传播在内的问题也仍有争议。因此，习惯享受免费资源的用户能否接受内容付费，还有待进一步观察。但不可否认的是，越来越多的人正接受这一模式。包括豆瓣阅读在内的成功案例可供参考。

（2）会员付费

会员体系的目标是让用户留存和复购，提供优质的服务和内容，提高消费黏性，从而降低对其他平台的依赖性。当然，好内容和好模式被受众广泛认可是会员体系达成的前提。

（3）广告

新媒体最直接的盈利方式之一为广告。例如，在微信平台上，通过明码标价，售卖单图文或多图文头条、末尾或其他位置等广告位。广告形式可以是硬广告,也可以在文章中植入软广告。

(4)电商带货

带货是新媒体的主要盈利方式之一。当新媒体账号人气足够大时,借助于微信支付和微店的功能从事电子商务便成为可能。很多新媒体账号的最终目的就是带货变现。例如,短视频玩家因为某个视频爆火,带来了流量,积累了一定用户后,就可以开始带货。带货的内容包括第三方产品和/或自有产品。直播带货和视频带货的门槛一样,须至少拥有1000名粉丝,发布不少于10个视频。以抖音为例,博主达到开通带货门槛后,缴纳500元保证金,可以获得电商平台授权的带货资格,带货成功后会有佣金收益。此外,博主还可以开通抖店,缴纳保证金(不同类目的保证金金额不同),再缴纳500元开通橱窗,就可以带自己的货。需要注意的是,带自己的货,虽然利润高,但需要解决仓储、物流、售后等各方面的问题,因此拥有成熟的团队是基础。

(5)自媒体联盟

自媒体联盟由各个行业、各个领域的自媒体创建者组成。联盟选出负责人,由负责人统一接受企业的广告需求,再依据不同自媒体的特点,把广告派发到自媒体个体。

(6)直播打赏

直播的变现能力很强。直播打赏是网络直播行业探索形成的盈利模式,也是行业和主播的主要收入来源之一。直播打赏与知识付费、网红经济等概念联系紧密,用户打赏动机可能是出于对优质内容的纯粹赞赏,也可能是为了支持主播而产生的情感溢价,当然也不排除二者皆有的情况。

(7)平台佣金

企业选择自媒体进行品牌传播,自媒体通过发布企业的推广信息赚取佣金。该模式越来越得到企业与微信自媒体的认可。采用这种商业模式的平台逐渐增多。

2. 营销策略

新媒体营销重在自身有创意、能够引起话题,若能达到自传播,则能极大地扩大营销效果。例如,通常采用红包、抽奖、游戏等方式,以为用户提供实际的利益为基础,具备参与门槛、成本低的特点,对用户而言具有极大的诱惑力。再如,通过组织线上活动,以好玩驱动,将活动跟"未知"结果联系到一起,具有悬念性,能吸引受众积极参与。

营销模式有多种，事件营销、情感营销、社群营销等均为常见的新媒体营销模式。通常同时使用多种营销策略，以提升品牌知名度，丰富产品内涵。例如，通过与其他商家、热门 IP 联名等多种方式强强联合、协作营销。

（1）事件营销

事件营销是通过策划、组织和利用当下有新闻价值、社会影响力以及名人效应的流量人物和事件热点，吸引媒体、社会团体和消费者的关注，以提高企业产品或服务的知名度、美誉度，树立良好的品牌形象，并最终促成产品或服务销售的手段和方式。

（2）病毒营销

病毒营销是利用公众的积极性和人际网络，让营销信息像病毒一样进行传播、扩散、复制，使信息短时间内传向更多的受众，并能深入消费者的脑海。对品牌而言，这种方法最主要的作用就是让人们对其产生印象。病毒营销可以说是新媒体营销最常用的网络营销手段之一，用于产品或服务的推广。

（3）互动营销

新媒体的典型特征就是互动性和参与性。互动营销是一种企业与消费者共同采取的行为，通过抓住双方的利益共同点，巧妙使用沟通时间和方法，拉近企业和消费者之间的距离，将彼此紧密连接在一起。互动营销有利于了解消费者的真正痛点，提升客户忠诚度，促进消费者重复购买，有效地支撑关联销售。

（4）情感营销

情感营销就是把消费者个人的情感差异和需求作为企业营销推广的战略设计。通过借助情感包装、情感促销、情感广告、情感口碑、情感设计等策略来实现企业的营销目标。通过建立一种感情上的满足、心理上的认同，引起消费者的共鸣，为企业品牌树立一种更加立体化的形象。

（5）口碑营销

在新媒体时代，资讯快速更替，消费者对广告、新闻等资讯都具有较强的免疫力，只有不断制造新颖的传播内容才能持续吸引大众的关注。经营好口碑营销，既是企业营销的核心，也是营销策略成功的关键。

（6）饥饿营销

商家通过广告促销宣传，在勾起顾客购买欲的同时，采取饥饿营销手段，让用户等待，提升产品销量。同时未来也可使品牌产生高额的附加价值，为品牌树立高价值的形象，为未来提升销量奠定客户基础。

（7）知识营销

知识营销是将企业拥有的对用户有价值的知识，如产品知识、专业研究成果、经营理念、管理思想、企业文化等通过有效的传播方法和合适的传播渠道传递给潜在用户，潜移默化中形成对企业品牌和产品的认知，并将潜在用户最终转化为用户的营销模式。通常来说，知识营销的目标客户具有知识素养高、消费能力强、忠诚度高等特点。

（8）会员营销

会员营销是一种基于会员管理的营销方法，其充分利用新媒体背后的大数据，对消费者、潜在客户进行信息挖掘，细分用户种类，挖掘用客的后续消费潜力，并对相应的用户采取更为合适的促销手段。会员营销汲取终身消费价值，通过吸纳普通顾客转化成会员，以及客户转介绍等方式，实现客户价值最大化。会员营销通常需要通过设计完整的商业环节，达成更高指标，来实现企业效益和规模的不断扩大。

（9）社群营销

社群营销是一种利用某种载体来聚集人气，通过产品和服务满足相同或相似的兴趣爱好群体的需求而产生的商业形态。社群营销的载体为各种新媒体平台，较常使用的包括微信群。

3. 营销活动步骤

（1）启动

官微正式发布活动信息，如各大品牌商转发活动、发布奖品长图清单。

（2）造势

通过引导用户晒免单截图，邀请"大V"助阵，提升话题讨论度和参与度。

（3）高潮

公示中奖名单，将人气推向高潮。

（4）收官

做好售后服务及复盘工作。

三、新媒体数据分析

1. 分析工具

可使用的新媒体数据分析工具比较多，常用的有飞瓜数据、卡思数据、新榜以及蝉妈妈等。对创作者来说，充分利用这些数据分析工具，有利于提高短视频运营效率和优化运营策略。

2. 主要作用

新媒体的所有运营行为都是以数据为导向的。数据分析有助于运营者持续了解播放量、点赞量、转发量，以便运营者通过观测后续数据发展，调整账号的内容、发布时间和发布频率，提升账号的平台流量。

3. 数据分析指标

（1）播放量

播放量指的是视频在某个时间段内被用户观看的次数，主要体现视频的曝光量。播放量越高，说明视频被用户观看的次数越多。播放量是衡量用户观看行为的重要指标。

（2）点赞量

点赞量指账号内容获得的点赞数。新媒体平台会利用大数据技术，根据用户的点赞行为、留言行为、收藏行为对用户的喜好进行分析，并向用户推荐符合他们喜好的新媒体内容。用户的点赞量会对播放量产生影响。

（3）评论量

评论是发布者和受众之间互动的一种方式。评论的数量和质量是衡量账号内容质量和受欢迎程度的一个重要的参考指标。评论互动可以增加使用乐趣，有助于提升账号的曝光度。

（4）转发量

转发量越大，平台给予该内容的流量就越高。因此，转发量是判断账号内容贡献值的重要标准之一，也是突破流量层级的关键指标。以抖音为例，站外的转发量尤其被重视，因为站外的转发会被抖音系统判断成推广抖音平台，系统也会更多地给予该账号流量倾斜。

（5）收藏量

收藏量与作品的有用程度相关，更聚焦的选题、更高质量的内容更容易被用户收藏。以视频为例，视频的播放量与视频的收藏量和视频的完播率有关。

（6）完播率

完播率主要作为视频指标，与视频内容质量、创意相关。完播率越高说明内容越吸引人。

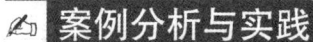案例分析与实践

一、账号分析

分析自己要创建的新媒体账号的定位、用户画像和运营模式,借助国民数字化阅读需求持续增长的趋势,尝试在抖音平台做相关书籍推介新媒体账号的运营策划,并完成表1-2-4。通过该案例充分理解新媒体借势传播的规划力与引导力,借助蓬勃发展的新媒体平台,涵盖更多的用户群体。

表1-2-4 新媒体账号分析

主题	分析内容
账号名称	
账号定位	
受众画像	
产品类别	
内容风格	
变现模式	

二、新媒体账号运营工单

1. 任务要求

以下为新媒体账号运营的任务要求(见表1-2-5)。

表1-2-5 任务要求

任务	任务描述
任务目标	小组合作完成一期账号内容运营,重点关注其营销策略。选题(视频或图文等)应符合账号定位,并能充分运用平台优势,使用有效的营销策略提升账号曝光度和知名度

续表

任务	任务描述
任务要求	（1）对本期选题进行项目分析 确认选题目标和定位，对图文、视频或音频内容进行前期考察，并与涉及的人、企业提前沟通；确认图文或者视频、音频的特点，并确定展示的形式是注重视觉效果、内容创作、用户体验还是其他。 （2）完成运营文案写作 文案部分包括账号的名称，本期账号内容的人员分工、选题、市场分析、营销创意、变现模式等，若选题为视频，还应包括视频的脚本，为本期账号的运营打下良好的基础。 （3）运营执行 运营过程中，要从用户视角切入，紧扣市场热点等策划选题；做好营销策略，确定互动设计；做好利益点策划。 （4）数据分析 开展数据分析指导引流。

2. 执行安排

根据自选平台运营情况，完成表1-2-6。

表1-2-6　平台运营情况

账号及平台		
序号	类目	具体描述
1	选题类型	
2	主题的描述	
3	故事梗概	
4	场地及道具要求	
5	人员分工	
6	营销策略	
7	变现模式	
营销活动流程		
序号	结构	要求
1	启动	
2	造势	
3	高潮	
4	收官	

任务考核

一、单选题

1. 以下不属于数据分析工具的是（　　）。
   A. 自媒体数据分析工具　　　　B. 第三方数据分析工具
   C. 行业数据分析工具　　　　　D. 以上皆不是

2. 新媒体营销的起点是指（　　）。
   A. 用户有利益　　　　　　　　B. 传播有朋友
   C. 自身有创意　　　　　　　　D. 网民有话题

3. 内容创作的最终目的和价值标准是吸引用户，完成拉新、（　　）、留存、转化。
   A. 引流　　　B. 促活　　　C. 留客　　　D. 变现

4. 知识付费的门槛没有人们想象中那么高。你只需要（　　），就可以教这一部分人。
   A. 在某个领域比一部分人强　　　B. 在所有领域比他人强
   C. 在某个领域比他人强　　　　　D. 在所有领域比一部分人强

5. 播放量指的是视频在某个时间段内被用户观看的次数，主要体现视频的（　　），是衡量用户观看行为的重要指标。
   A. 影响力　　　B. 实用性　　　C. 曝光量　　　D. 口碑

二、多选题

1. 下列属于新媒体运营理念的是哪几种思维？（　　）
   A. 产品思维　　　B. 用户思维　　　C. 数据思维　　　D. 场景化思维

2. 下列可以在选题规划时使用的方式是（　　）。
   A. 抓住用户的痛点及需求　　　B. 建立选题关键词库
   C. 借势热点　　　　　　　　　D. 同行内容分析

3. 在复盘阶段，依据（　　）和（　　）得出的结果持续优化产品，获取精准的流量。
   A. 用户调查　　　　　　　　　B. 数据统计分析
   C. 互动设计　　　　　　　　　D. 产品使用反馈

4. 常用的数据分析工具有（　　）。
   A. 飞瓜数据　　　B. 卡思数据　　　C. 新榜　　　D. 蝉妈妈
5. 情感营销通过借助（　　）等策略来实现企业的营销目标。
   A. 情感包装　　　B. 情感促销　　　C. 情感广告　　　D. 情感口碑
   E. 情感设计

三、判断题

1. 新媒体运营做的内容和服务都是提供给用户的产品。（　　）
2. 市场调研贯穿运营工作的始末，也是最重要的一环。（　　）
3. 企业选择自媒体进行品牌传播，自媒体通过发布企业的推广信息赚取佣金的模式，越来越得到企业与微信自媒体的认可。（　　）
4. 收藏量是判断账号内容贡献值的重要标准之一，也是突破流量层级的关键指标。（　　）
5. 评论是发布者和受众之间互动的一种方式。（　　）

任务考核答案1-2

模块二
新媒体文案写作

任务一　新媒体文案概述　/30
任务二　新闻通讯写作　/52
任务三　活动推广文案写作　/76
任务四　产品推广文案写作　/100

视频微课 2-1
新媒体文案关键词设置与 SEO 优化

任务一　新媒体文案概述

任务分析

新媒体文案写作在现代营销中扮演着至关重要的角色。随着信息的快速传播和用户注意力稀缺的凸显，优秀的文案能够迅速吸引目标受众的眼球，激发他们的兴趣。这不仅提高了内容的点击率和阅读率，还有效增强了品牌的认知度。通过一致且有吸引力的文案风格，品牌能够在消费者心中留下深刻印象，促进品牌忠诚度的建立。

此外，新媒体文案还能够促进用户的互动与参与。通过引导性问题和号召性用语，文案能够激励用户评论、分享和点赞，从而增强与内容的联系。这种互动不仅提升了用户的参与感，还直接影响了转化率，促使用户采取行动，如购买或注册。

本部分的学习任务如表 2-1-1 所示。

表 2-1-1　学习任务表单

任务概述	（1）能根据目标人群及竞争对手分析，形成富有需求吸引力且卖点鲜明的新媒体文案创作思路； （2）能针对特定的目标人群，运用不同方法创作富有场景代入感的新媒体文案； （3）能根据消费者心理特征，运用不同方法创作易于产生信任感的新媒体文案。
学习目标	知识目标： （1）了解新媒体文案的概念、特点和重要性； （2）掌握新媒体文案的类型； （3）熟悉智能写作与文案编辑工具的使用； （4）掌握新媒体文案创作技巧。 技能目标： （1）熟练掌握文案撰写技巧，包括逻辑的把握、文案语言风格的掌控、文案技巧的运用； （2）建立美的基本认识，大量观摩告知文案，总结美感规律并加以运用； （3）通过阅读、请教专业人士或者在知识付费平台咨询，以及实践，系统掌握相关知识，提升学习效果。 素质目标： （1）培养学生跳出常规思维模式，保持好奇心，进行多侧面思考； （2）帮助学生树立正确的世界观、人生观和价值观，引导学生自觉为社会传播正能量； （3）提高学生的创新意识和创新精神。
学习内容	（1）明确文案目标受众，深入了解目标受众的兴趣、需求和行为习惯，使文案更具针对性和吸引力； （2）注重标题的写作，标题应简洁明了且富有吸引力，引起读者的关注并激发他们的点击欲望； （3）文案写作语言要求简洁明了，使用通俗易懂的语言，避免冗长和复杂的句子，让读者能够快速理解文案内容； （4）通过故事化的叙述和情感化的表达，增强读者的参与感和认同感，提升文案的感染力； （5）确保文案内容具有实用性，为读者提供有价值的信息或解决方案，促使他们产生兴趣和采取行动； （6）明确行动指引：在文案末尾设置明确的行动号召（CTA），引导读者采取下一步行动，如访问网站、购买产品或分享信息； （7）合理使用关键词，提高文案在搜索引擎中的排名，增加曝光率和流量。
学习重点	熟练掌握写作方法，具备完成文案写作选题的发散思维，通过收集到的资源信息完成素材的采集和整理。
学习难点	能够根据主题、受众特征选择合适的语言风格和文章结构，凸显新媒体传播的特征。

📝 知识准备

一、新媒体文案的概念及特点

1. 新媒体文案的概念

文案既是广告的一种表现形式，也是一种职业的称呼。

文案来源于广告行业，既是"广告文案"的简称，也是企业达成商业目的的表现形式。目前，广告界的文案有广义与狭义之说。广义的文案是指广告作品的全部，包括广告的语言文字、图片、创意等表现形式。狭义的文案仅指广告作品中的语言文字部分，如广告的标题、副标题、广告语、活动主题的文字。

作为职业出现，文案的英文为copywriter，译作文案写手，指的是专门创作广告文字的工作者。美国零售广告公司总裁朱迪思·查尔斯对文案写手的定义为，"坐在键盘后面的销售人员"，这直接说明了文案工作人员的作用。

美国权威调查机构经过科学的测试，认为广告效果的50%~75%来自广告文案。世界著名的广告文案大师大卫·奥格威曾经指出："广告是文字性的行业……在奥美公司，员工通常写作越好，提升越快。"著名广告学者H.史载平斯也强调："文案是广告的核心。"广告文案在整个广告中所处的重要地位，由此可见一斑。

新媒体文案主要基于新媒体（移动互联网媒体）而重点输出广告的内容和创意。

文案的职业角色就是对要传播的信息进行设计，使其更容易被人理解，更容易在诸多的信息中被发现、被记住，甚至被再次传播。

2. 新媒体文案的特点

新媒体文案的写作与传统文案的写作有共通性，但因新媒体文案投放渠道不同，读者阅读习惯变化，所以，新媒体文案对写作有不一样的要求。新媒体较传统媒体具有发布成本低、传播渠道及形式多元化、互动性强、目标人群更精准、文案易被用户再创作等特点。

（1）发布成本低

传统媒体广告成本动辄上百万元，随着新媒体的兴起，企业的广告信息发布成本逐步降低，并不断将品牌推广预算转移到新媒体上。

（2）传播渠道及形式多元化

新媒体文案传播渠道包括但不局限于 QQ 空间、微信公众号、微博、支付宝服务窗等，很多企业为了占据更多渠道，会将同一信息根据不同渠道人群而运用不同的文案进行发布。

传播形式的多元化，让广告不仅以文字的形式发布，更有图文、视频、游戏等多种形式，这让广告形式实现了多元化呈现。

（3）互动性强

相较于传统媒体，新媒体文案传播不再是单向输出，消费者可借助微信、微博等社交平台，直接与企业品牌方沟通互动，从而达到品牌传播或销售的目的，如通过游戏互动赠送优惠券、通过新媒体提供更好的售后服务等。

（4）目标人群更精准

新媒体各平台使用人群均有明显的特征。如"00后"常用社交媒体为微信、QQ 和小红书，他们常用的视频网站为哔哩哔哩弹幕视频；职场人群更喜欢通过微信订阅号和朋友圈进行信息传播。

另外，由于用户在新媒体上的各种行为均被数据记录，企业可根据自己的目标人群有选择性地进行相关信息的推送及广告投放，如针对刚怀孕的妈妈推送母婴用品。平台自身基于数据的处理，也能够对不同人群推送不同的信息内容。例如，今日头条新闻客户端根据用户往期浏览的新闻风格类型，可做到有选择地推荐对应内容；淘宝可根据用户的浏览记录、往期购买服装的风格类型及价格段等推送对应的服装，以便更好地促成交易。企业也可运用平台中与自身相关的数据对不同目标人群进行精准营销。

（5）文案易被用户再创作

凡客体[①]曾在网络上掀起用户跟风自生产内容的热潮，也因此带动了凡客品牌被大量地再传播。类似凡客体的这种用户跟风再创作的形式，被称为用户生成内容（user-generated content，UGC；也称 user-created content，UCC）。

新媒体文案更倾向于让每个目标人群都能够进行二次创造，并鼓励用户分享其再创作内容。

基于以上特点，新媒体对文案的要求较传统文案更为平民化，更短、平、快。

---

① 凡客体，即凡客诚品（VANCL）广告文案宣传的文体，该广告意在戏谑主流文化、彰显该品牌的个性形象。其另类手法招致网友围观，网络上出现了大批恶搞凡客体的帖子，代言人也被调包，广告词更是极尽调侃，令人捧腹，被网友恶搞为"凡客体"。

文案能短则短，这样能够快速吸引受众的注意力，并将最核心的信息表达出来。新媒体的特性决定了品牌不能再高高在上，而是要通过最平实亲近的语言与目标人群进行有效的沟通。因传播的快速，新媒体文案的反应也需快速，如跟进网络热点快速产出。

3. 新媒体文案的重要性

随着智能手机的普及，越来越多的消费者将注意力转向移动端阅读。这一趋势促使企业必须深入开展新媒体传播。然而，移动客户端屏幕尺寸的限制使消费者接收的信息量相对有限，并且在移动状态下，消费者的注意力很难持续集中。这导致了新媒体推广信息的爆炸式增长与消费者有限注意力之间的矛盾。与此同时，随着新媒体广告投放企业的增加，企业在新媒体上的推广成本也逐渐上升。若希望在新媒体平台上获得良好的曝光量，往往需要支付高额的广告费用。在这种情况下，若企业能够撰写出色的新媒体文案，则能够充分发挥其效用，以最小的投入产生最大的传播效果，不仅能有效提升销量，还能显著降低广告传播成本。

（1）运用好新媒体文案可使传播更快速

加多宝在与王老吉争夺品牌使用权败诉后，在微博平台上，用自嘲的口吻配以幼儿哭泣的图片推出一系列"对不起"文案，成功占据了新媒体民意的上风。这种做法不仅获取了广大消费者的同情心，促使他们大量转发，还借用这组文案为品牌更名这一事件做了一场高效的传播。2013 年，加多宝凭借此文案获得了多项营销大奖。

（2）新媒体文案可直接带来销售转化

传统的文案推广通常依赖于在各大媒体渠道进行长期投放，消费者则在特定平台进行购买。新媒体文案与电商平台相结合，能够直接推动销售。例如，消费者在阅读文章时，可能会直接点击文中推荐的购买链接，从而实现便捷购物；在观看视频时，看到相关商品也有可能立即购买。对企业而言，只要在新媒体上积累了一批关注自己的粉丝，发布一条信息后便有可能直接带来销售转化。

这种转化的及时性使新媒体文案的效果易于被评估，便于企业更快、更精准地投放，以及更快速地调整文案策略，提高转化率，这对文案创作周期也提出了更高的要求。

4. 新媒体文案常见的类型

文案按广告目的可分为销售文案和传播文案；按篇幅长短可分为长文案和短文案；按广告植入方式可分为软广告和硬广告；按投放渠道可分为微信公众号软文、朋友圈营销文案、微博文案、应用程序（App）文案等；按表现形式可分为纯文字文案、广告图文案、视频文案等。

（1）按广告目的分类

企业的所有广告文案都是为销售服务的。但为了更好地区分文案类型，可根据企业广告的主要目的分为销售文案和传播文案。

销售文案即能够立刻促成销售的文案，如商品销售页介绍商品信息的文案、为了提升销售而制作的引流广告图等。

传播文案即为了扩大品牌影响力的文案，如企业形象广告、企业节假日情怀营销文案等。不同文案类型的写作创意方法也有所不同，如销售文案需能够立即打动人，并促使用户立即行动，而传播文案侧重于引发人的共鸣，引导受众自主自发传播。

（2）按篇幅长短分类

按照篇幅长短，文案可分为长文案和短文案。长文案为1000字以上的文案，短文案则为低于1000字的文案。通常来说，长文案需构建强大的情感场景；而短文案则在于快速触动，表现核心信息。

另外，行业属性不同，文案的使用也有所不同。价格昂贵、顾客的决策成本较高的行业通常使用长文案，如珠宝、汽车等行业；价格较低、顾客决策成本较低的行业一般使用短文案，如打火机、杯子等行业。

（3）按广告植入方式分类

按广告植入方式，义案可分为软广告和硬广告。

软广告即不直接介绍商品、服务，而是通过其他方式植入广告，如在案例分析中植入品牌广告、在故事情节中植入品牌广告等。受众不容易直接觉察到软广告的存在，因为它具有隐藏性。硬广告则相反，是以直白的内容发布在对应的渠道媒体上。

一般而言，企业会根据不同情况进行选择。一般的品牌传播广告需要较高的品牌曝光率及直接带动销售，因而企业会选择硬广告。但企业在需要补充增加品牌曝光率时一般选择软广告。

（4）按渠道及表现方式分类

传播渠道不同，文案的表现形式也有所不同。如微信公众号支持多种形式的文案表现，包括纯文字、语音、图片、图文（即图片＋文字）、视频等；微博的发布仅支持140字，也可附图、附视频。

二、智能写作工具与文案编辑

许多人在面对文案创作时常感到困惑，缺乏素材，无法找到热点，或者不知道哪种类型的文章更容易引起关注。在进行新媒体运营时，常常面临话题切入点难以确定的问题，导致想要写作却无从下手。以下五款文案工具的使用，能够显著提升创作效率。

1. 句子控

想要文案出彩，金句必不可少。句子控汇集了各种名人名言、古诗词、书籍、影视剧台词等资源，只要输入关键词，就能显示很多与之相关的金句，方便选择使用。

2. 33台词

33台词是热门影视剧台词的搜索引擎，只需输入想要的台词，就可轻松找到这句台词出现的影片和时间。短视频创作者可以用它来寻找素材。

3. 易撰

易撰汇集了火遍全网的爆款文章，提供实时热点追踪、爆文视频批量下载，以及微信文章编辑器排版、标题生成及原创度检测等服务。

4. 秀米

秀米是一款专为微信公众平台设计的文章编辑工具，提供丰富的原创模板素材，具备多样化和个性化的排版风格。通过秀米编辑器，用户可以轻松设计出具有独特风格的文章版式。此外，秀米编辑器还内置了"秀制作"和"图文排版"两种模式，提供更为丰富和多样的页面模板及组件。

5. 135编辑器

135编辑器是一款在线图文排版工具，于2014年9月正式上线并投入运营。该工具广泛应用于微信文章、企业网站及论坛等多个平台，包括秒刷、一键排版、全文配色、公众号管理、微信变量回复、48小时群发、定时群发、云端草稿和文本校对等40多项功能与服务。用户可以像拼积木一样，灵活地组合和排版文章。

三、新媒体文案创作技巧

优质的新媒体文案应在标题和广告主题上迅速吸引用户的注意力；在内容方面，能够吸引用户完整阅读并产生代入感；在情感方面，能够建立信赖感，从而实现交易目标，或提升品牌的识别度与推广效果。

1. 文案开头吸引用户注意力

美国神经科学专家保罗·麦克里提出的"脑的三位一体"理论认为，人的大脑由旧脑、间脑和新脑组成。旧脑负责决策，间脑处理情感与直觉，新脑则用于逻辑思考和理性数据处理。在新媒体文案的撰写与沟通中，必须充分考虑新脑的理性思维、间脑的情感处理以及旧脑的决策反应。三者构成了文案的基本结构框架，即理性沟通、情感沟通与快速决策的刺激。促使旧脑作出决策的前提是一个引人注目的开头，而吸引关注的方法主要有以下四种。

（1）与"我"相关

用户只愿意花时间关注与自己有直接利益关系且关乎生存的事情，因此，在新媒体文案的创作中，要重点呈现商品或服务能够给用户带来什么，能够帮助他们解决什么问题，这样才更容易被关注、被理解。在文案创作实际中，与"我"相关呈现为三种表现，即与"我"的收益相关、与"我"的标签相关、与"我"的生活相关。

与"我"的收益相关指的是商品或服务的卖点能够为用户带来的好处、收益和价值。2024年3月，"32号旅行社"公众号发布推文《机票低至旺季1/2！去一次新疆，等于去了大半个亚欧》，恰逢劳动节小长假临近，满足了用户的旅游出行需求。该推文指出，与暑假或国庆期间动辄超过3000元的单程机票相比，春季的票价低至原价的一半，用户可以以更实惠的价格直飞新疆，领略春季的壮丽美景。这种高性价比为旅游者带来了显著的直接利益。

与"我"的标签相关指用户更倾向于关注与自身标签化形象相关的信息或文案，如姓名、个性、爱好、母校、出生地、星座和职业等。这种关注不仅体现在阅读上，而且用户更愿意分享这些信息，以展示或塑造个人的社会形象。例如，"重庆大学生微讯"公众号在2023年9月发布了一篇题为《你好，新同学！在重庆坐"轻轨"，看这篇推文就够了》的文章。该文在各大高校迎新之际，向新生推荐了一份充满诚意的重庆"轨道交通"打卡指南，旨在帮助新同学开启独特的生活体验，同时宣传和推广重庆的旅游资源。整篇文章围绕"新同学"这一标签化身份展开，主要面向大学新生，进行重庆城市形象及旅游资源的宣传与推介。

与"我"的生活相关主要指与日常生活息息相关的信息或文案，包括城市发展、天气变化、菜价波动、机动车限行、电动车佩戴头盔等内容。这些信息均与目标人群的生活密切相关，属于与"我"的生活相关的范畴。例如，"郑州发布"官方微博发布了一篇名为《郑在归来》的文章，献给每一位热爱这座城市的市民。推文中写道："感谢每位郑州人的坚守，等一切恢复，让我们再次拥抱这座城市。"这句话令每位郑州人感动不已，象征着城市的复苏与旅游业的回归。

（2）制造对比

对比两种事物能够增强用户的感受，进而帮助其作出决策。因此，在文案创作过程中，通过制造对比来吸引用户的注意力是一个有效的方法。具体而言，可以采用以下三种方式：首先是之前与之后的对比，其次是没有解决方案时与有解决方案时的对比，最后是品牌（商品）与竞争对手的对比。

之前与之后的对比，通常表现为使用前与使用后的对比，其主要目的是突出商品或服务的显著效果，增强其说服力，并强调其卖点。例如，高端精品旅行预订网站"赞那度"在原有旅游预订产品的基础上，推出了赞那度虚拟现实（VR）旅行体验空间。该空间将360°虚拟现实旅行体验与数字销售终端、手机应用、电商平台及社交媒体无缝整合，帮助客户在预订之前全面了解"赞那度"的产品，从而凸显品牌产品的新优势与卖点。

没有解决方案时与有解决方案时的对比，通常适用于能够解决麻烦、耗时耗力的商品或服务。例如，"路书"公众号曾于2020年6月9日在路书云专区发布了一篇题为《路书云旅游局专区——用最专业与权威的目的地信息，为你的定制游加分》的文章。该文强调，为了提升定制师方案的专业性与权威性，路书联合境外旅游局建立了旅游局专区，从而为定制师提供官方POI[①]、官方授权内容和图片、官方标品线路等专业的目的地信息。这一举措显著改善了定制师的定制方案，使其操作更加专业化。

[①] POI是英文"Point of Interest"的缩写，中文可翻译为"兴趣点"，指代地图或地理信息系统中具有特定功能、服务或价值的实体位置。这一概念广泛应用于导航、旅游、商业分析等领域，用于标记用户可能关注的场所或地点。POI是对现实世界中某个固定位置点的抽象描述，通常包含名称、坐标、类别、属性等信息。

品牌（商品）与竞争对手的对比旨在通过与竞争对手的比较，突出自身品牌、商品或服务的优势，帮助用户作出选择。例如，途牛推出了一部病毒营销微视频《只要心中有沙》，在文案中指出，每四位前往马尔代夫的中国游客中就有一人通过途牛网进行预订。通过市场数据的展示，这一信息有效表明了品牌在与竞争对手的对比中具备的明显竞争优势。

（3）满足好奇

心理学家将好奇心分为三种类型：知觉性好奇、认识性好奇和人际好奇。

知觉性好奇主要通过新奇的体验和新技术的推出来刺激用户的探索欲望。例如，公众号"赞那度旅行人生"曾发布了一篇名为《河南卫视的绝美飞天看不够？深入敦煌找寻壁画上的飞天之美！》的文章。河南卫视凭借其独特的东方美学多次引起关注，尤其是在端午节晚会上呈现的水下飞天舞《洛神水赋》（原名《祈》），一夜之间在社交媒体上引发热议，整场晚会在各大视频平台的总播放量超过60亿次。尽管提到"飞天"时，敦煌壁画中的形象更为人所熟知，但在用户已有深刻的视觉体验的基础上，这一内容成功激发了读者以旅行方式深入探索的兴趣。

认识性好奇源于知识上的不确定性，促使个体提出疑问并寻求答案，从而获得新的知识。此类好奇心常常通过在标题中使用"如何"这一句式来激发。例如，"绿维文旅"公众号推出了一篇题为《一个没落的小村落如何靠"星空"实现振兴？》的文章，重点探讨了哪些乡村能够利用星空的魅力实现振兴，以及获取这一振兴力量所需的策略。

人际好奇主要源于个体在社会生活中的社会性需求，包括信息缺口好奇、兴趣关联好奇和社会比较好奇。

（4）启动情感

启动情感是通过情绪和情感的激发，引导受众产生共鸣的过程。情感可分为正向情感和负向情感，因此文案可以区分为情感式软文和反情感式软文。

情感式软文的显著特点在于其生动感人，通常围绕以下四个挖掘点展开：第一，神秘而富有吸引力的情感——爱情；第二，温馨且令人幸福的情感——亲情；第三，舒心并蕴含力量的情感——友情；第四，虚荣、自足及好奇等情感——需求。例如，猫途鹰（Tripadvisor）曾推出一部微电影《世界与你想象中不同》，其主题围绕旅行展开，旨在探讨旅行的意义。文中写道："不走出现有的世界，如何发现更大、更美好的世界？"虽然字数不多，文案没有跌宕起伏的情节，语言也不华丽，但父女间深厚的情感与壮丽的风景相结合，深深触动了读者的内心，借助这种亲情传递出不同的态度。

反情感式软文与情感式文案相对，通常采取负面且警示的表达方式。反情感式软文的目的在于吸引读者的注意。其写作方式通常表现为：标题夸张、引人注目，正文逐步展开，阐述为何会出现如此严重的情况，并提供解决方案，最终推荐所销售的产品。

2. 文案内容代入感

新媒体文案的代入感是指将受众引入特定的销售或品牌场景中。实现这种代入感的方式通常包括讲述故事、设置悬念、注入情感和提出问题等手法。

（1）讲述故事

人类天生喜爱故事。人们倾向于在故事中探索和体悟蕴含的道理，抵触直接的教导和灌输理念。这也是《红楼梦》等四大名著至今仍然受到广泛赞誉的原因之一。在品牌营销中亦是如此，生硬的广告不仅难以激发用户的消费欲望，反而可能导致用户对品牌产生负面印象。例如，当弹出广告出现在网页上时，用户通常表现出明显的不耐烦，立即选择关闭，甚至会有人直接投诉或举报。

相比之下，采用叙事方式进行品牌营销不仅能够有效吸引用户的注意力，还能促使他们建立对品牌的好感与信任。例如，褚橙的"人生总有起落，精神终可传承"以及"青春小酒"江小白的表达瓶，均通过讲述故事的方式，成功打破了品牌与消费者之间的隔阂，拉近了彼此的距离。

（2）设置悬念

设置悬念有助于引导用户自然而然地进入预设的思考路径。这种手法不仅可以增加文章内容的可读性，还能激发读者的兴趣。然而，在利用这种方式创作标题时，必须确保文章内容能够带给读者惊喜和悬念。否则，读者可能会感到失望与不满，进而对品牌产生怀疑，从而影响其在读者心中的美誉度。

通常设置悬念的文案创作方法主要有四种：利用反常现象制造悬念、利用变化现象制造悬念、利用用户的欲望制造悬念，以及利用不可思议现象制造悬念。例如，公众号"星球研究所"发布了一篇题为《登上珠峰，你会看到什么？》的文章，该文一经推出便获得了300万人次的阅读量，取得了显著的成功。该标题蕴含悬念，为增强代入感，整篇文章以登山的海拔为线索，提醒读者时刻关注旅途中的变化，以免无法跟上攀登的步伐，让读者深刻体验珠穆朗玛峰攀登过程中的所见所感和内心历程。

（3）注入情感

在新媒体文案的创作过程中，需要充分利用各种可用资源，营造出富有情感的氛围。这些资源包括充满情怀的文案、精美的图片以及动人的音乐等，旨在将用户带入品牌期望的氛围中。例如，加利利旅行社的形象广告文案《旅行，是一种生命分配的艺术》，具有极强的代入感，能够有效引发用户的情感共鸣。

（4）提出问题

提出问题能够有效引导用户自然而然地进入预设的思考路径，既能激发思考，又能营造沉浸式场景，使用户在文案主题的引导下产生强烈的代入感。这种方法通常适用于功能性较强的商品或服务介绍。例如，公众号"星球研究所"发布的文章《中国人为什么偏爱江南？》便采用了提问的文案标题写作方式。

3. 文案形式如何产生信任感

在文案创作中，特别是以销售为目的的文案，其核心功能在于降低用户面临的风险，从而建立用户的信任。那么，如何有效降低风险并增强信任感呢？可以通过以下六种方法实现这一目标：

（1）利用权威

权威通常象征着可信赖性，这对于提升用户的好感度和信任度具有重要意义，从而有助于推销商品或服务。权威主要发挥两个关键作用：一是容易获得用户的认可；二是便于形成良好的口碑。在新媒体文案创作中，利用权威的表现形式主要有两种类型：新闻报道式和新闻权威式。

新闻报道式文案的整体风格与传统新闻报道高度相似，包括标题、正文、图片及版式等元素，因而具备较高的可信度，能够有效减少读者的心理防备。相较之下，新闻权威式文案通过权威观点、专家论证和权威机构推荐的形式，针对社会热点事件进行报道和隐性传播，增强文案内容的吸引力和可读性。

在打造新闻权威式文案时，需重点关注以下三点：第一，文字风格应保持严肃，且具备较强的纪实性；第二，需突出产品的权威性；第三，应强化利益诉求，以展现产品的可靠性。

（2）搬出数据

在撰写数据类文案时，数据的准确性至关重要。此类文案通常应具备以下几个特点：首先，需将数据加工为用户易于接受和理解的形式，这是非常重要的；其次，数据应来源于权威的第三方网站，确保其可信度；再次，若数据通过自身的测试或调查所得，其说服力将更为显著；最后，数据一般应以阿拉伯数字形式呈现。例如，《昆明，如此甚好》的城市视频文案便通过相关数据有效展示了昆明的独特魅力。

（3）用户自证

用户自证是指鼓励客户通过自身的方式验证商品或服务的卖点，从而增强信息的可信度和可验证性。某品牌螺蛳粉的创意广告《致一切误解背后的美好》曾获得全网过亿的曝光度。该广告主要讲述了几个关于误解的小故事，并以该品牌螺蛳粉的口号"螺蛳粉的美味，了解过才知道"为结尾，呼吁用户进行自我验证，极为贴切。

（4）运用名人或权威人物展示

名人因其自身所具备的偶像光环，蕴含了声望、地位和成就的意义。因此，名人效应能够直接满足人们渴望被尊重的需求。只要名人的个人风格与品牌形象之间存在一定的契合度，就能够为商品或服务增添价值，进一步塑造品牌形象。与此同时，权威人物在特定行业中通常具备相应的专业素养，其专业知识或技能往往受到社会的广泛认可。因此，权威人物的代言能够有效提升用户的信任感。

（5）示范效果

在新媒体文案中，如果无法使用户立即对商品或服务进行验证，商家通常会积极展示效果，以便让用户目睹效果的真实性，从而提升文案的可信度。

（6）关注细节

新媒体文案通常采用逐一展示每个细节的方式，以全面体现商品或服务的独特卖点。这种方法不仅有助于深入挖掘产品的核心优势，还能清晰地传达其使用价值和实际效果。通过对每个细节的细致描绘，文案能够引导用户关注那些可能被忽视的特色功能或设计元素，从而激发消费者的兴趣和购买欲望。此外，细节的展示也有助于建立产品的可信度，使用户在了解产品的同时，对品牌产生认同感和信任感。

4. 文案写作技巧

要掌握高质量文案的撰写技巧，可以通过收集优秀写作大师的文案来建立自己的"资料库"，并逐步模仿以形成独特的文案风格。

（1）拓思路

每一条文案，无论其长度如何，都蕴含着深刻的思考和明确的目的。理解文案背后所要传达的核心思想及其引导的行动非常重要。通过分析成功文案的思路，可以明确如何吸引受众的注意力，并促使他们采取所期望的行为。

（2）临结构

文案的结构犹如建筑的地基，坚实的基础是成功的关键。优秀文案通常具有紧凑且层次分明的结构，逻辑关系清晰。借鉴这些结构可以使文案更加严谨，增强其说服力和可读性。

（3）摹措辞

对措辞的借鉴是润色文案的有效途径。通过学习高质量文案中的词语和短语，可以提升创作者的语言表达能力，使文案更加生动和引人入胜。精确的措辞不仅能传达意图，还能引发情感共鸣。

（4）抄逻辑

文案内容的逻辑性直接关系到其变现能力。确保文案中的论述有条理、前后呼应，可以增强其说服效果。分析优秀文案的逻辑结构，有助于撰写文案时使用清晰且有力的论据，以支持自身的观点。

（5）揣细节

文案必须具体而具象，不能让人感到虚无缥缈。细节往往是打动人心的关键，能够使读者产生共鸣。通过关注细节并融入具体的实例或故事，撰写的文案将更具吸引力和说服力。

（6）蓄情绪

每条文案都应蕴含情感，这不仅体现了撰写者的个性，也使读者更容易产生共情。观察优秀文案如何运用情感元素，有助于撰写时更好地调动受众的情绪，增强文案的感染力。

（7）仿语气

许多文案往往过于正式，缺乏亲和力。将文案口语化，以一种轻松自然的语气进行表达，可以使内容更加易于被人接受。学习其他成功文案如何运用松弛感与幽默感，有助于文案更具吸引力和亲和力，从而拉近与读者的距离。

(8)锚定位

每条文案的内容都必须与品牌定位相符，否则可能导致受众的信任感下降。明确受众是谁，并确保文案与他们的需求和偏好相契合。借鉴其他成功案例的定位方式，有助于撰写者在文案创作中保持一致性和专业性，增强受众的认同感。

(9)摘金句

优秀的金句往往是文案的点睛之笔，能够给人留下深刻的印象。通过日常阅读和收集高质量金句，撰写者可以建立一个个人的金句资料库。这些金句不仅能够丰富文案内容，还能在关键时刻起到引导和激励的作用。学习分析这些金句的构成方式，可以帮助撰写者更好地掌握语言的力量和表达的艺术。

通过上述多种策略的有效运用，能够在模仿的过程中逐步塑造出独特的文案风格。这一过程不仅有助于提升写作技巧，还能显著增强创作高质量文案的能力。

四、搜索引擎优化（SEO）的关键词设置

1. 设置 SEO 关键词的依据

有效设置关键词，提高文章在搜索引擎中的可见性和点击率。设置 SEO 关键词的依据主要包括以下几个方面。

(1)目标受众

确定目标读者群体，理解他们的需求、兴趣和搜索习惯，以便选择与他们相关的关键词。

(2)主题相关性

关键词应与文章主题紧密相关，确保读者在搜索这些关键词时能够找到你的内容。例如，秋季时尚必备单品相关的关键词应集中在秋季、时尚、搭配等方面。

(3)搜索量

使用关键词研究工具（如 Google Keyword Planner、百度指数等）来查找相关关键词的搜索量，以确定哪些关键词最常被搜索。

(4)竞争程度

分析所选关键词的竞争程度。高竞争的关键词可能需要更多优化和推广，而低竞争的关键词可能更容易获得排名。

（5）长尾关键词

考虑使用长尾关键词，这些关键词通常较具体，搜索量较低，但转化率较高。例如，"秋季针织开衫搭配"可能是一个长尾关键词，适合特定用户群体。

（6）用户意图

理解用户搜索这些关键词的意图是"信息型"（寻找信息）、"导航型"（寻找特定网站）还是"交易型"（准备购买）。根据用户意图调整关键词策略。

（7）内容质量

确保内容高质量且自然融入关键词，而不是生硬地堆砌关键词。搜索引擎更倾向于优质、用户友好的内容。

（8）趋势分析

关注行业趋势和热门话题，及时调整关键词，以捕捉新兴的搜索趋势。例如，随着秋季的到来，相关的时尚关键词会受到更多关注。

2. 设置 SEO 关键词的时机要点

在整个内容生命周期中，关键词设置和优化是一个持续的过程，随着市场和用户需求的变化，定期评估和调整是非常重要的。

（1）内容规划阶段

在内容规划阶段，关键词研究至关重要。这一阶段的目标是确定目标受众的兴趣和需求。通过使用关键词研究工具，可以识别大量相关关键词，并分析这些关键词的搜索量和竞争程度。

步骤与方法：通过社交媒体、论坛和行业报告了解用户关注的热点话题，进行市场调研；查看竞争对手使用的关键词，了解他们的成功策略；将大主题细分为更具体的子主题，寻找长尾关键词，这些关键词通常更具针对性且竞争力较弱。

（2）内容创作阶段

在撰写内容时，应将关键词自然地融入文本，而不是生硬地插入。合理的关键词布局不仅有助于 SEO 优化，还能提升用户体验。

在优化技巧上，确保主要关键词出现在文章标题和副标题中，这样可以提高搜索引擎的抓取率。同时，在每个段落的开头或结尾自然地使用关键词。为图像添加描述性文件名和 Alt 标签（Alternative Text，图像的文字替代信息),确保这些标签中包含关键词,以提升图像搜索的可见性。

(3)发布前的优化阶段

在内容准备好发布之前,进行全面的 SEO 检查是必要的。这包括页面标题、元描述、URL(Uniform Resource Locator,统一资源定位符)结构等元素的设置,确保所有元素都符合 SEO 最佳实践。页面标题要简洁明了并包含主要关键词,帮助搜索引擎和用户快速了解页面主题。元描述撰写要吸引人,包含主要关键词,引导用户点击。同时,确保 URL 简短且包含关键词,这样不仅有助于 SEO,也便于用户记忆和分享。

(4)内容更新阶段

一旦内容上线,定期回顾和更新是保持其竞争力的关键。随着时间的推移,新的关键词和趋势可能会出现,因此必须及时更新内容。每隔几个月审查旧文章,检查关键词表现,调整不再有效的关键词。根据最新的搜索趋势和用户反馈,添加新的信息、数据或链接,提高文章的时效性和相关性。

(5)分析评估阶段

内容发布后,使用各种分析工具来评估关键词的效果至关重要。通过数据分析,可以了解哪些关键词为网站带来了流量,哪些未能产生预期效果。使用 Google Analytics,查看访客来源、行为和关键词表现,了解用户如何找到你的内容。定期监测关键词的排名变化,以便及时调整策略。

总之,设置 SEO 关键词是一个动态的过程,需贯穿内容创作的各个阶段。从初始的关键词研究到内容的发布、更新和评估,每一步都对提升网站的搜索引擎排名和吸引目标受众至关重要。

 案例分析与实践

一、新媒体文案案例

秋季时尚必备：你不可错过的五大单品

秋天的到来，意味着是时候更新你的衣橱了！在这个多彩的季节，如何穿得既时尚又舒适？我们为你精心挑选了五大秋季必备单品，让你在这个秋天成为街头最亮丽的风景！

经典风衣

无论是搭配休闲牛仔裤还是优雅连衣裙，经典风衣总能带来无限风格。选择一款米色或驼色的风衣，为你的秋季造型增添一抹优雅。

针织开衫

温暖的针织开衫是秋冬的最佳伴侣。搭配高领衫和阔腿裤，既舒适又时尚，轻松打造出慵懒且不失格调的日常穿搭。

长靴

长靴绝对是秋冬季节的宠儿。无论是搭配短裙还是长裤，长靴都能为你的造型增添一种气场，成为吸睛的焦点。

复古手袋

一款独特的复古手袋，能为你的整体造型增添个性。挑选一些鲜艳的颜色或独特的图案，让你在人群中脱颖而出。

印花围巾

印花围巾不仅能保暖，还能为你的造型增添层次感和色彩。选择与服装相呼应的围巾，轻松提升时尚指数。

现在就来为你的秋季造型做准备吧！在评论区分享你最喜欢的单品，或者告诉我们你的秋季搭配灵感！别忘了关注我们，获取更多时尚秘籍与搭配灵感哦！

（资料来源：根据互联网案例修改）

提示：根据设置SEO关键词要点，以下词汇可以作为本文案的关键词：秋季时尚、秋季必备单品、秋季穿搭、时尚潮流、经典风衣、针织开衫、长

靴、复古手袋、印花围巾、秋季造型、衣橱更新、时尚搭配、秋冬时尚、街头时尚、时尚秘籍。这些关键词可以帮助你的文案在搜索引擎中更容易被找到，吸引更多对秋季时尚感兴趣的读者。

二、新媒体文案关键词设置案例分析

假设我们是一家专注于健康饮食的品牌，推出了一款新的植物基蛋白粉。我们的目标是吸引注重健康、健身和素食的目标受众，以下是文案内容。

让每一口都充满能量
——全新植物基蛋白粉，让你焕发活力！

在追求健康生活的道路上，蛋白质是不可或缺的营养素。我们的全新植物基蛋白粉，来源于优质豆类和谷物，适合所有想要提升健康水平、增肌和保持活力的朋友们。

为什么选择我们的植物基蛋白粉？

高蛋白含量：每勺提供25克纯植物蛋白，助你轻松达到每日蛋白质需求。

低卡路里、低脂肪：健康饮食的最佳伴侣，帮助你控制体重，保持身材。

易溶解，口感好：无论是冲饮还是加入各种食谱，都是绝佳选择。

无添加、无防腐剂：我们的蛋白粉不含任何人工添加剂，给你最自然的选择。

适合谁？

健身爱好者：帮助增肌和恢复，改善运动表现。

素食者：提供必需的蛋白质来源，补充营养。

忙碌的上班族：快速便捷的营养补给，助你一整天充满能量。

如何食用？

将一勺植物基蛋白粉与水或植物奶混合，亦可加入燕麦粥、奶昔和烘焙食谱中，轻松享受健康美味！

限时优惠：现在下单即享受9折优惠，前100名客户还可获得专属赠品！

立即购买：（可提供购买链接）

根据以上文案内容，进行关键词设置练习。可以根据以下步骤选择和设置关键词（见表2-1-2）。

表2-1-2 关键词设置步骤

序号	步骤	任务内容
1	关键词研究	使用关键词研究工具（如Google Keyword Planner、Ahrefs等），找出与"植物基蛋白粉"相关的高搜索量关键词
		确定长尾关键词和相关关键词，如"健康饮食""增肌蛋白粉""素食蛋白补充"等
2	关键词选择	选择3~5个主要关键词作为文案的核心关键词
		选择3~5个次要关键词，可以用于社交媒体推广和其他相关内容
3	关键词优化	将选定的关键词自然地融入标题、正文和行动号召（CTA）中
		确保每个关键词的密度适中，避免过度堆砌

通过以上分析，文案主要关键词有植物基蛋白粉、健康饮食、增肌蛋白、素食蛋白、低卡路里蛋白粉。次要关键词可设置蛋白质补充、健身营养、无添加蛋白粉、植物奶、方便营养。

完成关键词设置后，可以与其他人分享文案和关键词选择，收集反馈并进行调整。通过不断实践和优化，可以提升文案的吸引力和搜索引擎的可见性。

任务考核

一、填空题

1. 在撰写媒体文案时，最重要的目标是＿＿＿＿＿＿＿＿＿＿＿＿＿＿＿＿＿。
2. CTA（call to action，行动号召）通常用于引导用户进行＿＿＿＿＿＿＿＿＿＿。
3. 一篇成功的文案应该能够引发＿＿＿＿＿＿＿＿＿，从而促使用户购买。
4. 使用＿＿＿＿＿＿＿＿＿可以帮助文案更具说服力，吸引用户的注意。
5. 在撰写社交媒体文案时，＿＿＿＿＿＿＿＿＿是非常重要的，要适应平台的特点。

二、单选题

1. 文案的核心要素不包括以下哪一项？（　　）
   A. 标题　　　　B. 受众分析　　　C. 图像设计　　　D. CTA
2. 在撰写新媒体文案时，以下哪种策略最有效？（　　）
   A. 过度使用行业术语　　　　B. 讲述真实的用户故事
   C. 忽视目标受众　　　　　　D. 仅关注产品特点
3. 哪种语言风格更适合年轻受众？（　　）
   A. 正式严肃　　B. 复杂晦涩　　C. 轻松幽默　　D. 传统保守
4. 在社交媒体上，最有效的文案字数通常是（　　）。
   A. 50字以下　　B. 100～200字　C. 300字以上　　D. 不限字数
5. 使用哪些元素可以增强文案的视觉吸引力？（　　）
   A. 复杂的语言　　　　　　　B. 无图文内容
   C. 长段落　　　　　　　　　D. 图片和视频

三、判断题

1. 文案写作不需要考虑目标受众的需求和偏好。（　　）
2. 使用情感诉求可以有效提高文案的转化率。（　　）
3. 所有社交媒体平台的文案风格都应该相同。（　　）
4. 在文案中使用数据和事实可以增强说服力。（　　）
5. 行动号召（CTA）可以放在文案的任何位置，无须考虑逻辑顺序。
（　　）

四、简答题

请简要说明撰写有效文案时需要考虑的三个关键因素,并解释每个因素的重要性。

五、实践题

一个新兴的天然护肤品牌,刚刚推出了一款全新的有机面霜。这款面霜以天然植物提取物为主要成分,其中绿茶提取物富含抗氧化成分,可有效帮助抵御衰老,保持肌肤光泽;而甘油则作为天然保湿剂,可帮助锁住水分,提升肌肤柔软度。整体上,这款面霜融合了多种植物成分,温和且安全,旨在为各种肤质提供深层滋润和修复。

任务要求:

1. 撰写新媒体文案

编写一段吸引人的新媒体文案,宣传这款有机面霜。文案应包括产品特点、适用人群和购买链接的行动号召(CTA)等。文案字数限制在 400~650 字。

2. 关键词设置

进行关键词研究,选择 3~5 个主要关键词和 3~5 个次要关键词,适合用于 SEO 优化和社交媒体推广。确保关键词与产品特性和目标受众相关。

任务考核答案 2-1

新媒体新闻类
写作要点

任务二　新闻通讯写作

任务分析

新媒体新闻通讯写作是指在新媒体环境下，利用数字技术和互联网平台进行新闻报道和传播的过程。这一写作形式不仅是对传统新闻写作模式的延续与发展，更是信息传播方式的一次深刻革命。随着互联网的普及和数字技术的进步，新闻的生产、传播与消费方式发生了显著的变化。

在新媒体环境中，新闻报道不再仅依赖于传统的纸质媒体、广播或电视等单一渠道，而是通过社交媒体、博客、播客和视频平台等多元化的数字渠道进行传播。这种多渠道的传播模式大大扩展了新闻的触达范围，同时显著加快了信息的发布速度。例如，记者可以通过社交媒体即时分享突发事件的现场报道，公众也能够在第一时间通过移动设备获取最新的新闻动态。这种即时性不仅提高了信息传播的效率，也增强了公众对新闻事件的参与感和互动性。

在现代社会，受众的注意力往往较为分散，他们习惯于在短时间内获取大量信息。因此，新媒体新闻通讯写作需要在内容上做到简洁明了，快速传达核心信息。这种写作策略不仅体现在标题和开头段落的设计上，更体现在整体结构的编排上，以确保读者能够在最短的时间内获取最重要的内容。

新媒体新闻通讯写作是对传统新闻写作的一种创新与拓展，它融合了即时性、互动性、多媒体元素和数据驱动等特征，反映了信息社会背景下新闻传播的变革。这种变革不仅影响了新闻的生产和传播方式，也在深刻改变着公众获取信息的习惯和方式，促使我们对新闻的理解与消费进行重新思考。

本部分的学习任务如表 2-2-1 所示。

表 2-2-1　学习任务表单

任务概述	（1）应当明确选择一个具备显著新闻价值的主题，确保其不仅具备相关性，还具备时效性； （2）了解受众群体的特征，包括年龄、性别、职业、教育背景及其对特定议题的关注点，能够帮助记者更精准地聚焦主题，从而提升报道的吸引力； （3）对收集的每一条信息进行严格的核实，明确标注信息来源，以增强报道的透明度和可信度； （4）使用简练、清晰的语言，避免冗长复杂的句子和生僻词汇。
学习目标	知识目标： （1）掌握通讯写作基本概念，熟悉不同类型的通讯报道（如新闻通讯、专题通讯、人物通讯等）； （2）了解通讯写作的结构与格式，学习通讯报道的基本结构，包括导语、主体和结尾； （3）熟悉新闻价值与选题技巧，掌握新闻价值的基本标准，如时效性、重要性、趣味性和接近性。 技能目标： （1）学习有效的信息收集方法，包括采访、调查和文献查阅； （2）了解目标受众的特征和需求，学习如何根据受众的兴趣调整写作内容与风格； （3）掌握如何在通讯报道中有效运用图片、视频、音频等多媒体元素，增强报道的表现力； （4）学习简洁、准确的语言表达技巧，避免冗长和复杂表述，了解不同写作风格的特点，能够在正式与非正式的语境中灵活运用。 素质目标： （1）学习新闻伦理和法律法规，了解通讯写作应遵循的职业道德，掌握版权、隐私和名誉权等法律知识，确保报道的合法性与合规性； （2）学习如何对自己的通讯报道进行评估，分析其效果与影响； （3）通过对成功与失败案例的分析，不断提升写作水平和专业素养。
学习内容	（1）熟练掌握新闻报道的倒金字塔结构，了解如何将最重要的信息置于开头，并在后续部分逐步补充相关细节； （2）掌握选择具备新闻价值的主题的技巧，学习新闻报道的基本策划流程，包括调研、信息收集及受众分析； （3）学习多种信息收集方法，掌握有效的采访技巧，包括提问技巧、倾听技巧和记录技巧，确保信息的准确性和全面性； （4）学习叙述技巧，掌握如何有效地讲述故事，增强报道的吸引力和可读性，提升受众的参与感； （5）深入学习新闻写作应遵循的伦理原则，如公正、客观和诚实，确保报道的诚信与公信力。
学习重点	熟练掌握通讯类新闻写作的原则和资料信息收集的方法。
学习难点	能够根据主题，有效使用通讯叙事的技巧完成稿件写作。

📖 知识准备

一、新闻写作概述

1. 新闻的定义与特征

新闻，亦称为消息或资讯，是通过报纸、电台、广播、电视等各种媒体渠道传播信息的一种文体。它不仅记录社会现象，还承载信息传播和反映时代特征的功能。广义的新闻不仅包括在报刊、广播、互联网和电视上发表的评论和专文，还涵盖了多种常用文本，如消息、通讯、特写和速写（有时速写被归类为特写）。狭义上的新闻专指消息，以简明扼要的叙述方式快速、及时地报道国内外新近发生的、有价值的事实，以便公众了解。

每则新闻通常由六个部分构成：标题、电头、导语、主体、背景和结语。其中，标题、导语和主体为主要部分，而背景和结语为辅助部分，前者不可或缺。新闻写作主要采用叙述方式，有时也结合议论、描写和评论等元素。新闻真实地反映每时每刻的重要事件，公众可以通过查看新闻事件、热点话题、人物动态和产品资讯等，快速掌握相关内容的最新进展。

新闻的特征主要包括以下几个方面：

（1）即时性

新闻必须迅速报道最新发生的事件，以确保信息的时效性。在信息传播的竞争中，时效性是新闻的核心特征之一。公众对于时效的要求使得新闻报道需要在事件发生后尽快发布，以便受众及时了解最新动态。尤其是在突发事件或重大新闻发生时，记者和媒体机构常常需要在第一时间赶赴现场，进行采访和报道。通过迅速传播信息，新闻能够吸引公众的关注，影响舆论的形成，进而对事件的发展和处理起到重要作用。

（2）真实性

新闻应基于事实，报道的内容必须经过核实和确认，以确保信息的准确性和可靠性。真实性是新闻的基石，只有真实的信息才能赢得公众的信任和支持。记者需要对信息来源进行严格审查，验证每一个细节，确保不误导读者。虚假信息和谣言不仅会损害媒体的声誉，还可能对社会造成严重影响。因此，加强新闻报道的真实性，提升新闻从业者的职业道德和责任感，是维护公众知情权的重要保障。

（3）客观性

新闻报道应尽量保持中立，避免主观判断和个人情感的干扰。客观性是新闻专业性的重要体现，记者在报道中应公正地呈现事件的各个方面，确保不同观点和立场得到充分反映。这种中立的态度使读者能够自主判断，而不是被迫接受单一的观点。通过提供全面的信息，新闻能够促进公众对复杂问题的理解，帮助他们形成更为理性的看法。

（4）重要性

新闻内容通常涉及对公众生活有影响的事件，包括政治、经济、社会、文化等方面的重要新闻。事件的重要性决定了其报道的价值。媒体在选择报道主题时，会考虑事件对社会的影响程度，比如政策变化、经济危机、社会运动等。这些重要事件不仅关乎公众的日常生活，还可能引发广泛的讨论和反思。因此，新闻的选择性和重要性直接关系到公众的知情权。

（5）新颖性

新闻需要具有新鲜感，报道的事件或信息必须是公众未曾了解的，或是对既有知识的补充和更新。新颖性使新闻能够吸引读者的注意力，激发他们的好奇心。在信息高度泛滥的时代，只有具备新颖性的报道才能脱颖而出，满足公众对新资讯的渴望。媒体通过独家报道、深度调查或新角度分析，提供独特的视角和见解，使新闻不仅是信息的传递，更是知识的拓展。

（6）相关性

新闻应与受众的生活、兴趣和关注点相关联，能够引起公众的共鸣。相关性使新闻报道更具吸引力和价值，观众更愿意关注那些直接影响他们生活的事件。当新闻内容与受众的现实生活密切相关时，能够增强读者的参与感和关注度。媒体在报道时应考虑受众的需求和反馈，努力打造有意义的内容，促进公众理解和参与，提升社会的整体信息水平。

2. 新闻写作六要素

新闻写作的六要素通常被称为"5W1H"，具体包括谁（Who）、什么（What）、何时（When）、何地（Where）、为什么（Why）和如何（How）。这六要素构成了新闻报道的基本框架，确保报道的全面性和准确性。

（1）谁（Who）

"谁"指的是事件的主要参与者或相关人物。在新闻写作中，明确"谁"是至关重要的，因为这直接关系到事件的影响力和公众的关注点。报道中可能涉及的角色包括事件的发起者、受害者、目击者、专家或相关机构等。通过对这些人物的描述，新闻不仅能够提供基本信息，还能帮助读者理解事件的背景和各种立场。例如，在报道一起社会事件时，详细介绍相关人物的身份、背景和观点，可以拓展报道的深度并提升可信度。

（2）什么（What）

"什么"指的是事件的核心内容或发生的具体情况。这一要素阐明了事件的性质及其重要性，使读者能够迅速理解事情的经过和结果。有效的"什么"应简明扼要，避免冗长的叙述。新闻报道应突出事件的主要信息，剔除无关的细节，确保读者获得关键信息。通过准确的事件描述，新闻能够引导读者关注事件的本质和影响，增强信息的传播效果。

（3）何时（When）

"何时"涉及事件发生的时间，这一要素对于理解事件的时效性和背景至关重要。时间信息不仅有助于构建事件的时间线，还能够揭示事件的紧迫性或历史意义。例如，在报道突发新闻时，准确的时间节点能够反映事件的发展过程，并帮助读者理解其影响的深远性。此外，时间信息还可以与其他事件相对照，帮助读者更好地理解事件的背景和前因后果。

（4）何地（Where）

"何地"指的是事件发生的地点。明确事件发生地点有助于读者建立空间认知，从而理解事件的具体环境及其可能的影响。例如，在涉及自然灾害的报道中，描述具体的地理位置和受灾情况，可以让读者更加直观地感受到事件的严重性和影响范围。地点信息不仅有助于读者形成空间上的关联，还能影响事件的解读和公众的情感反应。

（5）为什么（Why）

"为什么"探讨事件发生的原因和背景。这一要素可以帮助读者理解事件的根本动因，以及相关各方的动机和利益。通过对事件原因的分析，新闻报道能够提供更深层次的洞察，帮助读者形成对事件的全面理解。例如，在政治报道中，分析政策变化的背后原因，可以揭示不同利益集团的博弈，促进公众对复杂问题的思考。

（6）如何（How）

"如何"描述事件的发生过程或实施方式。这一要素关注事件的具体经过，包括采取的措施、实施的步骤和可能的结果。通过对事件实施过程的详细描述，读者能够更好地理解事件的复杂性和动态性。例如，在报道一项新政策的实施时，详细说明政策的具体措施、执行方式及其可能的后果，可以帮助公众更好地评估政策的有效性和可行性。

3. 新闻价值

新闻价值是指新闻事件或信息在报道中具有的重要性和吸引力。新闻价值的评估标准多种多样，不同媒体和记者可能会根据其特定的受众和目标确定不同的评估标准，但一般而言，以下几种新闻价值普遍受到重视。

（1）新颖性（Novelty）

新颖性是指事件或信息的独特性和创新性。人们对新事物的关注和好奇心使新颖性成为新闻报道的重要驱动力。新颖的事件往往能够吸引读者的目光，并促使其进一步了解事件的详细情况。例如，某科技公司推出了一款革命性的智能设备，具备前所未有的功能和设计。这一产品的发布不仅引发了媒体的广泛报道，也促使公众对未来科技发展开展讨论。

（2）时效性（Timeliness）

时效性指的是事件发生时间的紧迫性和报道的即时性。新闻事件如果能迅速向公众传达，就能显著提高其影响力。尤其在突发事件中，及时报道能够帮助公众快速获取信息，作出相应的反应。

（3）重要性（Significance）

重要性是指事件对社会、经济、政治等领域的影响程度。具有重大意义的事件往往引发广泛关注，媒体会优先报道这类事件。2021年美国国会大厦遭到暴力冲击事件，其重要性不仅在于事件本身的暴力程度，更在于其对美国民主制度和政治稳定的深远影响。因此，各大媒体对此进行了深入的报道和分析。

（4）接近性（Proximity）

接近性指的是事件与受众的地理或情感距离。地理上接近的事件通常能引发当地居民的关注，而情感上接近的事件能够引发更强烈的共鸣。当地社区发生火灾事件，相关报道不仅会受到当地居民的关注，也能引发他们的情感共鸣，促使更多人参与救助行动。这种接近性使事件更具新闻价值。

（5）人物性（Human Interest）

人物性强调事件与人们的生活、情感和经历的关联。涉及个人故事、情感冲突或人道主义问题的报道，通常能够引发公众的强烈共鸣。例如，一位因自然灾害失去家园的父亲,带着孩子在重建过程中努力生存的故事,能够引发公众的同情与关注。媒体对这样的报道不仅关注事件本身,也关注事件背后的人性和情感。

(6)争议性(Controversy)

争议性指的是事件或话题中存在的对立观点和冲突。争议性强的事件往往能引发公众的讨论与辩论,因此在新闻报道中具有较大的吸引力。近年来,关于气候变化的科学共识与某些政治团体的质疑之间的争论,引发了广泛的社会讨论。媒体对此类争议的报道,不仅揭示了科学与政治之间的复杂关系,也促使公众对气候变化问题提高关注度。

新闻价值的评估是一个复杂而多维的过程,对新闻从业者而言,准确判断事件的新闻价值,不仅能够提升报道的质量和拓展深度,还能更有效地满足受众的需求和期待。通过对这些新闻价值的理解与运用,媒体能够在信息洪流中为公众提供有意义、有价值的报道。

4.新闻写作的方法和技巧

新闻写作是一项专业技能,要求记者在短时间内整理和传达信息。有效的新闻写作不仅需要准确的事实报道,还需要运用多种方法和技巧,确保信息的清晰性、可读性和吸引力。

(1)倒金字塔结构

倒金字塔结构是新闻写作中最常用的组织形式,其特点是将最重要的信息放在文章的开头,随后依次提供次要信息。这种形式使读者在时间有限的情况下,也能迅速获取关键内容。在撰写新闻时,首先应明确"5W1H"(即谁、什么、何时、在哪里、为什么和如何)六个基本要素。开头部分应简洁地回答这些问题,随后扩展细节。例如,一篇关于社区活动的新闻报道,开头可以简要说明活动的时间、地点和主要参与者,再介绍活动的背景、内容及其重要性。这种结构允许读者快速获取最重要的信息,随后深入了解背景和细节,使信息传达更为有效。

(2)引用与证据

在新闻写作中,引用相关人士的言论和提供证据是增强报道可信度的重要手段。通过引用权威人士、专家或目击者的观点,可以使报道更加生动且具说服力。

新闻通常采用直接引用和间接引用的方式来呈现不同的观点。例如,在报道一项政策变化时，可以引用政府官员的声明，同时引入反对派的看法，展现新闻的全面性和客观性。确保引用的准确性与上下文的一致性，能够有效提升报道的公信力。例如，在报道气候变化的全球峰会时，某媒体引用了各国领导人的发言，"×××在会上表示，'我们必须采取紧急行动来应对气候变化，否则后果将不堪设想'"。同时，引入了环保组织的反应，指出它们对会议成果的不满。通过引用不同观点，读者不仅能了解事件的官方立场，还能看到公众和专家的反应，拓展报道的深度与广度。

（3）使用生动的语言

新闻写作并不意味着要使用晦涩的术语或枯燥的语言，生动的描述和形象的比喻可以增强报道的吸引力，更容易使读者产生共鸣。在描述事件时，可以通过细节描写来营造现场的氛围。例如，在报道一场音乐会时，不妨使用描绘音乐的词汇、观众的反应等元素，使读者仿佛身临其境。同时，注意语言的简洁和准确，避免使用冗长的句子和复杂的词汇，以保持信息的清晰传达。"当夜幕降临时，五彩斑斓的灯光照亮了整个舞台，观众随着节奏摇摆，欢呼声此起彼伏，仿佛整个城市都在为这场音乐盛宴欢庆。"这种生动的描述不仅让读者感受到现场的热烈氛围，也使文章更具吸引力，增加了读者的阅读兴趣。

（4）深入调查与研究

有效的新闻报道往往依赖于深入的调查和研究。这不仅包括对事件的表面报道，更需要了解事件背后的原因、影响以及相关的历史背景。在处理复杂主题时，作者应进行充分的背景调研，了解相关数据和历史资料。比如，在报道经济危机时，作者可以分析相关的经济指标、政策变化及其对普通民众的影响。这种深度分析能够提供更全面的视角，使报道更具深度和广度。

在报道一项新的教育政策时，作者不仅列举了政策的主要内容，还进行了深入调研，采访了多位教育工作者和家长，收集了关于该政策实施后效果的数据。例如，某报道提到："根据调查，80%的教师表示新政策在课堂上起到了积极作用，但也有20%的教师对其可行性表示担忧。"通过深入调查，作者能够提供更全面的视角，帮助读者理解政策的潜在影响和不同的观点。

（5）客观性与中立性

新闻写作应追求客观性和中立性，尽量避免个人情感和主观判断的介入。记者的任务是提供信息，而非表达个人意见。在撰写时，记者应保持中立，避免使用带有情感色彩的词汇。例如，在报道一起社会事件时，避免直接表达对事件的赞同或反对，而应客观陈述事实和各方观点。这种客观性能够增强报道的专业性，让读者自行判断。

在一则报道中，作者保持中立的立场，写道："数百名抗议者在市中心呼吁政府采取更严格的环境保护措施。"而在后续段落中，引用了政府发言人的回应："我们正在考虑公众的意见，同时也要平衡经济发展与环境保护。"通过客观的叙述，读者能从多角度理解事件，而不被记者个人情感干扰，这样的报道更具权威性和公信力。

（6）结尾呼应

在新闻写作中，结尾应与开头形成呼应，通常包括对事件的总结、未来的展望或者对读者的启发。一个好的结尾不仅能增强文章的完整性，还能给读者留下深刻的印象。结尾可以回顾事件的影响或提及未来可能的发展。例如，在报道一场环保活动成功开展时，结尾可以提到未来的行动计划，鼓励公众继续支持环保事业。这样的结尾不仅能够深化主题，也能引发读者的思考与关注。

在一篇关于科技公司发布的新产品的报道中，结尾部分写道："随着这款新产品的推出，业内专家预测将改变消费者的使用习惯，未来的科技市场竞争将更加激烈。"这一结尾不仅总结了产品的影响，还引发了读者对未来市场变化的思考。可见，好的结尾能够在读者心中留下悬念或思考，增强文章的深度和连贯性，使其不仅仅停留在信息的传递上。

新闻写作的方法和技巧是多方面的，涵盖结构、语言、调查、客观性等多个维度。通过掌握这些技巧，能够有效提升写作的质量，使信息更加清晰、准确和有吸引力。在快速变化的信息时代，这些技巧尤为重要，它们不仅能帮助写作者更好地完成报道任务，也能为公众提供有价值的信息。

5. 消息和通讯的特点及区别

消息和通讯是新闻报道中的两种基本形式，它们在结构、内容和表达方式上具有明显的特点及区别。

（1）消息的特点

消息通常以简洁的语言报道事实，直接传达重要信息，避免冗长的描述。它的目的是让读者快速了解事件的核心内容。例如，某地发生了一次地震，消息的报道可能是："昨日晚上8时30分，某市发生6.5级地震，震中位于市中心，造成至少 100 人受伤，数十栋建筑受损。"

消息通常也遵循"5W1H"（谁、什么、何时、在哪里、为什么和如何）格式，确保所有关键信息在开头部分得到解答。在报道一场体育赛事时，可以这样写："2024 年 8 月 18 日，某市体育场，某队以 3 比 1 战胜某队，获得年度冠军。"

消息强调事实的客观报道，避免个人情感和主观判断。记者的角色是信息的传递者，而非评论员。在报道政治事件时，应避免使用带有情感色彩的词汇："某国总统于昨日宣布新政策，旨在推动经济复苏。"（而不是"某国总统终于意识到经济危机的严重性，出台了新政策"。）

（2）通讯的特点

通讯报道通常包含更深入的分析和背景信息，能够提供更全面的事件解读。它不仅是事实的陈述，还包括对事件的意义和影响的探讨。例如，对于某项新技术的推出，通讯报道可以写道："某科技公司昨日发布了新款智能手机，具备先进的摄像头功能和长效电池。业内专家认为，这一产品将改变市场格局，吸引年轻消费者。"

通讯通常采用叙述的方式，故事性更强，能够引导读者产生情感共鸣。通过丰富的细节和生动的描写，读者可以更好地理解事件的背景和影响。例如，在开展一场文化活动时，通讯报道写道："在某市的文化广场，成千上万的观众欢聚一堂，享受丰富多彩的表演。舞台上的艺术家们用热情洋溢的表演，传达了对传统文化的热爱，观众纷纷为之鼓掌喝彩。"

通讯报道通常会呈现多个方面的观点和评论，为读者提供全面的信息。例如，对于相关社会问题，通讯报道写道："针对新出台的环保法，政府官员表示将大力推动可持续发展。而环保组织则认为，法律的执行力度仍需加强，呼吁社会各界积极参与。"

（3）消息与通讯的区别

消息侧重于快速传递事实，内容较为简单，而通讯则注重深入分析和背景介绍，内容更加丰富。

消息通常采用倒金字塔结构，将最重要的信息放在前面，而通讯则采用更为灵活的叙述结构，可能通过讲故事的方式引入主题。

消息旨在快速提供信息，适合时间有限的读者，而通讯通过叙述和分析，旨在引导读者深入思考，适合希望获得更多背景信息的读者。

在报道中，应根据不同的报道目的和受众需求，选择适合的形式。消息以简洁明了和客观性为特点，适合快速传递信息；而通讯则以深入分析和丰富叙述为特点，适合提供更全面的事件理解。通过合理运用这两种形式，能够有效地满足读者对信息的不同需求。

二、新媒体内容写作

1. 新媒体新闻消息写作的重要性

在当今信息时代，随着互联网技术的迅猛发展和智能手机的普及，新媒体已成为人们获取信息的主要渠道。这一变革不仅改变了信息的传播方式，也对传统新闻写作模式提出了新的挑战。在此背景下，新媒体新闻消息写作的重要性越发凸显。

（1）信息传播的即时性与时效性

新媒体的显著特点是其极高的即时性和时效性。传统媒体往往受到出版周期的限制，而新媒体能够实现 24 小时不间断进行新闻更新。这种即时性使受众能够在事件发生的第一时间获得信息，尤其对于突发事件的报道至关重要。例如，在自然灾害或社会动荡等情况下，及时准确的信息能够帮助公众迅速作出反应，确保生命安全。因此，新媒体新闻消息写作的能力在于迅速、准确地传递信息，满足受众对新闻即时性和时效性的需求。

（2）互动性与受众参与感的增强

新媒体赋予了受众更多的参与权与互动性。通过评论、分享和点赞等功能，受众不仅是信息的接收者，更成为信息传播的参与者。这种互动性打破了传统新闻单向传播的模式，使新闻写作更加贴近受众的需求与期望。受众反馈不仅能够帮助媒体进行内容的改进，也促进了信息的多元化与多角度报道。因此，新媒体新闻消息写作需要具备更强的互动性，以增强受众的参与感和认同感。

（3）多样化的表达方式与丰富的信息呈现

新媒体平台允许新闻内容以多种形式呈现，包括文字、图片、视频、音频等。这种多样化的表达方式不仅提升了信息的吸引力，也增强了信息的传播效果。例如，图文并茂的报道能够更直观地传达事件的核心信息，而短视频能够迅速吸引受众的注意力。通过这些丰富的表现手法，新媒体新闻消息写作能够更有效地传递信息，加深受众的理解与记忆。

（4）个性化与精准传播的崛起

新媒体的发展使数据分析和算法推荐成为可能，媒体能够根据用户的兴趣和行为特征提供个性化的内容。这种精准传播不仅提高了信息的相关性和有效性，也极大地丰富了用户的体验。例如，社交媒体平台通过分析用户的浏览历史与互动记录，向其推送符合其兴趣的新闻内容。这一趋势要求新媒体新闻写作在创作内容时，需更加关注受众的需求，做到精确定位。

（5）扩大传播范围与全球化视野

新媒体平台的开放性和广泛性使信息能够迅速传播到全球各地。相较于传统媒体的地域限制，新媒体跨越了国界，使新闻能够触及更广泛的受众群体。这种全球化的传播视野不仅提升了信息的影响力，也促进了不同文化、观点的交流与碰撞。这要求新媒体新闻写作不仅具备本土化的视角，而且考虑全球化背景下的信息传播策略。

（6）降低传播成本与提升效率

与传统媒体相比，新媒体的传播成本显著降低。记者可以利用移动设备随时随地进行报道，无须昂贵的设备和复杂的制作流程。这种高效的新闻生产方式大大提高了信息的传播效率和时效性。因此，新媒体新闻消息写作能够在资源有限的情况下，实现快速、高效的信息传播，满足受众日益增长的需求。

（7）增强透明度与媒体可信度

新媒体平台的信息传播相对透明，公众可以通过社交媒体获得最新的信息。这种透明性减少了信息传递中的中介环节，有助于提升媒体的可信度。尤其在当前信息泛滥的时代，受众对于真相的渴求更加迫切。新媒体新闻消息写作应注重信息的真实性和准确性，以增强公众对媒体的信任。

（8）促进声音多元化与舆论多样性

新媒体为不同的声音和观点提供了平台，使各种意见得以表达。这种多元化的报道方式有助于丰富公众的信息来源，提升社会舆论的多样性。新媒体新闻写作需要关注不同群体的声音，反映社会的多样性与复杂性。这不仅有助于拓展新闻报道的深度和广度，也能够促进公众对社会事件的全面理解。

（9）应对假新闻与信息安全的挑战

在新媒体环境下，假新闻和虚假信息的传播已成为一项严峻的挑战。信息的快速传播与缺乏有效的筛选机制，使不实信息蔓延，严重影响公众对新闻报道的信任。因此，新媒体新闻消息写作不仅需要具备快速反应的能力，更要坚持严谨的事实核查和信息验证机制，以维护新闻的公信力和社会责任。

（10）培养创新意识与技术应用能力

新媒体环境对新闻从业者提出了更高的要求，除了掌握传统的写作技能外，还需要具备创新意识和技术应用能力。利用数据分析、视频制作、图形设计等技术，能够提升新闻报道的质量和吸引力。此外，随着人工智能等新技术的兴起，新闻从业者应积极探索新媒体工具，提升工作效率和内容创作的多样性。这不仅是对个人职业发展的要求，也是推动新媒体新闻行业持续发展的关键。

新媒体新闻消息写作在当今信息时代具有不可小觑的重要性。它不仅满足了受众对信息的即时性、互动性和多样性的需求，也在塑造信息传播方式、提升媒体透明度和应对信息安全挑战方面发挥了重要作用。

2. 新媒体内容写作技巧

新媒体内容写作技巧是优化信息传达方式和丰富用户体验的关键。

（1）内容提要突出关键词

在新媒体写作中，内容提要不仅是文章的简要概括，更是吸引读者注意力的关键。关键词的突出可以显著提升文章的可搜索性和可读性。研究表明，用户在浏览信息时，往往会通过关键词快速判断内容的相关性。因此，在内容提要中合理使用目标关键词，不仅有助于搜索引擎优化，还能激发读者的兴趣，使他们更愿意继续深入阅读。内容提要应简明扼要，直接反映文章的主题和核心观点，便于读者快速抓住重点。

（2）正文语言简洁，内容平实

新媒体环境下的阅读习惯通常是快速和碎片化的，因此，使用简洁明了的语言进行表达尤为重要。研究表明，简洁的语言能够减轻认知负担，帮助读者快速理解信息。在正文中，尽量避免复杂的句式和专业术语，以平实的语言进行描述，使内容更加亲切可读。通过简化语言，作者不仅能够提高信息的传递效率，还能增强文章的亲和力，拉近与读者的距离。

（3）一段表达一个中心思想

现代读者的阅读方式往往呈现出跳跃式的特征，即通过快速扫视来获取信息。因此，每一个段落应围绕一个中心思想展开描述。这种结构不仅有助于读者快速捕捉关键信息，还能提高文章的逻辑性和条理性。研究表明，信息的组织方式会直接影响读者的理解和记忆。通过明确的段落结构，作者能够引导读者更好地进行信息的筛选和吸收，进而提升整体阅读体验。

（4）多用小标题，便于读者搜索和选择信息阅读

小标题在新媒体内容中扮演着重要的导航角色。通过使用小标题，作者可以将文章内容分割成多个易于消化的部分，帮助读者快速定位所需信息。研究显示，使用小标题能够显著提高用户的阅读效率和满意度。小标题不仅增强了内容的可读性，还为读者提供了信息选择的便利，使他们能够根据个人兴趣快速找到相关内容。尤其在信息量庞大的新媒体环境中，小标题的作用越发凸显。

（5）重要信息优先原则

在新媒体写作中，遵循"重要信息优先原则"是确保信息有效传达的关键。根据倒金字塔结构，重要信息应放在文章的开头部分，以便读者在最初的几秒内获取关键信息。研究表明，读者在浏览信息时，通常会快速判断内容的价值，因此，优先呈现最重要的信息可以有效提高读者的留存率和转化率。此外，在文章的各个部分，也应遵循重要信息优先展示的原则，确保读者能够在不同的阅读场景下，快速获取核心内容。

（6）注重事件背景介绍

在呈现新媒体内容时，事件背景的介绍至关重要。透彻的背景信息不仅为读者提供了必要的上下文，还可以帮助他们更好地理解文章的主旨和论点。研究显示，缺乏背景信息的内容往往难以引发读者的共鸣或深入思考。因此，在撰写过程中，作者应适当引用相关的数据、历史事件或社会现象，拓展内容的深度和广度。这种背景介绍不仅能增强文章的权威性，还能帮助读者建立更为全面的认知框架，从而提升内容的吸引力和影响力。

新媒体内容写作技巧不仅关乎语言和结构的运用，更是对读者阅读习惯和心理的深刻理解。掌握这些技巧，将有助于提升内容的传播效果和用户体验。

3. 新媒体写作思维

新媒体写作的思维模式是一个复杂而多维的概念，涉及创作者在数字传播环境中所需的各种意识和策略。

(1)场景意识

场景意识是新媒体写作中的一项重要能力,指的是创作者对特定传播环境和社会文化背景的敏感性。信息的意义并不仅依赖于内容本身,还受到特定场景的影响。在新媒体写作中,创作者需对各种传播场景进行深入分析,包括技术平台的特性、用户的社会文化背景及其互动方式。场景意识促使创作者在传递信息时,不仅考虑文本内容的结构与表达,还关注其在不同场景下可能产生的多重意义和影响。这种意识能够帮助创作者更合理地调整其写作策略,从而提高信息传递的有效性和针对性。

(2)用户意识

用户意识强调创作者对目标受众的深刻理解和关注,涉及对用户需求、偏好和行为模式的全面分析。内容创作的成功在于能够满足用户的实际需求,提升用户的参与感和满意度。在新媒体环境中,创作者应利用数据分析工具,深入挖掘用户的兴趣点和行为特征,这不仅能够帮助其制定更为精准的内容策略,还能增强与用户之间的情感连接。通过用户意识的培养,创作者能够更有效地设计内容,使其更具吸引力和互动性,从而提升用户的忠诚度和参与度。

(3)产品思维

产品思维是新媒体写作中不可或缺的一部分,强调创作者将其内容视为一种产品进行系统化设计和营销。在"产品管理理论"(Product Management Theory)的框架下,内容创作被视为一个完整的生命周期管理过程,包括构思、开发、推广和反馈。这种思维方式促使创作者不仅关注内容的创作过程,还重视产品的市场适应性和用户反馈机制。通过产品思维,创作者可以更有效地明确其内容在市场中的位置,制定相应的营销策略,确保内容在激烈的竞争中脱颖而出。

(4)社交思维

社交思维强调在新媒体写作中建立有效的社交连接和互动机制。社交平台不仅是信息传播的渠道,更是用户互动和关系建立的场所。在这一背景下,创作者应主动与受众交流,通过评论、分享和讨论等形式增强用户的参与感。社交思维的核心在于理解并利用社交网络的特性,建立一个互动型的内容生态系统,使用户能够在内容创作中发挥更大的作用。这种互动不仅能够增强用户的归属感,还能为创作者提供宝贵的反馈,从而促进内容的持续改进和创新。

4. 网络新闻的呈现形式

网络新闻的呈现形式丰富多样，随着技术的发展和用户需求的变化不断演进，以下是几种主要的网络新闻呈现形式。

（1）文字新闻

文字新闻是网络新闻的基础形式，通常以文章的方式呈现。文字新闻内容简洁明了、结构清晰，包括标题、导语、正文和结尾。网络新闻的文字内容可以灵活运用超链接，连接相关报道或参考资料，增强信息的深度和广度。

（2）多媒体新闻

多媒体新闻将文字、图片、视频和音频等多种媒介结合，提供更加丰富的用户体验。例如，通过短视频或图像展示事件的现场情况，运用音频采访增强报道的真实感。这种形式能够更好地吸引用户的注意力，提升信息的可理解性。

（3）数据新闻

数据新闻通过数据可视化的方式呈现新闻事件和趋势，通常包括图表、信息图和互动地图。数据新闻依赖于大数据分析和可视化工具，帮助读者更直观地理解复杂的信息和数据关系。例如，利用交互式图表展示选举结果或疫情数据，增强用户参与感和理解深度。

（4）社交媒体新闻

社交媒体新闻是通过社交平台［如微博、微信、推特（Twitter）等］传播的新闻形式。此类新闻通常较为简短，注重即时性和互动性，用户可以通过评论、转发和点赞等方式参与讨论。这种形式不仅让新闻传播更为迅速，也使用户成为信息传播的重要一环。

（5）直播报道

直播报道是网络新闻的一种实时呈现形式，适用于突发事件或重大新闻的即时报道。通过视频直播，记者可以在现场实时传递信息，与观众进行互动。这种形式强调时效性和参与感，使观众能够直接体验事件的进展。

（6）移动端新闻

随着智能手机的普及，移动端新闻呈现形式愈加重要。移动端新闻通常优化了用户界面，提供个性化推荐、离线阅读和推送通知等功能，方便用户随时随地获取信息。这种形式强调便捷性和用户体验。

（7）交互式新闻

交互式新闻利用技术手段，允许用户主动参与内容的探索和体验。通过互动图表、虚拟现实（VR）或增强现实（AR）等技术，用户可以更深入地了解新闻事件的背景和细节。这种形式不仅增强了用户的沉浸感，还提升了信息的传递效果。

（8）播客和音频新闻

近年来，播客和音频新闻的形式逐渐流行，用户可以通过音频节目获取新闻信息。这种新闻适合在通勤、锻炼等场合收听，便于用户在日常生活中随时获取新闻更新，满足了用户对信息便捷性的需求。

网络新闻的呈现形式多种多样，既满足了信息传播的即时性和互动性，也满足了用户对内容深度和多样性的需求。

5. 网络新闻的语言特征

网络新闻的语言特征主要体现在以下几个方面。

（1）使用社会流行语

流行语不仅反映了社会文化的发展，还体现了特定群体的价值观和社会认同。流行语在网络新闻中起到了增强信息吸引力和可接近性的作用，使新闻内容更容易在年轻受众中产生共鸣。流行语的运用能够迅速吸引读者的注意力，并促使其在社交媒体上进行分享和讨论，从而扩大了新闻的传播范围。

（2）个性化社交表达

网络新闻中的个性化社交表达体现了用户生成内容（UGC）的兴起。网络社交平台为用户提供了表达个人观点和情感的空间，使新闻报道不再是单向的信息传递，而是形成了互动的双向沟通。通过个性化的表达，读者不仅能够参与新闻的生产过程，还能够在社交媒体上形成对事件的多元解读。这种现象促使新闻内容更加丰富，同时也反映了当代社会对个体声音的重视。

（3）注重叙事的故事性

网络新闻在叙事结构上往往注重故事性，叙事不仅是信息传递的手段，更是意义构建的重要方式。通过将事件以故事的形式呈现，网络新闻能够引发读者的情感共鸣，使信息的传达更具吸引力和感染力。叙事的运用使复杂的事件或数据变得更易于理解，帮助读者在信息的海洋中找到情感的连接点，形成对事件的深层认知。

（4）语言简洁明了

网络新闻的语言特点之一是简洁明了，这与受众的阅读习惯密切相关。在信息泛滥的时代，受众往往面临大量信息的冲击，因此需要快速获取关键信息。网络新闻通过简化语言、减少复杂句式，确保信息在最短时间内被读者理解。这种简洁性不仅提高了信息的可读性，也符合网络环境下的快速阅读需求，使新闻能够在瞬息万变的网络空间中迅速引起关注。

模块二 新媒体文案写作

📝 **案例分析与实践**

网络新闻写作以其即时性、多媒体性和互动性等特点，适应了当今快速变化的信息环境和受众需求。记者和内容创作者需要灵活运用这些特点，以提升新闻的传播效果和用户体验。不同平台的新闻写作有不同的特点。

一、新闻写作案例

2024年"绿动中国"环保公益活动成功举办

2024年8月30日，在市中心公园举行的"绿动中国"环保公益活动吸引了上千名市民参与。活动旨在倡导绿色生活方式，提高公众的环保意识，共同为可持续发展贡献力量。

上午9时，活动正式开始，现场设置了多个互动展位，参与者可以体验环保知识问答、手工制作再生艺术品等项目。志愿者们热情地向市民介绍环保知识，并分发绿色生活小贴士，让大家在轻松的氛围中学习环保理念。

活动特邀环保专家李教授发表主题演讲，他分享了当前全球面临的环境挑战和每个人在日常生活中可以采取的环保行动。他强调："小改变可以带来大影响，今天的每一分努力，都是为地球的未来添砖加瓦。"

本次活动组织了来自不同学校和社区的志愿者团队，他们不仅参与活动的筹备，还在现场负责引导和服务。来自市二中的志愿者小王表示："能参与这样的活动，我感到非常自豪。希望能通过我们的努力，让更多人关注环保。"

不少市民表示，活动让他们更加意识到环保的重要性。市民张女士说："我以后会更加注意垃圾分类，也会减少一次性塑料的使用。希望这样的活动能经常举办！"

通过"绿动中国"环保公益活动，越来越多的市民加入了环保行动。我们相信，只要每个人都能从自我做起，携手共进，就一定能创造出一个更加美好的绿色家园。让我们共同期待下次活动的到来！

这个案例展示了公众号新闻写作的基本结构，包括标题、导语、正文和互动部分。内容清晰、简洁且富有感染力，能够吸引读者阅读并鼓励他们参与讨论。

以下是一个关于高校公众号节日活动的新闻案例，假设我们要报道一场在某大学举行的中秋节庆祝活动。

月圆人团圆，某大学中秋节庆祝活动嗨翻全场！

2024年9月29日，某大学在校园文化广场举办了一场超级热闹的中秋节庆祝活动，吸引了成千上万的师生参加。活动内容丰富多彩，大家一起欢庆团圆，气氛炸裂！

活动现场热闹非凡

晚上6时，活动开始，校园文化广场就变成了"人山人海"的热闹场景。五颜六色的灯笼挂满了整个场地。开场舞蹈由校团委的同学们带来，瞬间点燃全场气氛。校领导祝大家中秋快乐，家庭幸福，场面既温暖又感人。

节目丰富，精彩不断

活动中，学生们准备了好多节目，如传统的月饼制作、诗词朗诵和民乐演奏等。诗词朗诵环节特别受欢迎，许多同学用超级有感情的声音诵读经典中秋诗，让大家都感受到浓浓的文化气息。

互动环节，乐趣多多

为了让大家更好地参与，主办方还准备了"月亮知识问答"和"中秋祝福墙"等互动环节。答对问题就能获得精美奖品，大家玩得不亦乐乎！祝福墙上也写满了大家对家人的美好祝福，现场笑声不断，温馨满满。

月饼分享，团圆的味道

活动最后，主办方准备了各式各样的月饼，大家围坐在一起，边吃边聊，享受中秋的美味。很多同学表示，这样的活动让他们感受到浓浓的节日气氛，也拉近了彼此的距离。

通过这次中秋节庆祝活动，师生们不仅感受到了传统节日的魅力，还增强了校园的凝聚力。期待下次活动，大家一起继续传承中华优秀传统文化。

你们在中秋节有什么特别的习俗或者故事吗？快在下面留言，分享你的中秋体验吧！

这个案例展示了高校公众号节日活动的报道方式，结构清晰、内容生动，体现出校园文化的活力与温暖。语言轻松活泼，符合年轻人的语言习惯，容易引起共鸣，能够吸引读者的关注并鼓励互动。

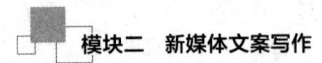

从结构上看，新闻写作一般有如下要求（见表2-2-2）。

表2-2-2 新闻写作结构及要求

序号	结构	写作要求
1	标题	用简短的词语概括新闻主题；使用引人注目的词汇或语气，让读者一目了然地理解文章的主要内容。
2	导语	回答5W1H；吸引读者继续阅读，通常要在首段中提供关键信息；通常不超过30~50个字，直接切入主题。
3	主体	对事件进行深入报道，提供背景、经过、结果等信息；采用倒金字塔结构，重要信息放在前面，次要信息依次展开，方便读者快速获取关键信息；引用权威人士或相关数据为报道增加可信度和权威性。
4	背景信息	提供背景资料，帮助读者理解事件的历史、背景和相关因素；确保背景信息不带有个人观点，避免偏见；用清楚的语言表述背景，不冗长。
5	引用	确保所引用的言论和数据的准确性，反映真实情况；引入多方观点，确保报道的全面性；使用引号清楚区分直接引用和间接引用。
6	结尾	总结要点，重申事件的主要信息或意义；引发思考，可以提出未来的可能发展或引导读者思考的问题；简洁有力，不应重复主体内容。
7	附加信息	使用多媒体元素，如图片、视频、图表等，增强报道的视觉效果；每个附加元素都应有明确的说明或来源；附加信息应与主体内容紧密相关，提供额外的上下文。

二、新闻写作案例分析任务

选择一则新闻，按照新闻写作要点，把相关内容填写入表2-2-3。

表2-2-3 新闻写作结构及要求

序号	结构	案例内容
1	标题	
2	导语	
3	主体	
4	背景信息	

续表

序号	结构	案例内容
5	引用	
6	结尾	
7	附加信息	

三、新闻报道写作任务

某大学举办了"非遗剪纸进校园"活动,请根据活动情况写一则新闻报道。完成报道信息的整理,并填写表2-2-4。

表2-2-4 "非遗剪纸进校园"活动新闻报道结构化内容整理

序号	结构	新闻内容
1	标题	
2	导语	
3	主体	
4	背景信息	
5	引用	
6	结尾	
7	附加信息	

任务考核

一、填空题

1. 新闻写作的基本结构通常包括 _____ 、正文和结尾。
2. 在新闻报道中,最重要的六个要素被称为"5W1H",即 _____ 、_____ 、_____ 、_____ 、_____ 和 _____ 。
3. 在撰写新闻时,记者应采用 _____ 的语气,避免使用带有个人情感色彩的词汇。
4. 新闻的标题应简洁明了,能够吸引读者的注意,通常不超过 _____ 个字。
5. 在新闻报道中,_____ 是指对事件的客观描述,而不带有评论或主观意见。
6. 在新闻中,引用来源时应遵循 _____ 的原则,确保信息的准确性和可靠性。
7. 为了确保新闻的时效性,记者需要迅速获取和核实 _____ 的信息。
8. 在撰写新闻时,记者应关注 _____ ,以确保报道的全面性与公正性。
9. 新闻写作中的倒金字塔结构指的是:将最重要的信息放在 _____ ,次要信息逐渐向下排列。

二、判断题

1. 在新媒体内容写作中,标题越长越好,以便详细说明文章内容。( )
2. 在新媒体平台上,使用图片和视频可以提高用户的阅读兴趣和互动率。( )
3. 在新媒体内容写作时,可以随意使用网络上的所有信息,而无须注明来源。( )
4. 与传统媒体相比,新媒体的内容更新速度更快,通常需要实时报道和互动。( )
5. 在新媒体写作中,读者的反馈和评论对内容创作没有影响。( )

三、论述题

请论述网络新闻在信息传播中的重要性,以及其对传统媒体的影响。要求从信息传播的重要性、对传统媒体的影响、未来展望等方面展开。

四、实践题

撰写一篇关于你所在学校即将举行的"校园文化艺术节"的新闻报道。

任务要求:

标题:为你的报道拟一个简洁而引人注目的标题。

导语:

* 在第一段中,回答以下问题:

* 谁主办了此次活动?

* 什么是校园文化艺术节?

* 何时何地举行?

* 为什么举行这个活动?

主体:

* 详细描述活动的内容,包括参与的社团、节目安排、特别嘉宾(如有)等。

* 介绍活动的背景,包括学校历史上的文化活动和艺术节的意义。

* 引用相关人士的意见,如学生、教师或校领导对活动的看法或期待。

结尾:总结活动的意义,可能的话,提及活动后的展望或未来的计划。

字数要求:600字以内。

任务考核答案2-2

视频微课 2-3
活动文案写作中
SMART 目标设定

任务三　活动推广文案写作

任务分析

　　活动推广文案的使用方式多种多样，可以根据活动的类型、目标受众和推广渠道灵活运用。在策划和撰写文案时，需要深入了解活动的性质，比如是商业促销、公益活动、文化展览还是线上研讨会等。不同类型的活动会吸引不同的受众，因此文案的内容和风格需要相应调整。

　　明确目标受众是制定有效的推广文案的关键。年轻人喜欢活泼幽默的语言，而专业人士更倾向于正式且信息丰富的表达。了解受众的兴趣、需求和行为习惯，可以帮助活动主办方选择最合适的文案风格和口吻，从而提高信息的相关性和吸引力。

　　推广渠道的选择也对文案的使用方式产生重要影响。在社交媒体上，短小精悍的文案更容易被快速传播，而在电子邮件营销中，详细的活动介绍和清晰的行动指引显得尤为重要。在官方网站或活动页面上，文案不仅需要传达活动信息，还要考虑引擎搜索优化，以提高搜索的排名，吸引更多的自然流量。

　　本部分的学习任务如表 2-3-1 所示。

表 2-3-1　学习任务表单

任务概述	（1）清晰阐明活动的目标，如品牌宣传、用户互动、知识分享等； （2）确定文案的目标受众，包括年龄、性别、职业、兴趣等，以便制定合适的语言和风格； （3）详细描述活动的主要亮点和特色，包括时间、地点、主题、嘉宾、活动内容等； （4）创建引人注目的标题，简洁明了，并能有效传达活动的核心信息。
学习目标	知识目标： （1）了解清晰、简洁、有吸引力的写作原则； （2）了解目标受众的需求和心理，撰写能够引发共鸣的文案； （3）熟悉不同类型活动的特点，如线上与线下活动、促销活动、品牌推广等； （4）了解不同社交媒体平台的特性，撰写适合各平台的文案； （5）了解品牌的核心价值和定位，确保文案与品牌形象一致； （6）掌握一些基本的营销心理学知识，了解如何影响受众的决策。 技能目标： （1）学习如何根据年龄、性别、职业、兴趣等因素进行受众细分； （2）能够根据目标受众选择合适的文体和语气（正式、非正式、幽默等）； （3）学习如何从活动中提炼出关键亮点，打造吸引人的宣传点； （4）掌握引人注目的标题写作技巧，确保能够吸引受众的注意力； （5）学习如何在文案中使用关键词，提高在搜索引擎中的可见性。 素质目标： （1）学习新闻伦理和法律法规，理解在通讯写作中应遵循的职业道德； （2）培养逻辑思维能力，能够合理组织文案内容，形成清晰的结构； （3）增强学员的团队合作精神和沟通能力，能够有效地与团队成员协作完成创作； （4）能够根据市场变化和新趋势不断调整文案策略； （5）增强法律意识和职业道德，遵循相关法律法规及伦理原则。
学习内容	（1）学习受众分类，分析目标受众的需求、痛点和心理，以便创作有针对性的文案，介绍头脑风暴、思维导图等创意工具，提炼活动的核心卖点，形成吸引人的主题； （2）学习文案的常见结构，如开头、主体、结尾，掌握不同平台的文案格式要求； （3）学习使用简洁、生动、富有感染力的语言，避免冗长和复杂表达，根据品牌定位调整文案的语气和风格； （4）学习如何结合情感和逻辑撰写有说服力的文案，通过案例、用户评价等增强文案的可信度； （5）了解基本的市场营销理论，如何与文案写作相结合，学习品牌定位概念，确保文案与品牌形象一致。
学习重点	掌握文案写作的结构，能够使用简洁、生动的语言完成活动文案的写作。
学习难点	能够根据品牌定位、受众分析，调整文案风格。

知识准备

一、活动概述

1. 活动的定义

活动是指在特定时间和地点，为实现某种目的而组织的一系列有计划的行动或事件。活动通常涉及参与者的互动，旨在满足特定的需求、达成目标或提供娱乐、教育等价值。活动既可以是小规模的，也可以是大规模的，形式多样，内容丰富。

2. 活动的类别

根据不同的标准，活动可以分为以下几类。

（1）按目的分类

按目的分类，活动可分为商业活动、文化活动、教育活动和公益活动。

第一类是商业活动。商业活动的主要目的在于实现经济利益和市场目标。这类活动通常包括产品发布、促销活动、展会等，旨在通过营销策略吸引消费者，提升品牌知名度及市场占有率。商业活动不仅关注经济效益，还需考虑消费者体验与品牌形象的塑造，实现可持续的商业增长。

第二类是文化活动。文化活动旨在传播和弘扬文化与艺术，增进公众对文化遗产和艺术创作的理解与欣赏。这类活动包括音乐会、艺术展览、文化节等，通常通过丰富多样的表现形式吸引参与者，促进文化交流，增强社会的文化认同感和凝聚力。

第三类是教育活动。教育活动以学习与知识传播为核心，旨在提升参与者的技能和知识水平。这类活动包括讲座、培训班、研讨会等，通常由专业人士或教育机构组织，通过系统的课程设置和互动式学习，帮助参与者获得新的知识和能力，推动个人及社会的发展。

第四类是公益活动。公益活动的目的是帮助他人或促进实现社会福祉，通常包括慈善活动、志愿服务等。这类活动通过动员社会资源，倡导公众参与，解决社会问题和支持弱势群体，传递社会责任感和人文关怀。

（2）按规模分类

按规模分类，活动可分为小型活动、中型活动和大型活动。

小型活动通常参与人数较少，规模较小，在相对私密的场地进行。这类活动如小型聚会、团队建设等，旨在促进参与者之间的交流与合作，增强团队凝聚力，并能够更灵活地满足参与者的需求。

中型活动参与人数适中，规模较大，通常在社区或企业层面进行。这类活动包括公司年会、社区活动等，能够吸引较大范围的参与者，促进社交网络的扩展和信息的传播。

大型活动参与人数众多，通常需要较大场地和复杂的组织安排。这类活动如音乐节、大型展览、国际会议等，涉及多方合作与协调，能够显著提升参与者的体验，并在更广泛的层面上产生影响。

（3）按参与形式分类

按参与形式分类，活动可分为线下活动、线上活动和混合活动。

线下活动是在实体场地进行的，通常包括会议、演出、展览等。这类活动强调面对面交流与互动，能够增强参与者的参与感和沉浸感，适合需要直接沟通和实物展示的场合。

线上活动通过互联网进行，形式多样，如在线研讨会、网络直播、社交媒体活动等。这类活动能够突破地域限制，吸引更广泛的参与者，提供灵活的参与方式，适合无法现场参与的情况。

混合活动结合了线上和线下的形式，参与者可以根据自身情况选择在线或现场参与。这类活动的灵活性和适应性使其在当前多样化的参与需求中越来越受欢迎，能够同时满足不同参与者的需求。

（4）按频率分类

按频率分类，活动可分为定期活动和临时活动。

定期活动按固定周期进行，通常包括每周的读书会、年度庆典等。这类活动的规律性使参与者能够形成固定的期待和习惯，增强了参与者之间的联系，构建了完善的社交网络。

临时活动通常是一种一次性或短期内进行的活动，如节日庆典、产品发布会等。这类活动反映了特定的时机或事件，旨在快速吸引公众注意力，促使其积极参与，通常具有较强的时效性和紧迫性。

（5）按参与者类型分类

按参与者类型分类，活动可分为公众活动和私密活动。

公众活动面向广大公众，任何人均可参与，如文化节、马拉松等。这类活动旨在增强社会开放性和公众参与感，促进不同群体之间的交流与理解，提升公众的参与热情与社会责任感。

私密活动仅限特定人群参与，通常包括企业内部会议、私人派对等。这类活动强调隐私和专属性，旨在促进特定群体之间的交流与合作，保障参与者的信息安全和互动效果。

3.活动的构成要素

活动的主要构成要素包括以下几个方面。

（1）目的

每个活动都应具备明确的目标，这些目标不仅是活动存在的根本理由，还为活动的设计与开展提供了方向。目标可以分为短期和长期两种类型。例如，短期目标可能涉及一次性的聚会或特定的庆典活动，而长期目标可能指向持续的培训项目或系统化的社区发展计划。明确的目的性不仅有助于参与者理解活动的意义，还有助于组织者在活动进行过程中进行效果评估与调整，从而确保最终目标的实现。

（2）计划

活动的成功实施通常依赖于周密的策划与准备工作。这一过程包括时间安排、资源配置、参与者管理等多个方面。有效的计划能够确保活动各个环节协同运作，从而最大限度地提升活动的效率与效果。此外，计划性还体现在应对突发情况的能力上，周全的策划能够为活动的顺利进行提供保障。通过详细的时间表和清晰的责任分配，组织者能够在活动中有效调配人力与物力资源，确保活动按照既定目标顺利推进。

（3）参与者

参与者是活动的核心，其积极性和互动程度直接关系到活动的成功与否。参与者的背景、兴趣和需求在活动的设计与实施中起到关键作用。为了提高参与者的满意度与参与度，组织者应在活动开展前进行充分的需求调研，从而优化活动内容和形式，确保活动能够吸引目标受众的参与。参与者在活动中的互动不仅体现了信息的交流与分享，还体现了情感的共鸣与社会关系的建立，这些都是活动产生深远影响的重要因素。

（4）互动

许多活动强调参与者之间的互动与交流，这种互动不仅是活动的核心，也是实现活动目标的重要途径。通过设计互动环节，参与者能够在活动中共享经验和知识，增进彼此的理解与信任。互动性有助于提升参与者的主动性，使其更深入地投入活动中，从而提升整体的参与体验。有效的互动还能够促进知识的传播与创造，推动参与者之间的合作与联结，对活动的长期影响尤为重要。

（5）场地与资源

活动的实施需要选择合适的场地，并合理配置必要的资源，如设备、材料等，确保活动顺利进行。场地的选择应考虑活动的性质、规模及参与者的需求，同时还需关注场地的可达性与舒适性，提高参与者的出席率与参与体验。资源的合理配置不仅包括物质资源的准备，还涉及人力资源的安排与调配。通过科学的资源管理，组织者能够最大限度地发挥可用资源的效能，确保活动在预定时间内顺利进行，同时实现既定的目标与效果。

活动是促进个体与集体、个人与社会之间良性互动的桥梁。无论是通过娱乐与社交，还是通过知识与文化的交流，活动都为人们提供了一个丰富多彩的生活平台。

二、活动目标定位

1.明确活动目的

明确活动目的对于有效策划和实施活动至关重要。通过品牌推广、产品发布、客户关系管理和市场调研等多维度的目标设定，企业能够在复杂的市场环境中实现可持续发展，并增强其竞争优势。

（1）品牌推广

品牌推广的首要目标是提升品牌知名度和塑造品牌形象。通过一系列精心设计的活动，品牌能够有效地增强其在目标市场中的可见性，并在消费者心中建立积极的品牌认知。这一过程不仅涉及对品牌价值和核心理念的传达，还包括通过多种传播渠道进行品牌故事的构建。通过有效的品牌推广，企业能够在竞争激烈的市场环境中脱颖而出，确保目标受众对品牌的认同和忠诚。

（2）产品发布

产品发布的主要目的是展示新产品或服务，吸引潜在客户的关注和兴趣。此类活动通常包括产品演示、互动体验和实际应用案例的展示，使消费者能够直观地感受到产品的独特价值和优势。通过精心策划的发布会，企业能够有效地传播关于新产品的信息，从而满足市场需求并促进销售。同时，产品发布也是建立市场预期的重要时刻，有助于塑造消费者对品牌创新能力的正面印象。

（3）客户关系管理

客户关系管理是活动目标中不可或缺的一部分。通过定期举办客户关系活动，企业能够深化与客户的互动，增进相互理解与信任。这类活动不仅可以通过面对面的交流来实现，还可以利用数字平台创造持续的沟通渠道。强化客户关系不仅可以提升客户的忠诚度和满意度，还能提高客户的复购率，促进口碑传播，从而为企业带来长期的经济效益。

（4）市场调研

市场调研的目的是收集客户反馈和市场数据，深入了解消费者需求和市场动态。这一过程通过设计问卷、开展访谈、进行焦点小组讨论等多种方式来获取信息，旨在识别市场趋势、消费者偏好及潜在需求。通过系统的市场调研，企业能够获得对市场环境的全面洞察，从而在产品开发、市场定位和营销策略上作出更为明智的决策。这不仅有助于提升市场响应能力，还能为企业的长期战略规划提供可靠依据。

2. 识别目标受众

在活动策划和实施过程中，识别目标受众是至关重要的一步。这一过程能够帮助企业明确活动对象，从而制定更具针对性和有效性的策略。目标受众的识别可以从以下几个维度进行深入分析。

（1）人口统计特征

人口统计特征是指用以描述人群基本特征的量化指标，通常包括年龄、性别、职业、收入等因素。这些特征不仅能够帮助企业界定受众的基本构成，还能揭示出不同人群在消费行为和偏好上的差异。例如，年轻消费者（18~24岁）可能更倾向于追求时尚和创新，而中年消费者（35~54岁）可能更关注产品的实用性和性价比。此外，性别差异也会影响品牌传播的方式和内容，而职业和收入水平能够直接影响消费者的购买能力和决策过程。因此，深入分析这些人口统计特征，有助于企业制定更为精准的市场定位策略。

（2）心理特征

心理特征涉及个体的兴趣爱好、生活方式和价值观等非物质因素，这些因素在很大程度上影响消费者的购买决策和品牌认同。通过对目标受众的心理特征进行细致研究，企业能够更好地理解消费者的内在动机和情感需求。例如，一些消费者可能对可持续发展和环保问题高度敏感，倾向于选择绿色品牌，而另一些消费者可能更关注产品的社会地位和品牌形象。因此，在活动策划中融入符合目标受众心理特征的元素，可以增强活动的吸引力，引发与受众的情感共鸣。

（3）行为特征

行为特征是指消费者在购买过程中的具体行为模式，包括购买习惯、品牌忠诚度以及参与活动的频率等。通过分析这些行为特征，企业能够识别出哪些消费者更容易被转化为忠诚客户，进而制定相应的营销策略。例如，频繁参与某类活动的消费者可能对该品牌具有较高的忠诚度，而偶尔购买的消费者可能需要更多的激励措施来促进其转化为忠实客户。此外，了解消费者的购买习惯能够帮助企业优化产品供应链和销售渠道，提升整体运营效率。

识别目标受众是一个全面、系统的分析过程。通过对人口统计特征、心理特征和行为特征的深入研究，企业能够获取关于其目标受众丰富而有价值的信息。这些信息不仅有助于制定更为精准的市场策略，还能够推动品牌与消费者之间建立更为深厚的联系。

3. 设定 SMART 目标

在项目管理和战略规划中，设定 SMART 目标是确保工作有效性和可执行性的重要方法论。SMART 是五个英文单词的首字母缩写，分别代表具体（Specific）、可衡量（Measurable）、可达成（Achievable）、相关性（Relevant）和时间限制（Time-bound）。

（1）具体

设定具体的目标是成功的第一步，意味着目标需要清晰明确，避免模糊不清的表述。具体的目标能够为团队提供明确的方向，使所有相关方在理解目标时达成共识。例如，简单地说"提高销售"并不足够具体，而应明确为"在下个季度内将产品 A 的销售额提高 20%"。这一明确的目标不仅有助于团队成员理解预期成果，还能激发他们的积极性和责任感，从而更有效地推动项目开展。

（2）可衡量

可衡量的目标设定要求目标必须具备量化标准，以便在实施过程中进行跟踪和评估。通过设定如参与人数、销售额、市场份额等具体的量化指标，企业能够在目标达成过程中实时检验项目开展情况。例如，企业可设定"在本年度内新增 500 名客户"作为可衡量的目标，这样一来，团队可以通过客户数据进行定期评估，确保目标的实现。同时，明确的衡量标准还能为后续的绩效评估提供依据,促进持续改进。

(3)可达成

可达成是指设定的目标应在合理的能力范围内,既不应过于容易以至于缺乏挑战性,也不应过于艰巨以至于让团队失去信心。因此,目标的设定需要基于对现有资源、能力及市场环境的全面评估。合理的目标既能够激励团队发挥最大潜力,同时又能在可控的范围内实现。例如,对一家初创企业而言,设定"在启动第一年内实现1000万元的销售额"的目标可能不切实际,而设定"在第一年内实现100万元的销售额"的目标更具可操作性,有助于增强团队的信心与士气。

(4)相关性

相关性意味着目标应与组织的整体业务战略和长期愿景保持一致。确保目标的相关性不仅有助于资源的有效配置,还能增强团队成员的使命感和工作的价值感。例如,一家致力于可持续发展的公司,如果设定的目标是"在未来两年内减少20%的碳排放",则这一目标与其公司战略高度相关,且能够增强企业的社会责任感和市场竞争力。确保目标的相关性,能够使企业在实现短期目标的同时,推动长远的战略发展。

(5)时间限制

时间限制是指为目标设定明确的完成期限,以增强目标的紧迫感和可行性。时间框架能够帮助团队制订详细的行动计划,合理安排资源和时间,确保各项任务在规定的时间内完成。例如,"在未来三个月内举办一次产品推广活动"就明确设定了时间限制,使团队能够围绕这一时间节点进行周密的筹备和执行。时间限制不仅有助于提高工作效率,还能够促进团队成员之间的协调与合作。

设定 SMART 目标是实现高效工作和产生预期效果的重要策略。通过具体、可衡量、可达成、相关性和时间限制五个维度的综合考虑,企业能够制定出既具挑战性又切实可行的目标。

4. 竞争分析

竞争分析是一项关键的战略管理活动,旨在深入研究竞争对手的市场活动和战略举措,获取有价值的见解。通过对竞争对手的成功经验与失误进行系统性分析,企业能够更有效地在市场中定位自身产品和服务,从而实现差异化竞争。

（1）研究竞争对手的活动

对竞争对手的活动进行详细研究是竞争分析的基础。这包括对其产品开发、市场推广、定价策略、销售渠道以及客户服务等各个环节的全面审视。通过对竞争对手当前市场活动的洞察，企业能够识别其在市场中采取的具体措施与策略。例如，分析竞争对手的广告宣传方式、社交媒体活动及促销策略，可以揭示其在目标客户群体中的品牌形象和市场认知。这种深入的了解为企业提供了借鉴的基础，有助于识别行业内的最佳实践。

（2）了解市场策略

了解竞争对手的市场策略是竞争分析的重要组成部分。市场策略不仅涵盖产品定位和目标市场的选择，还包括竞争对手如何利用其核心竞争力进行市场渗透和扩展。这一分析过程可以帮助企业厘清竞争对手在市场细分、目标客户以及市场入口策略上的独特之处。例如，某竞争对手专注于某一特定细分市场，并通过高质量的客户服务建立了强大的品牌忠诚度，其他企业就可以在此基础上思考如何通过创新或差异化的产品特性来吸引同样的客户群体。

（3）识别成功经验与失误

通过对竞争对手的成功经验与失误的评估，企业能够从中吸取有益的见解与教训。成功的经验可以为企业提供有效的策略参考，而失误则提醒企业在制定自身战略时需避免重蹈覆辙。例如，某竞争对手在新产品发布中未能有效响应市场反馈，导致产品未能获得预期的市场表现，则企业可以通过优化市场调研和客户反馈机制来提高自身产品上市的成功率。通过这种反思与学习，企业能够在动态变化的市场环境中不断调整战略，增强自身的市场竞争力。

（4）实现目标定位的差异化

竞争分析的核心目的是为企业在目标定位上实现差异化提供指导。通过综合竞争对手的活动、市场策略和其成功与失误的洞察，企业能够明确自身的独特价值主张，从而在竞争激烈的市场中脱颖而出。差异化的目标定位不仅能够增强品牌的市场认知度，还能够为客户提供更具吸引力的选择。例如，企业可以选择在产品的功能、设计、定价或客户体验等方面进行差异化，从而满足特定客户群体的需求，形成自身的竞争优势。

竞争分析为企业提供了制定差异化目标定位的重要信息。通过对竞争对手的全面分析，企业能够在复杂的市场环境中作出更加明智的决策，提升自身的市场竞争力和挖掘长期发展潜力。

5. 资源评估

资源评估是项目管理与战略规划中的重要环节，旨在全面分析和评估可用资源，包括预算、时间、人力资源及综合资源等，以确保目标的可行性与实现可能性。通过系统的资源评估，组织能够识别和优化资源配置，从而有效支持战略目标的达成。

（1）预算评估

预算评估是资源评估的核心要素之一，涉及对财务资源的分析与规划。首先，企业需要仔细审查当前的财务状况，包括可支配资金、固定成本和变动成本等。通过对预算的合理分配，企业可以确保在实施项目或战略时，资金的有效使用和流动性管理。其次，预算评估还应考虑潜在的财务风险与不确定性，如市场波动、原材料价格的变化等。这种前瞻性的财务规划能够为企业的可持续发展提供稳固的经济基础。

（2）时间评估

时间评估是资源评估中不可或缺的一部分，涉及项目的时间框架与进度管理。企业需要明确项目的各个阶段及其所需时间，包括研发、生产、市场推广等环节的时间安排。通过制订详细的时间计划，组织能够识别关键的里程碑和交付期，确保项目按时推进。同时，时间评估还应考虑外部因素对进度的影响，如市场需求变化、法律法规的调整等。有效的时间管理不仅提高了工作效率，也有助于降低导致项目延误的风险。

（3）人力资源评估

人力资源评估是确保项目顺利实施的重要环节，涉及对团队成员的技能、经验和可用性进行全面分析。首先，企业需要评估现有员工的专业背景与能力，确定其是否能够满足项目需求。其次，企业还应考虑人力资源的配置，包括团队构建、角色分配和工作负荷管理等。通过优化人力资源配置，企业能够提高团队的协作效率与创新能力，从而更有效地实现既定目标。

（4）综合资源评估

在进行预算、时间和人力资源评估的基础上，企业需要进行综合资源评估，形成全面的资源配置方案。这一过程需要将各类资源的评估结果进行交叉分析，识别潜在的资源瓶颈与冲突。通过制定综合性的资源管理策略，企业能够在资源有限的情况下，合理利用各类资源，最大化其效益。此外，综合资源评估还有助于企业在面对突发事件时，迅速调整资源配置，确保项目持续推进。

6. 制定信息传递策略

制定信息传递策略是确保组织内部有效沟通的关键环节,它不仅涉及信息内容的构建,还强调信息的传递方式与目标受众的适配性。通过系统的策略制定,组织能够在活动中清晰地传达核心信息和主题,有效满足目标受众的兴趣与需求,从而提升活动的影响力和参与度。

(1)核心信息与主题的明确

在制定信息传递策略的初始阶段,首先需要明确活动的核心信息与主题。这一过程要求组织深入理解活动的目的及其传达的关键理念。核心信息应具备清晰性和简洁性,以便受众快速理解与吸收。此外,主题的确定应与活动的整体目标相一致,确保信息传递的方向性和一致性。通过对核心信息的深入挖掘与主题的精准定位,组织能够为后续的信息设计和传播奠定坚实的基础。

(2)受众分析

制定信息传递策略的关键环节之一是对目标受众的深入分析。受众的兴趣、需求、背景及其信息接收习惯等因素都将直接影响信息的传递效果。在这一阶段,组织应通过市场调研、问卷调查或访谈等方式,获取关于目标受众的详细数据。通过对受众特征的细致分析,组织能够识别出最具吸引力的信息点,并据此调整信息传递的内容与方式,使其更具针对性与有效性。

(3)信息传递渠道的选择

信息传递渠道的选择是制定信息传递策略的重要组成部分。不同的受众群体可能偏好不同的信息接收方式,如线上社交媒体、电子邮件、传统媒体或现场交流等。因此,组织需要根据受众的特征与偏好,选择最适合的传播渠道。此外,跨渠道传播策略的设计也是至关重要的,结合多种传播方式能够增强信息的可达性与影响力,确保信息在不同平台上的一致性与连贯性。

(4)信息传递方式的设计

信息传递方式的设计应考虑内容的表现形式与传递手段,包括文字、图像、视频以及互动元素等。通过多样化的信息表现手法,组织能够吸引受众的注意力,并提升信息的可读性与趣味性。同时,应确保信息传递的风格和语调与目标受众的文化背景和价值观相契合,从而增强信息的亲和力和信任感。此外,互动性元素的引入,如问答环节或在线反馈机制,也能够激发受众积极参与，增强信息传递的效果。

在信息高度碎片化的现代社会，灵活而科学的信息传递策略将极大增强组织在活动中的影响力，促进与受众的良好互动与持续联系。

三、活动推广文案写作

1. 活动文案格式与结构

将活动文案格式与结构有机结合，可以有效地传达活动的目的、内容和吸引力，成功吸引目标受众的关注并促使其积极参与。活动文案格式与结构包括以下几个主要部分。

（1）标题

标题应简洁明了且具有吸引力，能够迅速引起目标受众的兴趣。标题写作使用强有力的动词和关键词，突出活动的主题和亮点。例如，可以使用"探索""创新""挑战"等动词，增加标题的动感与吸引力。

（2）引言

引言旨在简要介绍活动的背景和目的。可以用一个引人入胜的故事、名人名言或相关的数据来引入，突出活动的重要性和相关性。例如，引用行业专家的数据，或分享成功案例，帮助读者理解参加活动的潜在价值。

（3）活动概述

活动概述即详细说明活动的基本信息，包括时间、地点、主办单位、参与方式等，避免模糊信息。介绍主办方的背景、信誉和以往活动的成功案例，增强活动的可信度。明确说明注册方式、费用情况、是否需要提前报名等，确保信息透明。

（4）活动亮点

突出活动的独特之处和吸引力，吸引潜在参与者。列出活动的主要内容或议程，如演讲嘉宾、特别活动、工作坊等，帮助读者了解活动的安排。强调参与者将获得的收益，如技能提升、行业洞察、网络拓展、奖品等，激发其参与欲望。

（5）目标受众

明确活动所针对的特定人群，帮助读者判断自己是否适合参与。描述适合参加活动的群体特征，如行业背景、职业类别、兴趣偏好等，让潜在参与者能够迅速判断自己是否符合参与条件。

（6）报名方式

提供明确的报名流程，便于读者迅速行动。清晰列出具体步骤，避免因信息不清导致的报名障碍；提供报名链接或联系方式，确保参与者顺利完成注册；指明报名截止日期，营造紧迫感，促使读者尽快行动。

（7）联系信息

确保读者可以轻松获取更多信息或咨询。提供多种联系方式，包括电子邮件、电话、社交媒体链接等，方便读者在有疑问时及时联系主办方。

（8）结束语

鼓励读者参与，营造紧迫感，使用激励性的语言，呼吁读者立即行动，如"名额有限，赶快报名！"或"错过这次机会，您将遗憾终生！"等，激发读者的参与欲望。

（9）附件或补充信息（可选）

提供额外的资料或信息，帮助读者全面了解活动。可以包括活动日程表、演讲嘉宾简介、常见问题解答（FAQs）等，帮助潜在参与者更好地准备和参与活动。通过这些附加信息，增强活动的透明度和专业性。

2. 活动推广文案写作要求

（1）明确目标受众

在撰写活动推广文案时，明确目标受众是至关重要的第一步。了解受众的需求和特征能够帮助我们量身定制内容，确保信息有效传递给潜在参与者。首先，收集受众的基本信息，如年龄、性别、职业、教育背景和兴趣爱好等。这些特征可以揭示他们的需求和关注点，从而影响文案的风格和内容。例如，年轻的受众可能更喜欢轻松幽默的语气，而职场人士可能更倾向于正式和专业的表达。

其次，要深入了解受众的心理和行为特征。通过市场调研、问卷调查或者社交媒体分析，获取受众对活动的期望、痛点和兴趣点。例如，目标受众是对科技感兴趣的年轻人，可以在文案中多使用与科技相关的术语和流行词汇，吸引他们的注意力。此外，使用适当的语言和术语是确保受众理解和接受文案内容的关键。过于复杂或专业的术语可能会让部分受众感到困惑，从而降低他们的参与意愿。因此，文案的语言应简洁明了，易于理解，确保即使不太熟悉相关领域的受众也能轻松把握活动的核心信息。

（2）突出活动亮点

活动的成效往往取决于其独特性和吸引力。在推广文案中，突出活动亮点是吸引潜在参与者的关键所在。首先，清晰展示活动的独特之处，可以帮助活动在众多选择中脱颖而出。例如，活动邀请了知名的演讲嘉宾或者专家，在文案中应强调他们的成就和专业背景，吸引受众的关注。同时，活动的主题和形式也应明确，比如是讲座、研讨会还是网络交流。强调活动的独特性还可以体现在活动提供的独特体验上。例如，是否有互动环节、网络交流机会、现场体验等，都能成为活动吸引人的亮点。

文案也可以通过使用一些吸引眼球的词汇和短语来增强活动的吸引力，如"限量席位""专家独家分享"或"前所未有的体验"。这种营销方式能够有效唤起受众的好奇心和参与欲望，从而促使他们积极响应活动的通知和邀请。

（3）信息清晰

信息的清晰度在活动推广文案中占据重要地位，尤其是在信息量大的情况下，合理的结构和简洁的表述能够帮助读者快速获取关键信息。首先，文案应有清晰的层次结构，通常包括标题、引言、主体和结尾等部分。通过合理的段落划分和小标题的使用，读者可以快速浏览他们所关心的内容，从而提高信息获取的效率。例如，在提到活动时间、地点和内容时，可以用列表的方式呈现，使这些重要信息一目了然。

其次，文案的语言应尽量简洁明了，避免使用冗长的句子和复杂的表达方式。过于晦涩的句子可能会使读者失去耐心，甚至导致信息的误解。为了提升文案的可读性，尽量使用主动语态，并减少被动语态的使用，这样可以让文案显得更加生动和有力。

再次，重要信息应当突出显示，比如使用加粗、下划线或不同颜色的文字，确保这些信息不会被淹没在其他内容中。这样的设计能够帮助读者在短时间内抓住关键信息，提高他们的参与意愿。

然后，在文案中，应尽量避免行话或专业术语，尤其是当目标受众不熟悉这些术语时。使用通俗易懂的语言不仅能够扩大受众范围，还能提升信息的传播效果。

最后，写作时要确保文案中没有拼写或语法错误，这不仅影响信息的清晰度，也会对活动的专业形象造成负面影响。可以通过多次校对或请他人审阅来确保文案的准确性和清晰性。

(4) 使用行动号召

在活动推广文案中，使用明确的行动号召（Call to Action，CTA）是促进潜在参与者采取行动的关键。行动号召不仅能够引导受众的思维，还能激励他们立即报名或参与。在文案中，行动号召应当直接且富有感染力，能够激发受众的紧迫感。例如，使用"立即注册""立刻参与"或"不要错过"等短语，可以有效传达活动的迫切性，鼓励受众迅速作出决策。

行动号召的位置也非常重要，通常应将其放在文案的显眼位置，确保受众在浏览文案时能够轻松看到。例如，可以在文案的开头或结尾处放置行动号召，或者在活动亮点的介绍之后紧接着添加，让读者在了解活动的价值后，顺理成章地进行下一步行动。

为了增强行动号召的效果，可以结合一些激励措施，比如"前100名报名者可享受折扣"或者"注册后可获得赠品"等，这些激励可以有效增加受众的参与意愿。同时，在文案中提供清晰的报名链接或联系方式，让受众在决定参与后能够快速找到报名的入口，减少因信息不清而导致的参与人员流失。

(5) 强调价值和利益

在活动推广文案中，强调参与活动的价值和利益是吸引受众的重要策略。潜在参与者通常会关注他们能从活动中获得什么，因此，清晰地传达活动的价值能够有效提升参与意愿。首先，可以通过列举活动的具体收益吸引目标受众。例如，参加活动可能会获得专业知识、扩大人脉、获取行业趋势、提升技能等，这些都是受众极为关心的内容。

其次，在文案中，使用"您将收获……"或"参与后您可以……"的句式，可以帮助受众直观地理解参加活动带来的具体好处。对于不同的受众群体，可以针对性地调整所强调的价值点。例如，对于职场新人，可以着重强调活动在职业发展和技能提升方面的价值；对于创业者，可以强调网络资源和商业机会的获取。

再次，利用案例或见证来支持这些价值主张也是一个有效的方法。可以在文案中引用往届参与者的反馈或成功故事，展示他们通过参与活动获得的实际收益。

最后，确保在文案中突出活动的独特性和差异化，强调为什么选择这个活动而非其他竞争活动。这种比较可以帮助受众更清晰地理解活动的独特价值，从而作出积极的决策。

案例分析与实践

活动文案写作案例分析的重要性体现在多个方面。首先,通过学习成功的活动文案,我们可以掌握有效吸引目标受众的技巧和策略,从而提升自身文案的质量。其次,案例分析帮助识别构成优质文案的关键要素,如标题的吸引力和内容的清晰度,这些要素能够作为未来创作的参考。再次,分析不同文案能更深入地理解目标受众的需求和偏好,从而使撰写的文案更具针对性和吸引力。最后,通过对比不同文案的表现,可以发现和优化有效的文案策略,提升整体效果。案例分析还能够激发创意,帮助文案撰写者找到新的表达方式和视角,创造出更具吸引力的内容。

一、活动文案案例及写作要求

××××年度科技创新大会:引领未来的科技之路

在快速发展的科技时代,创新已成为推动社会进步的核心动力。2024年度科技创新大会将汇聚行业领袖、专家学者和创业先锋,共同探讨科技的未来发展趋势与创新应用。加入我们,开启一段充满灵感与启发的旅程,让我们一起引领科技的未来!

时间:××××年××月××—××日

地点:_____

主办单位:_____

参与方式:线上线下同步进行,欢迎全球参与者报名。

主题演讲:邀请行业内顶尖专家,如人工智能领域的领军人物×××和区块链技术专家×××,分享他们对未来科技的独到见解。

圆桌讨论:设有多场主题圆桌讨论,涵盖人工智能、物联网、可持续发展等前沿科技议题,参与者可与专家互动交流。

工作坊:提供实战工作坊,帮助参与者掌握最新技术技能,如机器学习、数据分析等,名额有限,提前报名。

网络交流:设立专属交流区域,提供与行业领袖、投资人和同行业者建立联系的机会,助力职场发展。

本次大会诚邀以下群体：
*科技行业从业者（工程师、产品经理、研究员等）
*创业者和初创公司代表
*学术界专家及研究生
*对科技创新感兴趣的投资人和企业决策者

报名方式：
*访问官方网站：_____
*填写报名表格：提供个人信息、职业背景及参与意向。
*支付报名费用：参与线下会议的费用为_____元，参与线上会议的费用为_____元。
*确认邮件：完成报名后，您将收到确认邮件，附带活动日程及相关信息。

报名截止日期：
××××年××月××日。名额有限，先报先得！

如需进一步咨询，请联系：
邮箱：_____
电话：_____
官方微信：_____

不要错过这次与科技巨头面对面交流的机会！××××年度科技创新大会将为您提供一个绝佳的平台，了解行业最新动态，结识志同道合的朋友。立即报名，加入我们，共同探索未来科技的无限可能！

活动日程表：
附件中提供详细的活动安排，包括每场主题演讲、圆桌讨论及工作坊的具体时间和嘉宾信息。

此活动文案涵盖了从标题到结束语的所有要素，明确传达了活动信息，并通过亮点和目标受众的描述吸引潜在参与者。表2-3-2总结了活动文案写作要素及要求。

表 2-3-2　活动文案写作要素及要求

序号	写作要素	写作要求
1	活动标题	简洁明了，能够传达活动的核心主题或亮点
2	活动时间	明确具体的日期和时间，方便受众安排
3	活动地点	提供详细地址，必要时可附上地图链接或联系方式
4	活动目的	清晰地阐明活动的目的和意义，如新品发布、节日庆祝、公益募捐等
5	活动内容	简要介绍活动的主要环节或内容，包括演讲、表演、互动等，可以提及特别嘉宾、活动亮点等
6	参与方式	说明如何参与活动，如报名链接、扫码、现场参与等；若有费用，需明确标注
7	福利与奖励	说明按要求参与活动的福利与奖励，如打卡互动、线上评比、抽奖礼包等
8	注意事项	提供参与活动时需要注意的事项，如着装要求、携带物品等
9	联系方式	提供活动主办方的联系方式，方便受众咨询及获取更多信息
10	号召行动	使用鼓励性语言，促使受众采取行动，如"立即报名""快来参加"等
11	附件补充信息	提供详细的活动安排，包括每个主题演讲、圆桌讨论及工作坊的具体时间和嘉宾信息
12	常见问题解答	提供关于参会、住宿、交通等问题的解答，确保参与者无后顾之忧

二、活动文案案例分析任务

在互联网检索活动文案相关案例，根据文案信息填写表 2-3-3。

表 2-3-3　活动文案写作案例分析

序号	写作要素	案例内容
1	活动标题	
2	活动时间	

续表

序号	写作要素	案例内容
3	活动地点	
4	活动目的	
5	活动内容	
6	活动亮点	
7	目标群体	
8	参与方式	
9	福利与奖励	
10	注意事项	
11	联系方式	
12	号召行动	
13	附件补充信息	
14	常见问题解答	

三、活动文案写作任务

校园活动在学生的成长与发展中扮演着重要角色，它不仅丰富了校园生活，还促进了学生的社交、文化交流和身心发展。通过参与各种活动，学生能够培养团队合作精神、增强组织能力，并提升自我表达和沟通技巧。常见的校园活动类别包括文化艺术节、运动会、学术讲座、志愿者活动、社团招新、迎新晚会、科技展览等。请选择一个活动类型，分析活动要素，填写表 2-3-4，并完成活动文案的撰写。

表 2-3-4　校园活动文案要素分析

序号	写作要素	内容要素
1	活动标题	
2	活动时间	
3	活动地点	
4	活动目的	
5	活动内容	
6	活动亮点	
7	目标群体	
8	参与方式	

续表

序号	写作要素	内容要素
9	福利与奖励	
10	注意事项	
11	联系方式	
12	号召行动	
13	附件补充信息	
14	常见问题解答	

任务考核

一、填空题

1. 在活动文案中，明确活动的 _____ 是吸引目标受众的关键，能够帮助他们了解活动的目的和意义。

2. 为了提高活动的参与度，文案中应包含 _____，鼓励读者立即注册或报名。

3. 描述活动的亮点时，可以使用 _____ 的语言，让读者感受到活动的独特性和吸引力。

4. 在活动文案中，提供 _____ 可以有效降低参与者的顾虑，增加他们报名的可能性。

5. 在结尾部分，文案应强调活动的 _____，让读者感受到时间的紧迫性，促使他们采取行动。

二、判断题

1. 在活动策划中进行受众分析可以帮助确定活动的内容和宣传策略。（   ）

2. 在活动策划文案中，描述活动的时间、地点和参与方式是可有可无的，因为受众通常会在其他地方找到这些信息。（   ）

3. 有效的活动文案应使用专业术语，以显得更具权威性和专业性。（   ）

4. 在活动文案中提供早鸟优惠可以有效激励潜在参与者尽早报名。（   ）

5. 活动策划文案不需要考虑目标受众的兴趣和需求，只需传达活动的基本信息即可。（   ）

6. 在活动文案的最后，加入清晰的行动号召（Call to Action）是非常重要的。（   ）

三、论述题

请简要阐述撰写活动策划文案时需要关注的关键要素，并说明每个要素的重要性。

四、实践题

请为你的校园设计一场"书香校园文化节"的活动策划方案。

任务要求：

活动主题：为活动确定一个富有创意和吸引力的主题。

活动目标：明确活动的目的，阐述希望通过此次活动达到的效果，比如促进阅读、提高文学素养、增加师生互动等。

活动时间与地点：提供具体的活动时间和地点信息。

目标受众：描述主要参与的对象，例如全体学生、教师、家长等。

活动内容：详细列出活动的主要环节或项目，如读书分享会、作者签售、诗歌朗诵、书籍交换等。

推广方案：提出推广活动的策略，包括宣传渠道、海报设计、社交媒体宣传等。

预算计划：列出活动的主要支出项和预算，确保总预算合理。

评估方案：简要说明如何评估活动的成功与否，包括参与人数、反馈收集、媒体宣传效果等。

任务考核答案 2-3

任务四　产品推广文案写作

任务分析

新媒体渠道在产品推广中发挥着至关重要的作用，不仅能够显著提升品牌的曝光率，使其在竞争激烈的市场中脱颖而出，还能够有效增强用户的互动和参与感。这种双重效应不仅让消费者更容易接触到品牌信息，还促使他们积极参与到品牌的活动和讨论中，形成更深层次的情感连接。通过社交媒体、博客、视频平台等多种新媒体形式，品牌能够与消费者建立起更直接的沟通桥梁，使用户在使用产品的过程中分享他们的体验、发表反馈，甚至参与产品的改进和推广。这种参与感不仅提高了用户的满意度，还能增强他们对品牌的认同感和忠诚度，从而推动销售的增长。

新媒体产品文案写作不仅是信息传递的工具，更是品牌与消费者之间构建情感连接的重要桥梁。优秀的文案能够引起用户的共鸣，激发他们的情感反应，进而促进品牌忠诚度的提升。在新媒体平台上，品牌可以通过故事化的叙述方式，分享用户的真实体验和案例，增强文案的可信度和亲和力。此外，互动性和参与感也是新媒体文案的一大优势，通过引导用户参与评论、分享和互动，品牌能够进一步强化与消费者的关系，创造出更活跃的品牌社区。

本部分的学习任务如表 2-4-1 所示。

表 2-4-1　学习任务表单

任务概述	（1）了解目标受众研究，进行市场调研，收集数据，分析潜在用户的需求和痛点，能够创建一个目标受众画像； （2）能够分析产品特点，进行竞争对手分析，比较优缺点，确定产品优势，列出产品的核心特点和卖点； （3）能够使用不同的词汇和句式，确保标题具有吸引力和清晰度。
学习目标	知识目标： （1）明确产品针对的目标群体，包括年龄、性别、职业、兴趣等，识别受众的需求和痛点； （2）能够分析产品的独特卖点，突出其与竞争对手的区别，明确产品能为用户带来的具体价值和好处； （3）掌握文案写作结构，使用引人注目的开场白吸引读者注意，清晰地介绍产品的特点、优势，并提供解决方案； （4）学习语言风格特征，确保文案风格与品牌形象一致，可以是友好、专业、幽默等。 技能目标： （1）能够创建详细的用户画像，帮助制定更有针对性的文案策略； （2）掌握写作技巧，提升用词的准确性和感染力，能够用简洁、清晰的语言传达信息； （3）学会运用故事叙述技巧，使产品文案更具吸引力和情感共鸣； （4）能够将产品特点转化为具体的用户利益，阐述产品如何解决用户的问题或满足其需求； （5）能够从生活、行业动态和竞争对手中获取灵感，丰富文案内容； （6）学习如何根据平台特点制订内容发布计划，提升传播效果。 素质目标： （1）培养批判性思维，在文案创作中能够作出合理的判断； （2）提升适应能力，对新工具和技术保持敏感，能够迅速掌握并将其应用于工作中； （3）具备团队协作精神，理解团队合作的重要性，能够给予和接受建设性的反馈，促进团队整体进步； （4）提升职业道德，在文案创作中保持诚信，避免夸大或误导性的信息； （5）能够合理安排时间，明确任务优先级，提高工作效率。
学习内容	（1）学习产品特性分析，深入了解产品的功能、优势与独特卖点； （2）学习受众需求匹配，针对特定受众的痛点和需求撰写文案，突出产品如何解决这些问题； （3）能够设置多元化目标，如提升品牌认知、增强用户忠诚度、促进用户互动等； （4）掌握产品推广文案写作的重点在于产品的功能、优势、使用场景等信息； （5）掌握文案写作的结构，能采用灵活的结构，结合故事、幽默或情感元素，语言风格多样化。
学习重点	能够分析产品优势、独特卖点，并结合受众分析选择符合品牌定位的语言和风格进行产品文案写作。
学习难点	使用讲故事的方式呈现产品信息，凸显产品的功能及特色。

知识准备

一、产品推广文案的功能与目标

1. 产品推广文案的功能

（1）引起兴趣

产品推广文案的首要功能是吸引潜在客户的注意力。通过生动的语言、引人入胜的标题和视觉元素，文案能够激发读者的好奇心，使他们想要进一步了解产品。这种吸引力不仅来自文字的魅力，还包括对目标用户心理和需求的深入洞察。

（2）传达价值

文案需要清晰地传递产品的核心价值和独特卖点。它应该明确说明产品是如何解决用户的具体痛点、满足用户需求的。例如，通过详细描述产品的功能、优势，以及相比竞争对手的差异，帮助用户理解为什么他们需要这个产品。

（3）建立信任

可信度是促成购买决策的重要因素。推广文案可以通过引用客户评价、成功案例、权威认证或专家推荐来增强品牌和产品的可信度。这种社会证明不仅能打消用户的疑虑，还能使他们更倾向于选择该品牌。

（4）引导决策

文案的目的之一是帮助用户作出购买决策。通过提供关键信息，如产品规格、使用方法和购买理由，文案能有效引导用户思考，使他们更容易判断产品是否符合他们的需求和期望。

（5）促进行动

每篇产品推广文案都应该包含明确的行动号召（Call to Action，CTA），如"立即购买""注册获取优惠"或"下载免费试用"。这种行动号召能够直接引导用户采取下一步行动，从而提高转化率。

2. 产品推广文案的目标

（1）提升品牌知名度

产品推广文案的首要目标是提高品牌的知名度。通过有效的文案传播，能够让更多的潜在客户了解品牌及其产品。高质量的内容能够在社交媒体、

搜索引擎和其他平台上被广泛分享,从而提升品牌的整体知名度。

(2)提高销售转化率

推广文案的最终目标是驱动销售。通过有效的文案,企业可以促使用户从潜在客户转化为实际购买者。这不仅包括直接的在线购买,也可以通过线下门店、促销活动等多种渠道实现销售增长。

(3)扩大市场份额

通过针对特定市场或用户群体的精准推广,企业可以逐步扩大在目标市场的占有率。企业可以根据不同的市场需求和用户特征进行文案定制,帮助品牌在竞争激烈的市场中脱颖而出。

(4)增强用户黏性

除了吸引新客户,推广文案还应关注对现有客户的维护。通过强调产品的独特性、用户的使用体验和品牌的价值观,可以增强用户的黏性,促使他们重复购买。这种客户关系的维护对于品牌长期的成功至关重要。

(5)收集反馈与数据

推广活动不仅是为了销售,也是品牌重要的市场反馈渠道。通过跟踪用户的反应、行为和购买习惯,企业可以收集宝贵的数据和反馈信息,进而为后续的产品改进、市场策略调整提供依据。这种数据驱动的方法能够帮助品牌更好地适应市场变化。

产品推广文案是品牌与消费者之间沟通的桥梁。它不仅需要具备吸引力和感染力,还要能够有效传递信息和价值。通过精准的文案策略,企业能够提升市场竞争力,增强用户满意度,实现长期的商业成功。有效的推广文案不仅能促进销售,还能为品牌的持续发展奠定基础。

二、产品文案受众分析

1. 产品目标受众定位

产品推广文案写作的目标受众定位是确保文案能够有效触达并吸引潜在客户的关键。清晰的受众定位不仅能帮助我们了解谁是我们的理想客户,还能深入挖掘他们的需求、痛点和购买动机,从而使文案更加贴合受众的心理。这一过程涉及多个方面。

第一,通过详细的市场分析,我们可以识别行业趋势和消费者行为,明确我们的目标市场。了解竞争对手的受众定位和策略,有助于我们找到自身的优势和差异化的切入点，使我们的文案在众多信息中脱颖而出。

第二，受众细分是一个重要步骤。通过对人口统计特征、地理位置和心理特征的深入研究，我们能够将目标客户群体划分为更小的细分市场。这使我们能够针对特定群体，使用他们熟悉的语言和风格的文案，增强共鸣感。

第三，识别客户的痛点和需求至关重要。通过了解潜在客户面临的具体问题以及他们的期望，我们可以在文案中突出产品是如何解决这些痛点的，以及可为客户提供的实实在在的价值。这不仅能够引起受众的关注，还能增强他们的购买意愿。

第四，构建用户画像也是一个有效的工具。通过创建详细的用户档案，我们可以更好地理解受众的背景、行为习惯和消费心理，从而在文案中更精准地传达信息。

第五，在选择沟通渠道时，我们需要考虑目标受众常用的平台和媒介。无论是社交媒体、电子邮件还是传统广告，了解受众的偏好可以帮助我们选择最有效的传播方式，确保信息能够及时传递。

产品推广文案的目标受众定位不是一个简单的步骤，而是一个系统化的过程。通过科学的定位和深入的分析，我们能够确保文案真正触达并吸引潜在客户，从而促进销售和品牌的成长。

2. 产品用户画像

用户画像是对目标用户的详细描述，旨在帮助企业更好地理解用户需求、行为和偏好。通过构建用户画像，企业可以更有针对性地制定产品和营销策略，从而提升用户体验和转化率。以下是用户画像的主要构成要素。

（1）基本信息

用户画像的基本信息包括以下几点。姓名：虚构的名字，用于交流；年龄：用户的年龄段；性别：男性或女性；职业：职业类型及行业；教育背景：学历和专业；地理位置：居住城市或地区。

（2）人口统计特征

用户画像的人口统计特征包括以下几点。收入水平：家庭收入或个人收入范围；家庭状况：单身、已婚、是否有子女等；生活方式：生活习惯、休闲活动等。

（3）心理特征

用户的心理特征有以下三个方面。兴趣爱好：用户的兴趣领域，如运动、音乐、旅游等；价值观：用户重视的价值观，如环保、健康、创新等；个性特征：外向、内向、冒险、保守等性格特征。

（4）行为特征

用户的行为特征包括以下几点。消费习惯：常购产品类型、购买频率、购买渠道（线上/线下）；品牌偏好：偏爱的品牌及原因；使用场景：使用产品的具体场景或时机。

（5）痛点与需求

用户的主要痛点指用户在生活或工作中遇到的具体问题；用户需求是指用户希望通过产品解决哪些问题或满足哪些需求。

（6）购买动机

用户购买动机指影响用户购买决策的关键因素，如价格、品质、品牌、服务等；用户信息获取渠道是用户获取产品信息的主要渠道，如社交媒体、朋友推荐、搜索引擎等。

（7）用户旅程

用户在不同的阶段，企业需考虑的因素具有差异性：意识阶段，用户如何了解到产品；考虑阶段，用户在选择产品时关注的要素；决策阶段，使用户最终作出购买决策的因素。

以下为用户画像示例：

姓名：李娜

年龄：28岁

性别：女性

职业：市场营销经理

教育背景：硕士学位，市场营销专业

地理位置：北京

收入水平：月收入8000元

家庭状况：单身

生活方式：喜欢健身、旅游，周末常参加社交活动

兴趣爱好：瑜伽、阅读、旅行

价值观：注重健康、环保和个人成长

个性特征：外向，喜欢尝试新事物

消费习惯：偏好线上购物，常购买健康食品和运动装备

品牌偏好：喜欢知名的健康品牌和运动品牌

使用场景：在健身房、家中、旅行时使用相关产品

主要痛点：对健康食品的选择感到困惑，希望能找到高品质、高性价比的产品

需求分析：希望能够获得营养丰富且方便携带的健康零食

决策因素：价格、产品成分、品牌知名度

信息获取渠道：通过社交媒体和朋友推荐了解新产品

用户旅程：因在微信看到朋友分享的健康零食，开始关注品牌，查看评论和评测，最终在线下单购买

通过这样的用户画像，企业可以更清晰地把握目标用户的需求，从而制定更有效的推广策略。

三、产品文案调研

1. 竞争分析

在当今竞争激烈的市场环境中，了解竞争对手的文案策略是制订有效的营销计划的关键。通过深入分析竞争对手的文案，可以帮助企业识别自身的优势与不足，从而优化自身的推广策略。以下是进行竞争分析的几个重要步骤。

（1）搜集竞争对手的文案资料

搜集竞争对手在各个渠道（如网站、社交媒体、广告、电子邮件等）发布的文案，包括产品描述、促销信息、品牌故事等。通过广泛收集不同类型的文案资料，可以全面了解竞争对手的传播方式和风格。

（2）分析文案的目标受众

确定竞争对手文案的目标受众，分析它们的文案是如何针对特定人群进行定位的，包括使用的语言、语调、情感诉求等。理解目标受众的特征和需求，有助于评估竞争对手的文案是否有效。

（3）识别文案的核心信息和价值主张

评估竞争对手文案中传达的核心信息和价值主张，分析它们是如何突出产品的独特卖点的，以及这些信息对目标受众的吸引力。通过了解哪些卖点

最能引起消费者的共鸣，企业可以在自身文案中强调类似的优势。

（4）评估文案的视觉元素

除了文字内容，文案中的视觉元素同样重要。分析竞争对手的图片、视频和排版等设计元素，评估它们是如何增强文案效果的。优秀的视觉设计能够提升信息的传达效果和用户体验，因此理解这些元素的作用至关重要。

（5）识别文案的优缺点

通过对竞争对手文案的全面分析，识别其优缺点，可以为自身文案的改进提供指导。优点可能包括清晰的价值主张、引人入胜的故事讲述或有效的行动号召，而缺点可能表现为信息过于复杂、缺乏情感共鸣或未能有效传达产品价值。

最后，对分析结果进行总结，提炼出可行的策略和建议。基于对竞争对手文案的深入理解，制定出更具竞争力的文案策略，突出自身产品的独特性和优势。同时，也可以借鉴竞争对手的成功经验，避免其犯过的错误。

2. 市场趋势

在快速变化的商业环境中，紧跟行业动态和市场趋势是企业成功的关键。通过深入研究当前的市场走向和消费者行为，企业可以及时调整营销策略，确保其产品和服务始终符合市场需求。以下是关注市场趋势的几个重要方面。

（1）定期跟踪行业新闻

通过订阅行业相关的新闻网站、博客和专业期刊，企业可以及时获取最新的行业动态。这些信息不仅包括市场规模、竞争格局，还包括政策变化和技术进步等。定期的行业分析和市场研究可以为企业提供宝贵的参考，帮助其把握行业脉搏。

（2）利用社交媒体和在线平台

社交媒体是了解市场趋势的重要工具。通过分析社交媒体上的热点话题、用户的讨论和品牌活动，企业可以洞察消费者的兴趣和需求变化。此外，利用工具监测社交媒体的关键词和趋势，可以更精准地把握行业动态。

（3）关注消费者行为变化

消费者的偏好和行为往往受到多种因素的影响，包括经济环境、社会文化和科技发展等。因此，了解消费者的购买习惯、品牌忠诚度和决策过程，有助于企业制定更具针对性的营销策略。定期进行消费者调研和反馈收集，可以帮助企业及时调整产品和服务。

（4）研究新兴营销手法

随着科技的发展，新的营销手法层出不穷，如内容营销、社交媒体营销、电子邮件营销、影响者营销等，并在不断演变。企业应当研究这些新兴营销手法的效果，评估其在目标市场中的适用性，并尝试将其融入自身的营销战略中。

（5）分析竞争对手的动态

了解竞争对手在营销方面的创新和调整，可以为自身的发展提供灵感。通过分析竞争对手的成功和失败案例，企业能够识别市场中的机会和威胁，从而制定出更具竞争力的策略。

（6）参加行业会议和研讨会

参加行业相关的会议、展览和研讨会，可以直接与行业专家和同行交流，获取第一手的市场信息。这些活动通常涉及最新的技术、产品发布和营销趋势，可为企业提供一个良好的学习平台。

（7）利用数据分析和市场研究

通过大数据分析和市场研究工具，企业可以深入挖掘消费者的需求和市场趋势。这些数据不仅可以帮助企业了解当前的市场情况，还可以预测未来的消费趋势，从而提前布局。

四、推广文案结构与写作技巧

1. 标题写作

在信息爆炸的时代，读者面临着无数的选择。一个引人注目的标题和开头能够使文案在众多信息中脱颖而出，吸引读者的注意力，促使他们深入阅读。

（1）使用强有力的动词

在标题中使用生动、有力的动词，可以激发读者的兴趣。例如，使用"揭示""探索""挑战"等动词，能够传达出文案的紧迫感和吸引力，使读者产生点击和阅读的欲望。

（2）提出问题

疑问式的标题可以激发读者的好奇心。例如，"你知道如何提高工作效率吗？"这样的标题不仅直接向读者提出问题，还鼓励他们寻找答案，从而吸引他们继续阅读。

（3）利用数字和列表

在标题中使用数字，如"5个秘诀让你更成功""10个提高生产力的方法"，可以让读者感受到文案的具体性和实用性。列表的形式通常更易于阅读和记忆，能够快速传达文案的核心内容。

（4）营造紧迫感

在标题中营造一种紧迫感，如"限时优惠：今天注册可享受50%折扣"，能够促使读者立即行动。通过强调时间限制，可以有效吸引那些希望快速获取信息的读者。

（5）创意和幽默

创意独特或带有幽默感的标题往往能够引起读者的兴趣。例如，"如何在30分钟内变成社交达人"，这样的标题既能引发读者好奇，又有着轻松幽默的语气，使读者忍不住点击。

（6）明确价值主张

在标题中清晰地传达出文案的价值，如"提升你的职业生涯：3个有效的网络技巧"，可以让读者明确他们可从文案中获得的益处，从而吸引他们的注意。

（7）以故事开头

在文案开头使用引人入胜的故事或实例，可以立即吸引读者的注意力。通过叙述一个相关的情节，能够让读者感同身受，并激发他们继续阅读的兴趣。

（8）设置场景

在开头描绘一个生动的场景，可以让读者瞬间进入文案的氛围。例如，"想象一下，一个阳光明媚的早晨，你走进办公室，发现一切都在期待着你的到来。"这样的开头能够引发读者的想象，并促使他们继续阅读接下来的内容。

（9）直接切入主题

有时，简洁明了的开头可以更有效地吸引读者的注意。例如，直接用一句富有冲击力的陈述句开始："在这个数字时代，掌握网络营销是每个企业生存的关键。"这种方式可以迅速传达文案核心，引发读者思考。

2. 信息层次

在撰写文案时，理解信息的逻辑结构至关重要。一篇条理清晰、层次分明的文案不仅能够有效传达作者的观点，还能帮助读者更好地理解和吸收信息。以下是一些如何合理安排段落和句子的建议，可以提升文案的信息层次感。

（1）确定主题和主旨

在开始写作之前，要先明确文案的主题和主旨。思考文案希望传达的核心思想是什么，这将为后续的段落安排提供指导。一个清晰的主旨能够帮助保持撰写过程中的一致性，确保每个段落和句子都围绕这一中心展开。

（2）合理划分段落

段落是文案的基本结构单位，每个段落应围绕一个中心思想展开。合理划分段落时，需要考虑以下几点。

主题句：每个段落的开头最好有一个主题句，简洁明了地概括段落的主要内容。这可以帮助读者迅速理解该段的重点。

支持句：在主题句之后，使用支持句提供具体的例证、数据或解释，以增强段落的说服力。这些句子应紧密围绕主题句展开，避免偏离主题。

过渡句：在段落之间使用过渡句，帮助读者更顺畅地过渡到下一个主题。这些句子能够起到连接不同段落的作用，使文案的逻辑更加连贯。

（3）逻辑顺序

在安排段落时，应遵循一定的逻辑顺序，可以是时间顺序、空间顺序或从一般到特殊的顺序等。选择合适的逻辑顺序，可以帮助读者更好地理解信息。时间顺序适用于描述事件的发展过程或变化，如历史事件的叙述或项目的实施步骤。空间顺序多用于描写场景或物体的布局，可以帮助读者形成清晰的空间概念。从一般到特殊的顺序，即先提出一个广泛的观点，再通过具体的例子或细节进行深入阐述，有助于读者从宏观视角逐步理解细节。

（4）使用清晰的句子结构

句子的结构直接影响到信息的传达效果。尽量使用简洁明了的句子，避免复杂的从句和冗长的表达，简洁的句子更容易被读者理解。主动语态通常比被动语态更直接、更有力，能够增强句子的表现力，如将"这个问题被解决了"改为"我们解决了这个问题"。使用具体的词汇和表达，尽量避免模糊和模棱两可的词语，具体的描述能够提高文章的可读性和可信度。

（5）结尾总结

在文案的结尾部分，最好对前面讨论的内容进行总结，重申主题和主要观点。一个好的结尾不仅能让读者对文案的核心信息有更深的印象，还能够激发他们思考或行动。可以使用以下方式进行总结：简要回顾文案中讨论的主要观点，帮助读者厘清思路；提出一些相关的问题或思考，激励读者继续探索该主题；如果适用，可以在结尾处呼吁读者采取某种行动，增强文案的影响力。

3. 行动号召

行动号召（Call To Action，CTA）是引导用户采取特定行动的重要工具。无论是在网站、社交媒体、电子邮件还是广告中，恰当的 CTA 都能够显著提高用户的参与度和转化率。

（1）明确的行动目标

在撰写号召性用语之前，首先要明确文案希望用户采取的具体行动是什么。这可以是购买产品、订阅新闻邮件、填写调查问卷或分享内容等，确保号召性用语直接对应这一目标，使用户清楚他们该做什么。例如，"立即购买，享受 20% 折扣！""现在注册，获取免费试用！"这样的表述不仅清晰明了，还能激发用户的兴趣。

（2）使用强有力的动词

有效的 CTA 通常包含强有力的动词，能够激励用户行动。使用能引发情感或紧迫感的动词，可以更好地吸引用户的注意。例如，"立即"能传达紧迫感，鼓励用户迅速行动；"探索"能激发好奇心，吸引用户深入了解内容或产品；"加入"能创造归属感，鼓励用户成为某一群体的一部分。通过选择合适的动词，可以提升行动号召的效果。

（3）强调价值与利益

用户通常会对他们能够获得的价值或利益更感兴趣。在号召性用语中清晰地传达用户采取行动后能获得的好处，能够有效提升转化率。例如，"下载我们的电子书，掌握成功秘诀！""立即注册，获取独家优惠！"这样的号召性用语不仅告诉了用户要做什么，还让他们意识到行动的价值。

（4）创造紧迫感

创造紧迫感是促使用户采取行动的有效策略。通过设置时间限制或数量限制，可以激励用户迅速决策。例如，"限时优惠，今天截止！""仅剩 5 个名额，快来抢购！"

（5）简洁明了

有效的号召性用语应该简洁明了，避免使用复杂结构的句子或模糊的表述。用户在浏览信息时，往往没有时间仔细阅读冗长的内容，因此，务必确保文案易于理解。例如，"马上下载！""立即注册！"短小精悍的表达能够让用户一目了然，减少他们的思考成本。

4. 语言风格

通过学习和掌握不同的写作风格，我们能够根据品牌形象和受众特点，量身定制合适的文案，从而增强品牌的影响力和吸引力。

（1）理解品牌形象

每个品牌都有其独特的个性和形象，这些特征决定了其在市场中的定位，可能是年轻活力、专业严谨、奢华高端或亲民大众。了解品牌的核心价值观和视觉传达风格，是调整语言风格的第一步。例如，一个专注于科技创新的品牌，可能会使用专业术语和前沿的表达方式；一个面向年轻消费者的时尚品牌，则会倾向于应用生动活泼、充满活力的语言。

（2）识别目标受众

不同的受众群体对语言的接受度和偏好各不相同。例如，年青一代可能更喜欢简洁、幽默和富有创意的表达；职场人士则可能倾向于正式、专业的语言。通过市场调研、用户反馈和数据分析，深入了解目标受众的特点和需求，可以帮助我们选择更有效的沟通方式。

（3）学习不同的写作风格

掌握多种写作风格是提高文案创作能力的有效途径。例如，广告文案可能需要简洁明了、富有冲击力的语言；品牌故事则需要更具叙事性和情感共鸣的表达。可以通过阅读不同领域的优秀作品和实践训练，积累不同的语言风格。通过不断学习和尝试，进而在不同的文案需求中灵活运用。

（4）调整语言以适应受众

在实际创作中，应根据受众的反馈和品牌的调性，灵活调整语言风格。在用词上，应根据受众的年龄、文化背景和行业特征，选择合适的词汇。例如，针对年轻消费者，可以使用俚语和流行语；针对专业人士，则应使用行业术语。在句式结构上，简洁明了的句子通常更易于理解，而复杂的句式可能适合需要深入思考的内容，应根据内容和受众的需求，调整句子的长短和复杂程度。此外，还可以通过使用感性的语言和故事化的叙述，引起受众情感上的共鸣，从而增强品牌的亲和力。

5. 情感共鸣

通过故事讲述和情感表达,品牌不仅能够传递信息,还能触动受众的内心,实现深层次的情感连接。这种连接不仅能够增强文案的感染力,还能提升受众对品牌的认同感与忠诚度。

(1)故事的力量

讲故事是一种古老而有效的沟通方式。人们天生对故事敏感,更容易记住和理解其中的内容。一个引人入胜的故事可以激发受众的情感,使他们在心理上与品牌产生共鸣。可以构建情境讲故事,通过描绘具体的情境和角色,让受众感同身受。例如,讲述一个普通人在追求梦想的过程中遇到挑战和克服困境的故事,可以让受众感受到奋斗的力量,理解坚持的意义。品牌可以通过故事引发共情,引导受众体验不同的情感。例如,讲述一位母亲为孩子付出的艰辛与喜悦,可以唤起受众对家庭和爱的深刻理解,从而与品牌建立情感联系。

(2)情感表达的重要性

情感表达是文案中不可或缺的一部分。通过真挚的情感表达,品牌的声音能够更加鲜活,给受众留下深刻的印象。在文案中运用富有情感的词汇,可以让信息更加生动。例如,使用"温暖""希望""梦想"等词汇,能够引起受众内心的共鸣,强化情感的连接。分享真实的用户故事和体验,能够增加品牌的可信度和亲和力。例如,展示消费者使用产品后的真实反馈和感受,不仅能反映产品的价值,还能激起人们心中的信任和情感共鸣。

(3)建立情感连接的方式

通过讲述故事和情感表达,品牌可以采用多种方式加强与受众的情感连接。可以结合图像、视频和音频等多媒体元素,通过视觉冲击力增强故事的表现力。例如,制作短片讲述一个家庭团聚的温馨时刻,可以让观众在视觉和情感上产生共鸣。还可以通过社交媒体和线上活动,鼓励受众分享自己的故事和感受,形成双向互动。这种互动不仅增强了品牌与受众之间的联系,也让品牌更加人性化。

(4)真实和诚意

在情感表达中,真实和诚意是关键。品牌需要确保所传达的情感是真实的,而不是简单的营销手段,只有这样才能在受众心中建立起持久的信任感。在故事和情感表达中,要避免过度修饰和夸大。真实的情感更能打动人心,过于商业化的表达则可能会让受众产生反感。通过分享品牌所倡导的价值观和社会责任，品牌能够与受众建立更深层的情感联系。例如，可以通过支持公益活动，展示对社会的关爱，从而赢得受众的尊重和支持。

五、法律与伦理

在文案创作过程中，版权知识是一个不可忽视的重要领域。了解和掌握相关的版权法律法规，不仅能保护创作者的合法权益，还能避免侵权导致的法律纠纷和经济损失。以下是对版权知识的详细阐述，涵盖版权的基本概念、相关法律法规、常见的版权问题及伦理规范。

1. 版权的基本概念

版权是指创作者对其原创作品所享有的法律权利。这些作品包括文学、艺术和科学领域的各类创作，如文案、小说、音乐、绘画、软件等。版权通常包括以下几个方面的权利。

复制权：允许创作者控制其作品的复制和传播。

发行权：涉及对作品公开发行和销售的权限。

改编权：创作者有权对其作品进行修改或改编。

公开展示权：允许创作者控制作品的公开展示方式。

对文案创作者而言，理解这些权利可以帮助他们在创作时更好地保护自己的作品。

2. 相关法律法规

各国对版权的法律规定可能有所不同，但通常都会遵循一些基本原则。著作权法是大多数国家保护版权的基本法律，规定了作品的版权归属、保护期限及侵权的法律后果。

3. 常见的版权问题

在文案创作中，常见的版权问题包括以下几点。第一，在文案中引用他人的文字、图片或视频时，必须确保获得授权或遵循合理使用原则。第二，直接复制他人的文案内容，或者简单改动，都可能构成侵权。创作者应力求原创，避免与他人作品过于相似。第三，一些作品可能已经进入公共领域，意味着它们不再受版权保护，创作者可以自由使用，但仍需确认作品的版权状态。

4. 伦理规范

在文案写作中，伦理规范是确保信息真实可信的重要基石。文案不仅是传播信息的工具，更是影响公众认知和行为的媒介。因此，了解并遵循相关的伦理规范，对于文案创作者来说至关重要。

伦理是指关于行为的道德原则和规范。在文案写作中，伦理不仅涉及个人的道德判断，还包括对社会责任的认识。文案创作者应当意识到，他们的作品可能对读者的态度、信念和行为产生深远影响。因此，遵循伦理规范不仅是职业道德的要求，更是对社会应负起的责任。

在文案创作中，有几个关键的伦理规范需要遵循。文案中的信息必须真实可信。创作者应确保所提供的数据、事例和论据经过验证，不得夸大或歪曲实际情况。在提供信息时应保持透明，尤其是在涉及利益冲突、广告或赞助内容时，需明确告知受众。尊重他人，包括受众和其他创作者。在引用他人作品时，应给予适当的说明，避免抄袭和剽窃。在表达观点时，努力保持客观和公正，避免偏见和歧视，不传播虚假信息或误导性内容。要意识到文案的社会影响，应对所传达的信息承担相应的道德责任，避免传播有害内容。

虚假宣传指为了吸引眼球而虚假宣传产品或服务，这不仅不道德，还可能违反法律。隐私侵犯是在收集和使用用户数据时未获得用户的同意，这可能导致信任危机。操纵信息指故意选择性地呈现信息，以达到特定目的，这可能会误导读者，损害其判断能力。

案例分析与实践

一、产品文案写作案例分析

产品文案写作训练中的案例分析不仅是提升技能的有效方法,更是理解市场、受众和品牌战略的重要途径。表 2-4-2 为某品牌的产品文案创意写作案例。

表 2-4-2　EcoS(虚拟品牌)绿色水瓶文案写作案例

序号	步骤		内容
1	产品定位	产品名称	EcoS 绿色水瓶
		目标受众	关注环保、追求健康生活方式的年轻人
		独特卖点	可重复使用,减少塑料污染;采用食品级不锈钢,保温保冷;时尚设计,便于携带
2	市场调研	竞争分析	研究市场上类似产品的文案,分析其优缺点
		消费者反馈	查看用户对现有水瓶的评价,了解他们的需求和痛点
3	创意发散	头脑风暴	围绕"环保""健康""时尚"进行发散思维,列出相关关键词: 绿色、自然、清新 持久、耐用、陪伴 生活方式、选择、责任
4	文案构思	核心信息	我们的选择,影响未来
		情感共鸣	强调个人对环境的责任感,呼唤消费者的参与感
5	文案撰写	标题	选择环保,从一瓶开始
		副标题	EcoS,陪你走过每一个清新瞬间
		引入	在这个快节奏的生活中,选择 EcoS 既是对自己的关爱,也是对地球的承诺
		功能亮点	环保材料:采用可回收不锈钢,拒绝一次性塑料,助力绿色星球 保温保冷:无论是热茶还是冰水,EcoS 都能完美保持温度,随时随地满足你的需求 时尚设计:简约而不简单,轻巧便携,随手可得的时尚选择
		行动号召	立即购买,与 EcoS 一起,作出明智的选择!
6	文案优化	用户测试	将初稿发送给目标受众,收集反馈
		修改	根据反馈优化文案,确保语言简洁明了、情感真实

续表

最终文案
选择环保，从一瓶开始 ——EcoS，陪你走过每一个清新瞬间 　　在这个快节奏的生活中，EcoS 不仅是你的饮水良伴，更是你对地球的承诺。EcoS 采用可回收不锈钢，拒绝一次性塑料，助力绿色星球。无论热茶还是冰水，EcoS 都能完美保持温度，随时随地满足你的需求。简约时尚的设计，轻巧便携，是随手可得的环保选择。立即购买，与 EcoS 一起，作出明智的选择！

　　以上展示了一个完整的产品文案创作过程，从产品定位到文案撰写再到文案优化，确保最终文案能够有效传达产品价值并引起目标受众的共鸣。

　　在新媒体上，故事性悬念式展示产品的文案写作是一种有效的营销策略，其核心在于通过构建引人入胜的叙事来吸引用户的注意力。首先，设定一个引人入胜的情境是至关重要的。故事的开头应描绘一个相关的场景，比如一个普遍的生活困扰，这不仅能引发读者的共鸣，还能激发他们的好奇心，让他们想要了解接下来会发生什么。

　　其次，塑造相关的角色能够帮助读者更深刻地投入故事中。通过创建与目标受众相似的角色，让读者感受到角色的情感和经历，从而增强故事的真实性和吸引力。同时，在故事情节的发展中建立悬念是保持读者兴趣的关键。通过提出问题或展示角色所面临的挑战，有效地引导读者继续阅读，期待悬念的揭晓。

　　最后，在故事的推进过程中，逐步引入产品是一个重要环节。通过角色的亲身体验，自然地展示产品的使用场景和实际效果，使读者在潜移默化中了解产品的价值。尤其在故事高潮部分强调产品是如何有效解决角色问题的，可以让读者清晰地看到产品的实际功能和好处，这不仅能够增强产品的吸引力，还能提升读者的购买意愿。

　　以下为某腕表品牌（虚拟）故事性写作案例。

邂逅自然，感受心动

　　清晨的第一缕阳光透过窗帘，洒在小镇的街道上，空气中弥漫着新鲜的草香。我总是喜欢在这个时刻出门，享受城市还在沉睡时的宁静。今天，我决定前往附近的山林探险，寻找内心的平静。

　　背上简单的背包，装好水瓶和几片能量棒后，我踏上了通往目的地的路。

沿途的风景如画，鸟儿在枝头歌唱，微风轻拂着我的脸庞。我感受着每一步带来的力量，仿佛与大自然融为一体。然而，随着高度的增加，我的呼吸开始变得急促，心跳愈加明显。

在一个小溪旁，我停下来，靠在一棵大树下，闭上眼睛享受这份孤独。这时，我的脑海中闪过一个念头：我是否可以更好地管理我的体能和节奏？正当我思索时，突然听到一阵轻快的脚步声。回头一看，竟然是一位年轻女孩，她脸上洋溢着朝气，手中拿着相机，似乎在捕捉这片自然的美丽。

我们互相打了个招呼，聊起了彼此的旅行经历。她告诉我，她也常常独自探索大自然，这次旅行是为了寻找灵感。我们一起沿着小溪漫步，分享着各自的故事，彼此的笑声在空气中回荡。

我们继续向山顶进发。此时，我的手腕上轻轻震动，是我的××（品牌+型号）运动电子腕表，它提醒我该调整呼吸和步伐了。它不仅记录着我的步数，还实时监测我的心率。有时，运动和心动一样让人欢喜。

当我终于站在山顶，俯瞰整个小镇时，心中涌起一种难以言喻的满足感。那一刻，我明白了，无论是生活还是运动，掌握自我与自然的节奏才是最重要的。而××（品牌+型号）正是我探索未知的最佳伙伴。它具备精准的GPS导航、多种运动模式和24小时心率监测功能，无论是登山、跑步还是日常活动，它都能为我提供全面的数据支持，帮助我更好地分析和提升自己的表现。

"感触心动，超越每一步——××（品牌+型号）运动电子腕表。"

二、产品文案写作任务

撰写一份引人注目的产品文案，旨在有效传达产品的特性、优势和品牌价值，以吸引目标受众并促成购买行为（见表2-4-3）。写作要求如下：

产品介绍：清晰描述产品的基本信息，包括名称、功能、规格和使用场景。

目标受众分析：确定主要目标受众，分析其需求、偏好和痛点，以便调整文案风格和内容。

核心卖点提炼：突出产品的独特卖点（USP），说明与竞争对手的区别和优势。

情感共鸣：使用情感语言和故事化的方式，激发受众的情感反应，提升品牌认同感。

行动号召：明确呼吁消费者采取行动（如购买、注册、咨询等），并提供简洁的指引。

字数要求：300~500字。

格式：可选用段落、项目符号或小标题来增强可读性。

语言风格：根据品牌定位，选择正式、亲切、幽默或专业的语气。

表2-4-3 自选产品文案写作

序号	步骤	内容	
1	产品定位	产品名称	
		目标受众	
		独特卖点	
2	市场调研	竞争分析	
		消费者反馈	
3	创意发散	头脑风暴	
4	文案构思	核心信息	
		情感共鸣	
5	文案撰写	标题	
		副标题	
		引入	
		功能亮点	
		号召性用语	

续表

序号	步骤	内容	
6	文案优化	用户测试	
		修改	
		最终文案	

任务考核

一、填空题

1. 产品文案的主要目标是吸引_____并促成购买行为。
2. 在撰写文案时，了解目标受众的_____是非常重要的。
3. USP 代表_____，指的是产品的独特卖点。
4. 文案中使用的情感语言能够激发受众的_____反应。
5. 在文案中，行动号召一般会使用"立即购买"或"_____注册"这样的短语。
6. 为了提高文案的可读性，可以使用_____或小标题来组织内容。
7. 产品文案的语言风格应该根据品牌的_____来调整。
8. 在文案中，描述产品的特性和优势时，应避免使用_____的术语。
9. 产品文案应确保信息的_____，避免模糊或不明确的表达。

二、选择题

1. 以下哪项不是产品文案的核心要素？（　　）
   A. 产品特性　　B. 目标受众　　C. 竞争对手的历史　　D. 行动号召
2. 在撰写产品文案时，最重要的第一步是（　　）。
   A. 确定目标受众　　　　　　B. 设计产品图
   C. 制定价格策略　　　　　　D. 拟定文案标题
3. 使用哪种语言风格能够更好地与年轻消费者沟通？（　　）
   A. 正式和专业　　　　　　　B. 亲切和幽默
   C. 冷静和理性　　　　　　　D. 避免使用任何语言
4. 以下哪些元素不应包含在文案的行动号召中？（　　）
   A. 具体指引　　　　　　　　B. 购买链接
   C. 吸引人的优惠　　　　　　D. 复杂的条件
5. 在文案中，情感共鸣的作用主要是（　　）。
   A. 提供详细的产品规格　　　B. 建立与消费者的情感连接
   C. 提高产品价格　　　　　　D. 避免使用图片

三、判断题

1. 产品文案只需要描述产品的功能,不需要考虑受众的需求。（　）
2. 使用简单明了的语言通常可以提高文案的有效性。（　）
3. 所有的产品文案都应该采用相同的格式和风格。（　）
4. 在产品文案中,使用真实的客户评价可以增加可信度。（　）
5. 行动号召在文案中是可有可无的。（　）

四、简答题

请简要说明为什么了解目标受众对于产品文案写作至关重要,并列出两种分析目标受众的方法。

五、实践题

请根据以下提示撰写一段产品文案（150~200字）,要求在文案中突出产品的特点,激发受众的情感共鸣,并鼓励消费者采取行动。

产品：一款新型可折叠水瓶；

目标受众：喜爱户外活动的年轻人；

核心卖点：轻便、环保、可重复使用；

行动号召：购买并享受10%折扣。

任务考核答案2-4

模块三 新媒体图片拍摄

任务一　摄影基础　/124

任务二　自然风光摄影　/145

任务三　人文风光摄影　/162

任务四　产品摄影　/183

摄影曝光三要素

任务一　摄影基础

任务分析

新媒体摄影是指在数字化和网络化环境中，通过各种新媒体平台和技术手段进行的摄影创作与传播。这一概念不仅涵盖了传统摄影的基本要素，更在于其对现代科技的深度融合和对观众参与感的强调。与传统摄影相比，新媒体摄影不仅注重图像创作本身，更着眼于图像与观众之间的互动关系、传播方式的多样性以及视觉表达的创新性。

首先，新媒体摄影的核心在于它的技术基础。摄影设备的更新迭代使高质量的图像创作变得更加普及。智能手机的广泛应用，让每个人都可以成为摄影师，随时随地捕捉生活中的瞬间。此外，先进的后期处理软件和应用程序，使摄影师能够轻松对图像进行编辑，从而创作出更具创意和个性的作品。

其次，新媒体摄影极大丰富了图像传播的渠道。社交媒体平台为摄影作品的分享提供了便捷的途径。在这些平台上，作品不仅可以被迅速传播，还能在短时间内获得观众的反馈。观众通过点赞、评论、分享等方式与摄影师互动，不仅提升了作品的曝光率，也为摄影师提供了实时的创作灵感和方向。

新媒体摄影在数字化和网络化的背景下，重新定义了摄影的创作与传播方式。技术的创新、传播渠道的多样化以及观众互动的深化，推动了摄影艺术的发展与变革，使其成为当代视觉文化中不可或缺的一部分。

本部分的学习任务如表 3-1-1 所示。

表 3-1-1 学习任务表单

任务概述	（1）通过实践和探索，提高个人的摄影创作水平，提升视觉表达能力； （2）利用新媒体平台扩大作品的影响力，获得更广泛的受众群体； （3）不断尝试新技术、新形式，推动新媒体摄影领域的创新发展； （4）新媒体摄影的任务不再局限于图像的创作，更在于如何在数字化环境中与观众建立联系。
学习目标	知识目标： （1）掌握曝光三要素：光圈、快门速度和感光度（ISO）的概念及其相互关系； （2）掌握基本构图规则，如三分法则、对称、引导线、框架构图等； （3）学会运用空间，理解前景、中景和背景的关系，增强画面的层次感； （4）识别光源类型，自然光与人造光的特点； （5）熟悉相机或其他拍摄工具的基本功能和设置，如对焦模式、测光模式等。 技能目标： （1）能够熟练设置相机的各项参数，如白平衡、曝光补偿、对焦模式等； （2）能够根据光线条件设置适当的曝光值，并进行必要的调整； （3）学习黄金分割、对角线构图、负空间等高级构图技巧； （4）能够运用线条、形状和颜色引导观众的视线。 素质目标： （1）培养视觉感知，能够识别不同场景的构成要素，包括形状、线条和纹理； （2）提升创造力，勇于打破常规，探索新颖的构图方式和表现手法； （3）在拍摄过程中学会耐心等待，以捕捉最理想的瞬间； （4）在拍摄人像或活动时，能够有效与被摄者沟通。
学习内容	（1）了解光的性质、传播及其在摄影中的作用； （2）学习如何调整曝光——光圈、快门速度、ISO 等基本设置，了解手动对焦与自动对焦的使用场景和技巧； （3）理解光圈的大小如何影响曝光和景深，学会使用不同快门速度捕捉运动和静止的效果； （4）了解 ISO 对图像亮度和噪点的影响，学会如何在不同光线条件下调整； （5）学习如何利用自然光、闪光灯和其他光源进行拍摄； （6）了解最佳拍摄时间（如日出、日落）对照片效果的影响。
学习重点	熟悉不同拍摄设备的参数设置及拍摄效果。
学习难点	掌握不同类型光线在影像造型中的应用。

📝 知识准备

一、摄影基础知识

1. 光

光在摄影中起着至关重要的作用,理解光的性质和传播方式不仅能够帮助摄影师更好地控制曝光,还能提升作品的艺术表现力。通过不断实践和探索,摄影师可以更有效地利用光线,创造出引人入胜的图像。掌握光学原理将为每位摄影爱好者的创作提供坚实的理论基础,推动其技艺的提升。

(1)光的性质

光既可以被视作波动(光波),也可以被视作粒子(光子)。这种双重性质影响了我们如何理解光的行为,尤其是其在不同介质中的传播。光的波长决定了其颜色,可见光谱范围从 400 纳米(紫色)到 700 纳米(红色)。在摄影中,了解不同波长的光如何影响色彩再现是非常重要的。光的强度会影响照片的曝光效果,摄影师需要掌握如何调节相机的设置以适应不同的光照条件,避免过曝或欠曝。

(2)光的传播

在均匀介质中,光沿直线传播。这一特性在拍摄时可帮助我们理解光线的方向以及如何利用光线进行构图。光在不同介质交界面会发生折射和反射。折射是光线在进入不同介质(如空气与水)时改变方向的现象,在使用不同镜头、滤镜和拍摄水面反射时尤其重要。反射则是光被物体表面反射回来的现象,在拍摄镜面、水面和光泽表面时非常关键。光在经过雾霾、烟雾或其他颗粒物时会发生散射,形成柔和的光线效果。在摄影时,使用散射光可以创造出柔和、梦幻的效果,特别是在肖像摄影中。

(3)光在摄影中的作用

光是摄影的核心,会影响照片的曝光。摄影师需要掌握如何使用光圈、快门速度和 ISO 设置以确保图像获得正确的曝光。不同的光线条件(如晨曦、黄昏、阴天)会营造出不同的情感和氛围。摄影师可以通过选择适当的拍摄时间和地点,利用自然光的变化来增强作品的情感表达。光的方向和强度可以强调物体的形状和纹理:侧光可以增强物体的立体感,而背光可以创造出轮廓效果。在拍摄时,合理运用光线可以让作品更具层次感和视觉冲击力。

光的色温会影响照片的色彩表现。不同的光源（如日光、阴天、人工光等）具有不同的色温，理解这些差异有助于摄影师在拍摄和后期处理中调整白平衡，从而获得更真实或更具艺术感的色彩效果。

2. 相机类型

各种类型的相机为摄影师和摄影爱好者提供了丰富的选择。了解每种相机的特点、优缺点以及适用场景，可以帮助用户根据自己的需求作出选择。

（1）数码单反相机（DSLR）[①]

DSLR采用光学取景器的设计，利用镜子反射光线，摄影师能够通过取景器直接看到拍摄对象的画面。这种设计不仅提高了取景的准确性，还能更好地捕捉瞬间的动态。DSLR通常配备大尺寸的图像传感器（如全画幅或APS-C[②]），能够捕捉更多的光线，提升图像的细节和色彩表现，在低光环境下拍摄时可以使图像噪点更少、画质更加细腻。

DSLR支持多种镜头的更换，包括广角、长焦、鱼眼等，摄影师可以根据具体拍摄场景和创作需求灵活选择镜头，增加创作的多样性。

许多DSLR具有出色的相位对焦系统，能够在光线充足的情况下快速锁定焦点，适合拍摄动态对象（如运动或野生动物）。

（2）数码无反相机[③]

无反相机跳过了传统DSLR中的反光镜和光学取景器，转而采用电子取景器或LCD屏幕进行取景，使相机内部结构更加简洁。无反相机通常比DSLR更小巧轻便，适合旅行摄影、街拍等需要快速反应的场合，降低了携带负担。摄影师可以通过电子取景器或屏幕实时查看图像的曝光、色彩和对比度，方便调整拍摄参数，从而提升了拍摄体验。

无反相机通常在视频拍摄方面表现优越，支持4K及更高分辨率的视频录制，并且具备更好的自动对焦性能，适合视频创作者。

---

① 数码单镜反光相机（Digital Single Lens Reflex Camera，DSLR），简称数码单反相机是一种以数码方式记录成像的照相机。属于数码静态相机（Digital Still Camera，DSC）与单反相机（Single Lens Reflex Camera，SLR）的交集。

② APS-C，为Advanced Photo System—classic的缩写，即"先进摄影系统—经典型"，是一种数码相机所使用的图像传感器的规格。APS定位于业余消费市场，共设计了三种底片画幅，即H型（High Definition，画面长宽比为16∶9）、C型（Classic，画面长宽比为3∶2）和P型（Panoramic，画面长宽比为3∶1）。APS-C即表示画幅规格为APS经典型3∶2。

③ 无反相机即无反光镜相机，也称半透镜相机。

（3）普通数码相机

普通数码相机通常设计简单，体积小巧，内置镜头，适合普通用户使用。它们通常具备自动拍摄模式，便于初学者快速上手。数码相机的界面友好，操作简单，适合没有摄影经验的用户，能够轻松拍出不错的照片。由于体积小巧，数码相机可以轻松放入口袋或小包中，适合日常生活、旅行等场合随时随地捕捉生活中的美好瞬间。

（4）手机摄影

现代智能手机大多配备高性能的摄像头，通常具有多摄像头系统（如广角、长焦和微距），并通过强大的图像处理算法提升照片质量。

手机几乎是每个人日常生活的一部分，可随身携带，方便随时拍摄，不需要额外的设备。手机拍摄后可直接通过社交媒体分享，增强了与朋友和家人之间的互动，适合喜欢即时分享的用户。许多手机相机配备智能模式（如夜景模式、肖像模式），支持用户在不同场景下轻松拍摄出高质量的照片，甚至具备 AI 美颜、增强现实等特效。

（5）特殊用途相机

此类相机包括运动相机（如 GoPro）、无人机、360°相机等。这些相机是为特定场景设计的，具有独特的拍摄能力。运动相机小巧防水，适合极限运动和水下拍摄，具备广角镜头，可捕捉更宽广的视野，适合录制动态视频。无人机能够从空中拍摄高质量的航拍照片和视频，适合风景摄影、房地产展示等，能够提供独特的视角。360°相机能够捕捉全景图像和视频，适合虚拟现实内容创作和全景展示。

3. 对焦方式

对焦方式在摄影中扮演着至关重要的角色，主要分为自动对焦和手动对焦。这两种对焦方式具有各自独特的优势和适用场景，了解它们的特点和技巧可以帮助摄影师在不同情况下作出最佳选择，从而提升拍摄效果。

（1）自动对焦

在动态场景中，如体育赛事、野生动物摄影或街头抓拍，自动对焦能够迅速锁定移动的主体。在这种情况下，摄影师往往没有太多时间进行精细调整，而自动对焦系统可以快速反应，确保拍摄到精彩瞬间。对于新手摄影师，自动对焦提供了极大的便利，使他们能够专注于构图和拍摄而无须担心对焦问题。现代相机的自动对焦系统通常相对智能，能够自动识别并锁定主体，大大降低了学习门槛。在光线不足的环境中，自动对焦技术（如相位检测和对比度检测）能够帮助摄影师更快地找到焦点。许多相机配备了低光对焦辅助灯，可以在黑暗场景中提供额外帮助，使对焦更加精准。

大多数相机提供多种对焦模式，包括单点对焦、连续对焦和区域对焦等。根据拍摄对象的运动情况选择合适的模式，可以提高对焦的准确性。例如，在拍摄运动员时，使用连续对焦模式能够确保焦点跟随运动主体。在拍摄过程中，还可以使用对焦锁定功能。例如，先将焦点对准主体，然后半按锁定对焦，再重新构图并完成拍摄，这样可以确保主体始终在焦点范围内。

（2）手动对焦

在微距摄影中，通过手动对焦摄影师可以精确控制焦点，特别是在拍摄细小物体或昆虫时。微距摄影常常需要非常细致的对焦调整，而自动对焦可能无法准确捕捉到细微的差别。在光线复杂、对比度低的环境中，自动对焦可能会失效，无法正确识别主体。这时，手动对焦能够提供更好的控制，摄影师能够根据自己的判断来选择焦点。一些摄影师喜欢在拍摄人像或风景时使用手动对焦，以创造特定的焦外效果或独特的拍摄风格。手动对焦为摄影师对焦和构图提供了更大的自由，增加了创作的灵活性。

在电子取景器或相机背面的显示屏上启用放大对焦功能，可以帮助摄影师在手动对焦时更精确地找到焦点。这一功能允许摄影师在对焦时放大某个区域，确保对焦准确。

在拍摄场景中，摄影师可以根据经验预设焦点。例如，在拍摄风景时，可以提前对焦于某个特定的点，以便在光线变化或天气变化时快速完成拍摄。这样的技巧在拍摄静态场景或等待某个瞬间时尤其有效。

4. 曝光三要素

（1）光圈

光圈是相机镜头中一个至关重要的组成部分，它不仅决定了进入相机的光线量，还对照片的曝光和景深产生重要影响。光圈的大小通常用 F 值来表示，如 f/1.8、f/4、f/8 等。F 值越小，光圈越大，能够让更多的光线通过；反之，值越大，光圈越小，进入的光线则相对较少。

首先，光圈对曝光有非常直接的影响。曝光是指照片中光线的总量，合适的曝光可以让照片的细节和色彩得到良好的呈现。当光圈较大（如 f/1.8）时，能够在较短的时间内捕捉到更多的光线，这在低光环境下尤其重要，可使拍摄者在昏暗的环境中获得明亮且清晰的照片。而在光线充足的条件下，使用较小的光圈（如 f/16）可以减少光线的进入，从而避免过曝，保持照片的细节层次。

其次，光圈对景深的影响同样不可忽视。景深是指在照片中清晰可见的前景和背景的范围。大光圈（小 F 值）通常会产生浅景深，使主体突出而背景模糊，这种效果非常适合人像摄影，可以有效地将拍摄对象与环境分离，增强视觉冲击力。相反，小光圈（大 F 值）则会增加景深，使得前景与背景都保持清晰，适合风景摄影和建筑摄影等需要表现细节的场景。

理解光圈的大小及其对曝光和景深的影响，对于摄影师选择合适的拍摄参数、获得理想的影像效果至关重要。掌握光圈的使用技巧，能够帮助摄影师在不同的拍摄环境中灵活应对，捕捉到更为生动和富有表现力的画面。

（2）快门速度

快门速度是摄影中一个至关重要的参数，它决定了光线进入相机传感器的时间长短，从而直接影响到所拍摄图像的效果和风格。掌握不同快门速度的使用，可以帮助摄影师在捕捉运动和静止效果时获得更具创造性的表现。

快门速度通常以秒或分秒（如 1/1000 秒、1/60 秒、1 秒等）来表示。快门速度越快，光线进入的时间越短，能够冻结快速运动的物体；快门速度越慢，光线进入的时间越长，可以捕捉到运动模糊的效果或光线轨迹，创造出独特的艺术效果。

在拍摄快速运动的对象时，如运动员、赛车、飞鸟等，使用较快的快门速度（如 1/1000 秒或更快）能够有效地冻结动作，捕捉到清晰的细节。这种方式非常适合体育摄影和野生动物摄影，因为它能确保快速移动的主体不会模糊。

在拍摄运动物体时，确保使用连续对焦模式，并跟随被拍摄的物体移动，以便在按下快门的瞬间锁定焦点。若在光线不足的环境中拍摄快速运动，适当提高 ISO 灵敏度，可以确保在使用快速快门的同时获得足够的曝光。

在某些情况下，使用较慢的快门速度（如 1/30 秒或更慢）可以创造出运动模糊的效果，表现出运动的流动感。这种技术常用于拍摄流水、车流或舞动的舞者，能够传达出动态的感觉和时间的流逝。在用慢速快门拍摄时，使用三脚架可以保持相机稳定，避免不必要的抖动，从而确保背景清晰。在拍摄运动物体时，可以尝试使用"平移拍摄"技术，即随着运动物体平滑移动相机，以保持主体清晰而背景模糊，增强动态感。

在拍摄静态物体（如风景、建筑、静物等）时，通常使用较慢的快门速度（如 1/60 秒或更慢），可以更好地捕捉细节和色彩。在光线充足的情况下，使用较慢的快门速度还能够有效利用较小的光圈，从而增加画面的景深。在拍摄静态物体时，可以选择光圈优先模式设置较小的光圈（如 f/8 或 f/11），相机会自动调整快门速度，以获得最佳曝光。

在光线条件变化的情况下，要及时调整快门速度，以确保照片的曝光效果理想。在某些情况下，摄影师会使用极慢的快门速度（几秒甚至数小时）来捕捉静态场景中的变化，如星轨、夜景或光轨。长时间曝光可以创造出非常独特和梦幻的效果，展现出时间的流逝。

（3）ISO

ISO 是摄影中一个重要的参数，它代表了相机传感器对光线的敏感程度。理解 ISO 的作用及其对图像亮度和噪点的影响，对于提升摄影技艺至关重要。在不同光线条件下合理调整 ISO，可以帮助摄影师获得理想的曝光效果和画面质量。

ISO 数值通常以 100、200、400、800、1600 等形式表示。ISO 值越低，传感器对光线的敏感度越低，图像相对较暗，但噪点较少；ISO 值越高，传感器对光线的敏感度越高，图像亮度增加，但噪点也随之增多。这种平衡关系使 ISO 在摄影中非常关键。

在光线充足的环境中（如户外阳光明媚的日子），使用低 ISO 设置（如 ISO 100 或 ISO 200）可以获得更佳的图像质量，不仅能确保图像细节清晰，同时还能保持色彩的真实和自然。在拍摄风景、建筑或静物时，低 ISO 能够捕捉到丰富的细节，避免任何不必要的噪点，从而使图像更具层次感和深度。

在低光环境下（如黄昏、室内或夜景）拍摄时，提高 ISO 设置（如 ISO 800、ISO 1600 甚至 ISO 3200）可以提高图像的亮度，使得在光线不足的情况下仍然能够获得清晰的照片。在拍摄夜景或活动场景时，使用高 ISO 能够有效捕捉到美丽的瞬间，尽管可能会引入一些噪点，但在后期处理时可以通过降噪软件进行改善。

当 ISO 值提高时，图像中可能会出现噪点，表现为照片中随机出现的颗粒状干扰，尤其是在阴影区域。噪点的增加会影响图像的整体质量，尤其是在放大或打印时更为明显。因此，尽量在不影响图像质量的情况下选择合适的 ISO 值，避免不必要的噪点。许多相机和后期处理软件都提供降噪功能，可以在一定程度上减少高 ISO 下产生的噪点。而在某些情况下，适量的噪点可以增添照片的艺术感，尤其是在黑白摄影或某些特定风格的作品中。摄影师可以巧妙利用噪点，创造出复古或独特的视觉效果。

在不同光线条件下合理调整 ISO，是提高摄影水平的重要一步。在阳光明媚的户外环境中，推荐使用较低的 ISO 设置（如 ISO 100），确保最佳的图像质量。此时，摄影师可以适当使用较小的光圈和较快的快门速度，以获得清晰的细节和丰富的色彩。在光线不足的情况下，如室内或黄昏时，可逐步提高 ISO 值（如 ISO 400 或 ISO 800），以获得足够的曝光。此时，摄影师可以考虑降低快门速度或使用光圈优先模式，以便在保持图像清晰的同时增加光线的进入。在极暗的环境中，如夜间拍摄星空或灯光时，可能需要将 ISO 提升到 1600、3200 甚至更高。此时，使用三脚架可以帮助稳定相机，避免快门速度过慢导致的模糊，同时也要注意后期降噪处理。

二、摄影构图技巧

构图在摄影作品中扮演着至关重要的角色，它直接影响观众的视觉体验和情感反应。构图能够有效引导观众的视线，帮助他们迅速找到画面的重点。良好的构图有助于创造视觉上的平衡与和谐，避免画面过于拥挤或失衡，进而提高观众的舒适感。构图也在情感表达上起到关键作用，不同的布局和元素组合可以传递出孤独、紧张或亲密等多种情感状态，使作品更具深度。

1. 三分法则

三分法则不仅仅是将画面三等分，更涉及如何在这些分割线附近放置重要元素。通过在一个部分放置主要的视觉焦点，另一部分添加一些次要的视觉元素，如背景或其他物体，达到视觉上的平衡。打破三分法则的对称性可以创造出更具动感和趣味性的画面。例如，在一侧留出较多的负空间，可以让观众的目光在画面中自由流动，增加视觉的吸引力和层次感（见图 3-1-1）。

图 3-1-1　三分法则构图示例

2. 对称构图

完美对称的构图常常给人以平衡和秩序的感觉，适合表达稳定的主题；近似对称的构图则增加了自然感，使画面更具生动性。例如，拍摄一座对称的建筑，可以选择从中间位置拍摄，突出其结构美。在对水面等反射物体的拍摄中，利用自然反射可以营造出强烈的对称效果，能够增加画面的深度和视觉冲击力，使观众更容易被吸引（见图 3-1-2）。

3. 引导线

引导线不限于单一元素，还可以通过道路、河流、建筑物的线条组合，形成交织的引导线，吸引观众的视线进入画面。例如，拍摄一条蜿蜒的道路，可以用道路

图 3-1-2　对称构图示例

的曲线引导观众的视线向远方延伸。透视法则能够帮助创建深度感。在拍摄时，利用前景的元素逐渐减小，可以使画面看起来更加立体，让观众感受到空间的延伸（见图 3-1-3）。

图 3-1-3 引导线构图示例

4. 框架构图

拍摄时，可以利用环境中的元素（如树木、窗户、门框等）作为框架来突出主体。这种构图方法不仅能够集中观众的注意力，还能为画面增添层次感。在前景中使用框架元素可以增加深度。例如，拍摄一扇窗户，将窗框内的景物作为前景，而窗外的景色作为背景，从而引导观众的视线深入画面（见图 3-1-4）。

图 3-1-4 框架构图示例

5. 填充画面

填充画面并不限于特写镜头，还可以在广角摄影中适当填充元素，突出主要对象，如通过减少周围的干扰元素来增强主体的存在感。在填充主体时，要特别注意对背景的选择和处理，确保背景不会干扰主体的表现，如使用模糊的背景（浅景深）来突出主体（见图 3-1-5）。

图 3-1-5　填充画面构图示例

6. 负空间

负空间的使用能够传达多种情感，如孤独、宁静、自由等。在拍摄人物时，通过留出较大的负空间可以强化主体的情感表达。运用负空间能够创造出简约而富有现代感的视觉效果，适合当今流行的摄影风格。简洁的构图可以使观众更专注于主体，而不被其他元素分散注意力（见图 3-1-6）。

图 3-1-6　负空间构图示例

7. 视觉平衡

不同的元素颜色、形状和大小会影响其视觉重量。明亮的颜色和复杂的形状通常比暗色和简单形状更重，因此在构图时需要予以考虑，以确保画面的平衡。即使图像不对称，通过元素的排列和色彩搭配仍然可以实现视觉上的平衡。例如，在画面的一个角落放置一个视觉重心，而在对面放置一个较小的元素以平衡视觉效果（见图3-1-7）。

图3-1-7　视觉平衡构图示例

8. 黄金分割

黄金分割是将画面分为1∶1.618的比例，这种比例在自然界和艺术作品中普遍存在，能创造出一种和谐感。摄影师可以利用这一比例来确定画面的主要元素的位置，通过在关键点（如分割线交点）放置主体，增强视觉吸引力。在黄金分割的基础上，摄影师还可以采用"黄金螺旋"构图，即围绕一个中心点逐渐扩大，形成螺旋形状。这种构图既可以引导视线流动，又能营造出一种动感，适合拍摄动态场景或自然元素（见图3-1-8）。

图3-1-8　黄金分割构图示例

9. 重复与图案

通过在画面中重复某些元素（如建筑物、自然景观、人物等），可以创造出一种视觉节奏，吸引观众的目光。重复的图案能够让观众在视觉上产生愉悦感，同时也可以用来强调主题。当画面中出现某种重复的图案时，偶尔打破这种规律可以产生强烈的视觉冲击力。例如，在一片均匀的花田中偶尔出现一朵不同颜色的花，可以吸引观众的注意力并增强画面的趣味性（见图3-1-9）。

图 3-1-9　重复与图案构图示例

掌握摄影构图原则不仅是提升摄影技巧的必要条件，也能在创作中更好地表达情感和故事。

三、光线的类型

在摄影中，光源是关键元素之一，掌握自然光和人工光的使用能够显著提升拍摄效果。

1. 自然光

在日出和日落时，光线较为柔和，色温温暖，适合拍摄人像和风景。阳光的方向会影响阴影和高光，掌握光线的方向可以创造不同的氛围和效果，同时天气、时间和地点的变化会影响光线的强度和质量。

使用自然光要把握时机，在日出和日落时拍摄，可以获得温暖的色调和柔和的光影效果；阴云密布时，光线均匀，适合拍摄细节和色彩丰富的场景，如人像和植物。同时，可以使用反光板（如白色纸张或反光伞）将光线反射到主体上，填补阴影，或者利用建筑物、地面或水面等反射光线，增加画面的层次感。

2. 人工光

闪光灯是常用的摄影灯，适合补光、冻结动作和拍摄夜景。而持续光源包括 LED 灯、卤素灯等，适合静物、肖像和视频拍摄，便于实时预览光线效果。商业摄影、产品摄影和人像摄影一般采用单闪灯、柔光箱等。

闪光灯的使用上，直接闪光适合简单补光，但可能导致硬阴影，适用于快速拍摄；间接闪光是将闪光灯对着墙面或天花板，创造柔和的光线，减少阴影。拍摄中还可以使用柔光箱、反射伞等附件软化光线，使其更加自然。

3. 光源的组合与创意使用

将自然光和人工光结合使用，比如在自然光不足的情况下，利用闪光灯或持续光源填补光线。使用时要控制色温，注意不同光源的色温，可使用色温滤镜或白平衡设置进行调整，确保画面色彩一致。例如，黄金时刻的色温温暖，通常在 3000～4000 开尔文（Kelvins），照片色彩更为饱和，适合拍摄人像、风景和静物。在太阳落下或升起时，可以将主体置于光源后面，创造迷人的剪影效果。

四、拍摄技巧

1. 静物拍摄技巧

（1）光线运用

自然光拍摄可以选择早晨或傍晚自然光柔和时，能够减少阴影，并使色彩更加饱满。可利用窗户透进来的光线，在正午拍摄时避免出现强烈的直射光。使用白色或银色反光板可以有效填补阴影区域，使光线更加均匀。反光板可以自行制作，或者使用白纸或铝箔也能达到效果。

（2）构图技巧

将画面想象成三横三竖的九宫格，将重要元素放在这些交点处，使画面更具吸引力。例如，静物的中心可以放在右侧交点，然后平衡左侧的空间。选择一个引人注目的前景元素（如花朵、石头等），可以增加画面的层次感和深度。同时，背景要尽量简洁，避免分散观众的注意力。

（3）细节表现

使用微距镜头捕捉静物的细节，比如纹理、反光和小部件的特征，能够让作品更具艺术感。拍摄时要注意光线的角度，避免强烈的反光；选择简约的背景和道具，只保留必要的元素，可以令主体更为突出、画面更加简约。比如，拍摄一件小饰品时，可以用单色背景来衬托。

2. 人像拍摄技巧

（1）光线选择

利用自然光源时，选择阴天或日出日落时拍摄，光线更加柔和，可以避免过强的阴影。可以在室内靠近窗户的地方拍摄，利用侧光来塑造脸部轮廓。在拍摄时，如果阳光从后面透过，被摄者周围可形成美丽的光晕效果。此时可以使用反光板在前方填补阴影，使其面部细节清晰可见。

（2）构图与姿势

从不同的角度拍摄可以表现出不同的情感和特点，可尝试俯拍、仰拍和侧拍，寻找最能体现被摄者个性的角度。使用引导线，利用环境中的线条（如道路、栏杆等）来引导观众的视线，增加画面的动感和层次感。可以尝试将主体放在画面引导线的交点上，使构图更加生动。

（3）捕捉情感

拍摄中需要与被摄者进行交流互动，营造轻松的氛围，鼓励他们表现出自然的情感。可以通过提问或分享小故事来引导被摄者放松，捕捉他们瞬间的真实表情。注意保持灵敏的反应，时刻准备捕捉瞬间。可以使用连拍模式，确保抓住那些短暂而动人的表情变化。

3. 运动物体拍摄技巧

（1）快门速度

使用高速快门（如1/1000秒或更快）可以有效冻结运动中的物体，捕捉到清晰的瞬间。例如，在拍摄运动员跳跃或快速奔跑时，快速的快门能让动作清晰可见。相反，使用较慢的快门速度（如1/30秒）可以创造运动模糊的效果，表现物体的运动轨迹。这在拍摄赛车、骑自行车或流动的水时特别有效，可使画面更具动感。

（2）追焦技巧

选择相机的连续对焦模式（如C-AF或AI SERVO），可以在物体运动时保持对焦。这对于拍摄快速移动的物体尤为重要，可确保主体始终处于清晰状态。拍摄中要预判运动轨迹，观察被摄物体的运动轨迹，提前按下快门并移动相机，以捕捉到运动物体的瞬间。这种方法需要一定的练习，但能够拍摄到更具动态感的画面。

（3）构图与背景

在运动物体前方留出适当的空间，可以引导观众的视线，表现运动的方向感。例如，在拍摄跑步者时，可以在前方留出更多的背景，使其看起来像在向前冲刺。可以选择具有动态感的背景（如模糊的观众、移动的车辆）来增强运动物体的速度感，同时利用大光圈（如 f/2.8）降低背景的清晰度，使主体更加突出。

无论是静物、人像还是运动物体的拍摄，掌握合适的技巧和方法都能帮助摄影师更好地表现主题与情感。

案例分析与实践

一、案例分析

在网上找不同摄影主题、不同环境下的摄影作品,并完成表3-1-2。

表3-1-2 案例分析

序号	照片描述	光圈(F值)	快门速度(秒/s)	感光度(ISO)	色温设置(开尔文/Kelvin)
1					
2					
3					
4					
5					
6					
7					

续表

序号	照片描述	光圈（F值）	快门速度（秒/s）	感光度（ISO）	色温设置（开尔文/Kelvin）
8					
9					
10					

二、摄影任务观察

按照表3-1-3和表3-1-4完成以下拍摄练习，并总结每组设置对照片的影响，记录下你的观察和体验。

表3-1-3 光圈设置练习

序号	光圈设置及室内场景
1	f/2.8：拍摄一个靠近窗户的花瓶，观察背景虚化效果
2	f/4：拍摄室内的桌子及其上方的物品，注意景深变化
3	f/5.6：拍摄室内一组人，确保前后都能保持适当清晰度
4	f/8：拍摄整体的室内环境，观察画面的清晰度和细节
5	f/11：在光线较暗的角落拍摄，观察亮度和清晰度的变化
	光圈设置及室外场景
1	f/2.8：拍摄一朵鲜花，背景尽量虚化，突出主体
2	f/4：拍摄一棵树，捕捉前景和背景的层次感
3	f/5.6：拍摄一片风景，确保主要元素都在焦点范围内
4	f/8：拍摄宽阔的风景，表现全景的细节
5	f/11：在阳光明媚的场地拍摄，观察光线影响和清晰度

表 3-1-4 快门设置练习

序号	快门设置及室内场景
1	1/1000 秒：拍摄快速移动的物体（如飞舞的昆虫），观察清晰度
2	1/250 秒：拍摄桌上的水杯，轻轻摇晃，注意运动模糊
3	1/60 秒：拍摄倒水的过程，观察液体的流动效果
4	1/30 秒：在低光环境下拍摄静止物体，注意噪点
5	1 秒：拍摄室内的长曝光效果，如灯光轨迹
	快门设置及室外场景
1	1/1000 秒：拍摄运动中的人或动物，观察动态清晰度
2	1/250 秒：拍摄风吹动的树叶，注意固定与模糊的对比
3	1/60 秒：拍摄流动的水，观察水流效果
4	1/30 秒：拍摄日落的景色，注意光线变化
5	2 秒：拍摄夜景，捕捉灯光轨迹和环境的光影变化

三、摄影任务实践

请根据表 3-1-5 中提供的设置进行拍摄，并记录每组设置对照片效果的影响。

表 3-1-5 拍摄分析

序号	拍摄主题描述	参数设置
1	拍摄一组静物（如水果或花瓶），注意光圈对背景虚化的影响	光圈：f/4；快门速度：1/60 秒；ISO：200
2	拍摄人物的肖像，尝试使用浅景深突出主体，并确保面部清晰	光圈：f/2.8；快门速度：1/125 秒；ISO：400
3	拍摄运动中的人（如跑步或骑自行车），观察快门速度如何冻结动作	光圈：f/5.6；快门速度：1/1000 秒；ISO：800
4	拍摄城市的夜景，使用长时间曝光捕捉灯光轨迹和细节	光圈：f/8；快门速度：2 秒；ISO：100
5	拍摄一幅广阔的自然风景，确保前景和背景都保持清晰，注意光线变化的影响	光圈：f/11；快门速度：1/30 秒；ISO：100

任务考核

一、填空题

1. 摄影的三要素包括光圈、快门速度和_____。
2. 在摄影中，ISO 值用于控制_____的敏感度。
3. 使用三脚架可以有效减少_____，尤其是在低光环境中。
4. 画幅越大，图像质量通常越_____。
5. 在构图中，_____法则是将画面分成九个部分的常用技巧。
6. 使用_____镜头可以拍摄更广阔的风景。
7. 曝光过度会导致图像_____。
8. 在拍摄人像时，常用的焦距范围是_____mm。

二、判断题

1. 光圈越大，拍摄的景深越浅。（   ）
2. 快门速度越慢，运动物体越容易模糊。（   ）
3. 曝光补偿可以用来调整相机的自动曝光设置。（   ）
4. 低 ISO 设置适合在光线不足的环境下拍摄。（   ）

三、简答题

请简要论述光圈、快门速度和 ISO 之间的关系，以及它们如何共同影响照片的曝光。

四、实践题

选择一个日常生活中的场景，使用不同的光圈设置拍摄三张照片：一张使用大光圈（如 f/2.8），一张使用中等光圈（如 f/5.6），一张使用小光圈（如 f/11）。对比这三张照片的景深和清晰度，并写下你的观察和感受。

任务考核答案 3-1

视频微课 3-2
自然风光摄影中的光线选择与应用

任务二　自然风光摄影

任务分析

随着数字化和社交媒体的发展，自然风光摄影得到了更广泛的传播与认可。越来越多的人通过社交平台分享自己的摄影作品，自然风光的美丽也得以在更大范围展示。通过自然风光摄影独特的视角和艺术手法，大自然的壮美与细腻被展现给观众。这一摄影类型不仅是个人创作的表达，也是对自然环境的关注与诠释，涵盖了各种自然景观，包括雄伟的山脉、宁静的湖泊、茂密的森林和辽阔的海洋等。摄影师通过镜头展现自然的色彩、光影和形状，试图传达出大自然的神秘与宏伟。无论是晨曦中的雾霭，还是夕阳下的彩虹，都是自然风光摄影师努力捕捉的瞬间。

本部分的学习任务如表 3-2-1 所示。

表 3-2-1 学习任务表单

任务概述	（1）通过捕捉山脉、湖泊、森林和海洋等自然景观，展示大自然的壮丽与细腻，唤起人们对自然的热爱与敬畏； （2）反映自然环境的变化，如季节更替、气候变化和生态破坏，提升公众对环境保护的意识； （3）利用光线、色彩和构图，营造特定的氛围，传达宁静、神秘或壮观的情感； （4）通过摄影作品，探讨人类与自然的互动与依存关系，激发对自然和谐共生的思考。
学习目标	知识目标： (1) 了解自然风光摄影中光线和天气变化对拍摄效果的影响； (2) 了解季节变化有助于选择拍摄时机和地点； (3) 了解自然光在一天中的变化及不同天气情况下的表现； (4) 学习自然摄影中的构图和空间知识，理解画面的平衡与和谐。 技能目标： (1) 熟练运用构图技巧进行自然摄影创作； (2) 能够控制景深分别拍摄大场景和特写； (3) 熟练掌握快门速度的设置； (4) 熟练运用手动对焦，在复杂的自然场景中，手动对焦可以更准确地控制焦点。 素质目标： (1) 培养对自然环境的敏感性； (2) 培养耐心，能够在户外环境中等待最佳拍摄时机； (3) 增强对自然环境的保护意识，学习可持续摄影的理念； (4) 提升创意思维，通过影像讲述故事，表达对自然的感受和思考。
学习内容	（1）理解自然生态系统中的植物和动物，以及如何在拍摄中体现这些元素； （2）了解光线在不同时间段（如日出、日落、蓝小时）和气候条件（如阴天、晴天）下的变化及其对画面的影响； （3）学习如何有效使用前景、中景和背景的层次感来增强画面的深度； （4）学习长时间曝光技巧，以捕捉运动的水流或云彩，创造梦幻效果； （5）了解如何选择最佳拍摄时机，尤其是在光线和天气条件变化较大的环境中进行拍摄； （6）了解在各种自然环境中拍摄的安全注意事项，如天气变化、野生动物等。
学习重点	自然风光摄影中，光线是最关键的因素之一。掌握不同时间段以及天气条件下的光线变化，能有效提升照片的氛围感和层次感。
学习难点	在自然风光中，构图往往需要兼顾前景、中景和背景的协调，以及利用自然元素引导观众的视线。寻找合适的构图方式时可能会面临挑战，尤其是在复杂的自然环境中。

📖 **知识准备**

一、自然环境与摄影表现

在自然风光摄影的学习过程中，深刻理解不同地形的特点以及各自对拍摄效果的影响是至关重要的。

山脉以其高耸入云的轮廓和壮丽的自然景观，常常成为摄影师心目中的理想拍摄对象。在拍摄高山时，可以选择在清晨前到达，以捕捉日出时分阳光透过云层洒在山峰上形成的金色光辉。这一刻不仅能展现山的宏伟，也传达了自然的神秘与壮丽。

森林以其密集的树木和变化多端的光影为特征，为摄影师提供了丰富的创作素材。在原始森林中拍摄，可以利用光线在树叶间漏下的斑驳效果，拍摄温暖而梦幻的作品。

海洋以其广阔的视野和不断变化的波浪为特征，拍摄时需要考虑潮汐、风向和天气等因素的影响。在海岸拍摄日落时，如果海面如镜，就能完美反射出绚丽的日落景象。可以利用长时间曝光技术，捕捉水面与天空交融的景象，展现海洋的宁静与无垠。

此外，了解当地气候变化对于自然风光摄影也至关重要。气候的不同会直接影响光线的质量和色调。

1. 植物的角色与表现

在拍摄森林植物时，摄影师可以营造层次感，通过前景的植物和背景的树冠来构建画面，展现雨林的深邃和丰富。例如，利用广角镜头拍摄一片繁茂的树叶，让观众感受到雨林的密集和生机。

摄影师拍摄沙漠中的植物，如仙人掌和耐旱灌木时，可以利用强烈的阳光和阴影对比，拍摄植物的独特形态。例如，拍摄夕阳下的仙人掌，利用逆光效果突出其轮廓，展现沙漠的神秘与孤独。

摄影师可以在清晨的薄雾中拍摄湿地中的植物，如芦苇和水草，利用柔和的光线和水面的倒影创造出梦幻般的画面。这种场景不仅美丽，还传达出湿地对生态的重要性。

2. 动物的角色与表现

动物在生态系统中通常扮演着多种角色，包括捕食者、被捕食者和传粉者等。它们的行为和运动为摄影师提供了丰富的拍摄机会。在拍摄动物的过程中，摄影师需要静心观察，了解它们的习性和活动规律。例如，在草原上拍摄大象时，摄影师可以在清晨或黄昏时分，利用柔和的自然光捕捉母象与幼象之间的互动，这不仅展现了动物的形态美，也传递出母子情深的温馨。

在拍摄鸟时，摄影师可以利用长焦镜头捕捉鸟类飞行或觅食的动态。比如，在野外拍摄海鸟时，摄影师可以抓取它们在悬崖边缘筑巢的瞬间，这样的画面不仅生动，还能体现出生存与繁衍的主题。

有些摄影师则专注于微距拍摄，通过细致的镜头捕捉蝴蝶或蜜蜂与花朵之间的互动。这种拍摄不仅展现了生物的细腻美，还强调了植物与动物之间的相互依存关系。

3.讲述生态故事

摄影师可以通过捕捉植物的生长、动物的繁殖以及自然环境的变化，记录下生态系统的动态。例如，在一个季节变化的拍摄项目中，摄影师可以跟踪同一地点的变化——从春天的生机盎然，到夏天的繁茂，再到秋天的金黄和冬天的寂静——通过这一系列的变化，展现生态系统的循环与多样性。这种叙事方式不仅能让观众欣赏到美丽的图像，还能使其理解自然界的运行规律和生命的脆弱。

了解自然生态系统中的植物和动物，对于摄影师来说是非常重要的基础。通过观察和拍摄这些元素，摄影师不仅能创作出美丽的图像，还能记录、传达生态信息。

二、光线与时间、气候

光线在不同时间段和不同气候条件下对摄影画面具有重要影响。

1.时间段的变化

日出时，光线从晨曦的微弱逐步增强，初始时分，天空的颜色多变，从深蓝到浅紫，再到橙黄，最终迎来灿烂的阳光。日出的光线通常较为柔和，带有金色和橙色的调子，这种过渡的过程给人一种温暖和希望的感觉。借助这段时间的光线，摄影师可以营造出一种宁静而富有生命力的氛围。日出常常象征着新生与希望，适合描绘清晨的自然景观，如晨雾中的山巅、湖边的倒影，或人们的晨间活动，传达出一种积极向上的情感和生机勃勃的气息。

正午时分，太阳直射，光线强烈、明亮，形成清晰且对比强烈的阴影。

此时，天空通常是湛蓝的，几乎没有云层遮挡，光线的强度和色彩的饱和度达到了顶峰。正午的光线适合表现充满活力的场景，常被用于烘托城市的繁忙生活或自然的生动瞬间。然而，由于对比强烈，细节可能会在明亮的光线和阴影之间消失，摄影师需要注意平衡光影，以展现主体的层次感和生动性。

日落时分，阳光逐渐被地平线吞没，光线呈现出丰富的红色、紫色、金色等温暖的色调。此时的光线柔和而富有层次，阴影也被拉得很长，形成一种迷人的景象。日落的色彩和氛围常常引发观者的情感共鸣，适合表现浪漫、怀旧或内省的主题。

蓝小时（Blue Hour）是指日落后和日出前的短暂时刻，天空呈现出深邃的蓝色，光线柔和，带有神秘感。日落时，周围的环境逐渐被夜幕笼罩，光线的变化使景物的轮廓变得模糊。蓝小时的光线为画面带来了独特的氛围，适合表现城市的夜景或自然的神秘感。摄影师可以利用这种梦幻的光线来呈现孤独、宁静或思索的主题，营造出一种超现实的感觉，以引发观者内心的反思与遐想。

2. 气候条件的变化

晴天的光线明亮而直接，色彩鲜艳且生动，阴影清晰且对比鲜明。天空蔚蓝，阳光照射下的景物展现出丰富的细节与层次。在晴天的光线下可以拍摄出活泼、愉悦的场景，如儿童在公园中玩耍、花园中盛开的花朵，充分展现生命的活力与自然的美好。晴天的光线能够增强画面的表现力，使观者感受到欢乐与放松的氛围。

阴天的光线较为柔和，阳光被云层遮挡，导致光线分散而均匀。此时，景物的阴影较轻，颜色通常表现为冷色调，整体画面显得较为沉静和柔和。阴天的天空常常呈现出灰色或淡蓝色的调子。阴天的光线适合表现宁静、内省或沉思的主题。摄影师可以利用这种柔和的光线创作出富有情感深度的作品，如描绘孤独的行人、静谧的湖面，或者有些忧郁的城市风景。通过阴天的氛围，观者内心能够感受到一种平静或反思，适合探索更深层次的情感表达。

雨天的光线通常较暗，天空被厚厚的云层覆盖，光线显得阴沉且冷淡。雨水使景物表面反射出独特的光泽，增加了画面的层次感。雨中，光线会随着雨滴的折射而产生变化，形成一种特有的朦胧感。雨天为画面增添了一种戏剧性与动感。摄影师可以定格雨滴落下的瞬间，表现生活的细腻与脆弱。雨天的场景常常充满情感，比如失落、思念或孤独等，适合表现人们在雨中漫步、思索的画面。同时，雨水在地面形成的倒影可以增加画面的美感和复杂性，吸引观者的目光。

雾天的光线极为柔和，空气中的水汽使远处的景物变得模糊不清，通常呈现出淡淡的灰色或蓝色调。光线的散射效应使整个场景显得神秘而梦幻，常常带有一种超现实的感觉，适合表现神秘、幻想或梦境的主题。摄影师可以利用这种朦胧的光线创造出富有情感的场景，如孤独的树木、隐约可见的建筑，或者在雾中行走的人物。这种不确定性和模糊性能够引发观者内心的联想，增加画面的情感深度。

雪天的光线通常较为明亮，雪的反射作用使整个场景显得洁白而明亮。阳光照射在雪地上时，会产生耀眼的光泽，同时，雪的覆盖使色彩变得柔和且均匀。雪天的景象常常传递出一种宁静、纯洁与静谧的感觉。摄影师可以通过拍摄雪花飘落、儿童在雪地中玩耍、宁静的雪景等展现冬日的美丽。雪的存在不仅改变了景物的颜色和形态，还能引发观者对季节变化的思考，表达温暖与寒冷的对比，或是生命的循环与变迁。

三、自然光在风景拍摄中的应用

1. 拍摄时间的选择

自然风光摄影师通常选择在日出和日落时拍摄，以获得柔和的光线和丰富的色彩变化。这个时段的光线具有独特的角度，太阳低悬于地平线，投射出温暖而柔和的金色光辉，能够突出自然景物的细节与纹理，形成动人的阴影和光斑。同时，色温的变化使得天际呈现出绚丽的橙色、粉色和紫色，营造出梦幻般的氛围，增强了画面的情感表达。在这样的光线下，摄影师可以通过准确的构图和前景元素的巧妙运用，营造出深度和层次感，使整幅作品不仅在视觉上吸引人，更富有故事性和感染力，从而真实再现大自然的壮丽与和谐。

2. 光线方向的运用

自然风光摄影师常常利用侧光和逆光来增强景物的立体感和层次感，尤其在拍摄山脉、树木等自然元素时，侧光的运用尤为有效。侧光通过一侧照射，使得光与影之间的对比更加明显，从而凸显出景物的纹理和细节，如树干的粗糙表面和岩石的层叠结构。此外，侧光还能够在山脉的轮廓上创造出丰富的明暗变化，使远处的山峦看起来更加雄伟，增加画面的深度。而逆光则可以为树叶、花瓣等细小的自然元素镶上金边，形成美丽的光晕效果，增强整体的艺术感和神秘感。通过巧妙地运用这些光线技巧，摄影师能够捕捉到更加生动、立体的自然景观，展现出大自然的无穷魅力。

3. 光线性质的理解

自然风光摄影师需要对光线的变化保持敏感，灵活运用不同天气条件下的光线效果，表达不同的情感和氛围。阴天时，云层为太阳过滤了强烈的直射光，使光线变得柔和而均匀，营造出一种宁静和柔美的氛围，特别适合拍摄森林和湖泊等自然景观，能够呈现出细腻的色彩和丰富的层次感。相对而言，晴天的强烈光线则能够带来鲜明的对比和生动的色彩，适合拍摄开阔的风景，如山脉和草原，能够表现出自然的活力与壮丽。在这样的强光条件下，摄影师可以捕捉到炫目的蓝天和白云，营造出一种积极向上的情绪。通过对光线变化的敏锐把握，摄影师不仅能够展现自然的多样性，还能传达出深层次的情感，使每一幅作品都蕴含着独特的故事与氛围。

4. 前景与背景的构图

在自然风光摄影中，前景、主体和背景的层次感至关重要，能够有效地引导观众的视线并提升画面的深度。前景元素的巧妙运用，不仅可以提升画面的视觉兴趣，还能为主体提供一个框架，使其更加突出。利用自然光照明前景，如晨曦中的露珠、夕阳下的花瓣或岩石，可以创造出令人叹为观止的光影效果，增强画面的立体感和空间感。这种光线的变化能够赋予前景生动的色彩与细腻的纹理，让观众仿佛身临其境，沉浸在自然的美景中。同时，前景的细节与光影变化也能与主体形成呼应，使整个画面的构图更加和谐统一，提升作品的整体表现力。

5. 技术设置与设备选择

由于常常需要长时间曝光以捕捉细腻的光线变化，三脚架成为自然风光摄影不可或缺的工具。它不仅提供了稳定的支撑，避免相机抖动导致画面模糊，同时允许摄影师在低光环境下进行创作，充分利用慢快门速度来展现水流的丝滑效果或云彩的动感轨迹。此外，使用较小的光圈（如 f/11 或 f/16）可以确保前后景的清晰度，增加景深，使画面中的每个元素都清晰可辨，从而更好地展现风光的细腻与广阔。这种组合不仅提升了作品的质量，也为摄影师提供了更多的创作自由，使他们能够在复杂的自然光条件下捕捉到令人惊叹的风景瞬间。

四、拍摄时机与计划

1. 拍摄时机

选择最佳拍摄时机是摄影中至关重要的一环,尤其是在光线和天气条件变化较大的环境中进行拍摄时,能够显著提升照片的质量和表现力。

(1)光线的变化

光线是影响摄影效果的关键因素之一。不同时间段的光线,可以创造出截然不同的视觉效果。清晨和傍晚的"黄金时刻",当太阳低于地平线时,光线柔和且富有温暖的色调,这时拍摄的风景往往更加动人。

(2)天气条件的影响

天气条件的变化也能显著影响拍摄效果。例如,阴天时,云层遮挡了阳光,光线会变得均匀柔和,适合拍摄细节丰富的场景,比如花卉、建筑或人像。此时,色彩饱和度通常较高,反差较小,能够更好地展现对象的细腻之处。而在雨天,摄影师可以利用水滴和湿润的环境,创造出独特的气氛和反射效果,尤其是在拍摄城市街道时,雨后的积水能够形成迷人的倒影,增添画面的层次感。

(3)风的影响

风的强度和方向也会影响拍摄的时机。在拍摄运动中的对象如海浪、树叶或云彩时,选择一个合适的时机尤为重要。例如,当风势较大时,树叶摇曳、云朵快速移动,适合使用长时间曝光技巧来捕捉这些动态效果;当风平浪静时,则可以拍摄更加平静和细腻的画面,展现出宁静之美。

2. 计划与应对

为了有效选择最佳拍摄时机,摄影师可以借助一些工具和应用程序来预测光线和天气变化。例如,摄影师可以使用日出日落时间表、天气预报应用程序或光污染地图,提前规划出行和拍摄的最佳时机。如果计划前往一个著名的山脉景点拍摄,建议选择秋季的清晨出发,此时阳光刚刚升起,山脉的轮廓在晨雾中若隐若现,周围树木被晨露打湿,色彩鲜艳。

(1)现场勘察

在进行摄影创作之前,现场勘察是一个至关重要的步骤,它能够帮助摄影师全面了解拍摄地点的布局和最佳拍摄角度。通过仔细的现场考察,摄影师不仅能更好地规划拍摄方案,还能在实际拍摄时更加得心应手,捕捉到令人惊艳的画面。

通过现场勘察摄影师能够深入了解拍摄地点的整体布局，包括地形、建筑物、植物和其他元素的分布情况。不同的地点往往有着独特的景观和光线条件，摄影师可以通过提前观察，判断哪些区域更适合拍摄。

（2）分析光线变化

不同的地点在不同的时间段光线条件可能截然不同。例如，在拍摄自然风景时，阳光穿透树林的角度、阴影的投射等都会影响最终的效果。而通过观察光线的来源、强度和颜色，摄影师可以预判最佳拍摄时间。

（3）寻找最佳拍摄角度

摄影师可以通过尝试不同的视角，确定哪些角度能够呈现出最具视觉冲击力的画面。例如，可以尝试从低处仰拍，展示古树、峭壁的宏伟；或者从高处俯拍，捕捉周围环境的全貌。在拍摄花朵时，选择合适的角度可以突出细节和光影变化。

（4）观察前景与背景

前景的元素可以为照片增添层次感，而背景则是强调主要拍摄对象的重要组成部分。通过观察，摄影师可以选择合适的前景元素进行搭配，使作品更加生动。例如，在拍摄海滩日落时，可以寻找一些岩石或沙丘作为前景，增加画面的深度和层次感。

五、自然风光摄影的要点

1. 光影的运用

光影在自然风光摄影中扮演着至关重要的角色。光线的变化不仅影响画面的明暗对比，也能在情感上引起观众的共鸣。摄影师通过对光线的把握，可以将简单的自然景观转化为充满情感的艺术作品。

清晨的第一缕阳光透过树梢洒在地面上，形成斑驳的光影，营造出一种静谧而祥和的氛围，让人感受到新一天的希望与生机。而在日落时分，金色的余晖照耀着大地，投射出长长的影子，带来温暖的同时也让人感受到时间的流逝与生命的无常。因此，光影不仅是自然风光摄影的技术要素，更是与观众产生情感共鸣的重要媒介。

不同的光影效果可以传达出不同的情绪。柔和的光线往往传递出安详与和谐，仿佛在讲述大自然的宁静故事，吸引观众沉浸其中，享受那份恬淡与舒缓。而阴霾的光影则可能引发孤独或反思,激发观众对生命和自然的思考。这样的光影效果能够传达出一种神秘感,令观众的内心在幽暗的环境中经历挣扎与思索。例如,暴风雨前的阴沉天空与低垂的云层,似乎在提醒人们自然的力量与脆弱,促使人们反思自身与自然的关系。通过这些光影的变化,摄影师不仅捕捉到了自然的面貌,更深刻地传达了对生命的感悟与思考,让每一幅作品都能够引发观众的情感共鸣与深层次的反思。

2. 色彩的运用

色彩是摄影中传达情感和氛围的重要工具。不同的色彩组合和运用方式可以让观众产生不同的情感共鸣。在一幅作品中,色彩不仅仅是视觉的元素,更是情感的载体。例如,一幅以冷色调为主的风景照,可能会让观众感受到宁静与孤独,而明亮的暖色调则可能传递出欢乐与活力。摄影师可以通过调整色彩的饱和度和对比度,增强这种情感的表达。色彩的浓烈程度也会影响观众的体验:鲜艳的色彩常常吸引人眼球,激发强烈的情感反应,而柔和的色彩则可能带来一种轻松和舒适的感受。

色彩具有一定的象征意义。比如,温暖的色调(如红、橙、黄)通常与活力、热情相关,而冷色调(如蓝、绿、紫)则更多地与宁静、沉思相连。通过巧妙地选择和搭配这些色彩,摄影师能够传达出特定的情感意图。红色常常与爱情和激情相联结,能够瞬间吸引观众的注意力,激发强烈的情感反应;蓝色则给人以平静和安全感,常被用于传达深思和沉静的情绪。摄影师在创作时,可能会利用这些色彩的象征意义来增强图像的叙事性。例如,在表现友谊和欢乐的场景时,使用明亮的黄色和橙色可以增强画面的积极性;在探讨更为复杂和深沉的主题时,冷色调的运用则能够带来更深层次的思考与共鸣。

不同季节的色彩变化也可以传达自然的循环和生命的哲学。例如,春天的嫩绿和绚烂花朵象征着新生和希望,而秋季的金黄和红叶则让人感受到丰收与反思。每个季节都有其独特的色彩特征,这些色彩特征不仅反映了自然的变化,也反映了人类情感的不同层面。摄影师可以利用这些季节性的色彩变化,捕捉到时间的流逝和生命的轮回。在创作中,季节的色彩不仅是背景的装饰,更是叙事的一部分,能够引导观众思考生命的意义和自然的奇妙。

3. 空间感与深度的处理

在自然风光摄影中,空间感与深度是构建视觉吸引力的重要元素。通过有效地运用前景、中景和背景，摄影师可以创造出富有层次感的画面，增强观众的沉浸式体验。

（1）前景的作用

前景是观众眼睛最先接触到的部分，合理利用前景元素可以引导观众的视线深入画面。例如，可以在前景中加入一些天然的元素，如石头、树枝或野花，形成一个视觉的"入口"，将观众的视线顺着前景引向中景和背景。前景的细节可以为画面增添丰富性，提升观众的探索欲望。拍摄时可以使用大光圈模糊前景，突出其形状和色彩，同时保持中景和背景的清晰度，形成鲜明的对比。

（2）中景的构建

中景是连接前景与背景的桥梁，通常是画面的主体所在。通过选择合适的中景元素，如山脉、建筑物或树木，可以突出主题并增强整个画面的层次感。不同的中景元素可以创造出不同的情感和氛围。在构图时，需要考虑对称性和视觉平衡。例如，选择一条河流作为中景时，可以在两侧各放置一些树木或岩石，形成自然的对称效果，使画面更具和谐美感。

（3）背景的选择

背景为画面营造了环境和氛围，选择合适的背景可以增强作品的主题性。比如，远处的山脉、湖泊或云彩都可以为照片增添壮丽感。拍摄时要考虑光线和天气条件，选择最能突出背景特征的时机。在构图时，可以通过景别[①]的变化来增加深度。例如，利用长焦镜头压缩远处的景物，使背景看起来离前景更近，从而增强空间感。

（4）使用前景、中景和背景的技巧

在拍摄时，可以先观察整个场景，寻找可以构建前景、中景和背景的元素。利用三分法则将画面分为三部分，使各个层次都能得到合理展现。

在选择前景和背景时，可以考虑它们之间的对比。例如，背景是明亮的天空时，前景可以选择较暗的岩石，这种对比可使整个画面更具视觉冲击力。

利用光线和阴影的变化可以极大地影响空间感的表现。拍摄时要注意早

---

① 景别，是指由于在焦距一定时摄影机与被摄体的距离不同，而造成被摄体在摄影机画面中所呈现出的范围大小的区别。景别的划分一般可分为五种，由近至远分别为特写、近景、中景、全景、远景。景别这一概念在本书"模块四　视频拍摄与制作"—"任务一　旅行短视频拍摄与制作"—"三、摄像构图及拍摄技巧"中有详细讲解，可进行参照。

晨或傍晚的黄金时刻，利用斜射的阳光和阴影来增强各个层次的立体感。

4. 大场景和小特写的拍摄

（1）大场景拍摄

大场景拍摄通常使用广角镜头（如16~35mm）。这种镜头有着更广泛的视野，摄影师能够将自然景观的壮丽和广阔尽收眼底。广角镜头的特性使远处的物体看起来更小，而近处的物体显得更大，从而增强了空间感。

在大场景中，层次感至关重要。通过合理安排前景、中景和背景，摄影师可以创造出层次感，引导观众的视线从前景延伸到远处的山脉或天空。前景的细节可以吸引观众的注意力，而背景的壮丽则进行了视觉上的延伸。

大场景拍摄不仅仅能记录景物，更能传达环境氛围。摄影师可以利用气候变化、光线变化和色彩对比，展现出自然的美丽与神秘。例如，云层的变化可以为画面增添戏剧性，日出或日落的光线则可以赋予画面温暖的色调。

有效的构图是大场景拍摄成功的关键。应用三分法则可以帮助摄影师在画面中合理分配空间，使元素之间达到平衡。对角线构图可以引导观者的视线，增强画面的动感。同时，可以考虑使用前景元素（如树木、岩石）引导观者的视线进入画面，从而增加层次感。

大场景拍摄通常需要较大的景深，以确保画面前后都清晰可见。可以使用较小的光圈（如f/8到f/16）实现这一点。合适的景深可以让观众在画面中自由游走，感受到空间的广阔。

（2）小特写拍摄

小特写拍摄专注于捕捉细节和纹理，如花瓣的微小纹路、昆虫的细致结构等。这种拍摄方式能够展现自然界中不易察觉的美，强调了微观世界的独特魅力。

在小特写拍摄中，浅景深是一个重要的技术特征。通过使用大光圈（如f/2.8或更大），摄影师可以将主体从背景中分离出来，营造出模糊的背景效果，这样可以将观众的注意力更集中在主体上。

使用微距镜头或长焦镜头摄影师能够于近距离拍摄，捕捉到平常人眼难以观察到的细节。微距摄影能够使细微的事物看起来栩栩如生，展现自然的复杂性。

小特写拍摄要求对焦非常精确。摄影师需要确保对焦点准确落在主体的关键细节上（如昆虫的眼睛或花瓣的纹理），以呈现出清晰的效果。使用手动对焦可以帮助提升对焦的精准度。

在小特写拍摄中，光线的控制尤为重要。使用侧光或背光能够增强被摄物体的立体感和纹理细节。例如，侧光可以突出物体的凹凸不平，而背光则可以为透明物体（如水珠、花瓣）增添光晕效果。这种光线的运用能够使画面更具视觉冲击力。

由于小特写拍摄通常在微距下进行，任何微小的相机抖动都可能导致模糊。因此，使用三脚架或单脚架是非常有必要的。此外，可以考虑使用快门线控或遥控快门，以避免在按快门时造成抖动。

选择一个适合拍摄小特写的环境也是非常重要的。干净的背景能够使主体更加突出，避免杂乱的背景分散观众的注意力。可以使用单色背景或自然环境中的柔和色彩来增强画面的美感。

大场景拍摄强调广阔的视野和环境氛围，通常需要注意构图、光线和对景深的掌控，旨在展现自然景观的壮丽和层次感。小特写摄影则注重细节捕捉和微观视角，要求对焦精确、光线柔和。

案例分析与实践

一、自然风光摄影作品分析

通过对经典作品的分析，学习者能够识别和掌握摄影中的构图、光影运用、色彩搭配等技术要素，从而在实践中更有效地应用这些知识。在观察和解读他人作品的过程中，摄影师能够学会如何捕捉瞬间的情感和自然的细微变化，从而提升观察力与敏感度。自选自然风光摄影照片，分析其拍摄要素，完成表3-2-2。

表3-2-2 拍摄作品分析表

序号	景观描述	构图	光线	曝光	色彩
1					
2					
3					
4					
5					

续表

序号	景观描述	构图	光线	曝光	色彩
6					
7					
8					

二、自然风光拍摄任务

根据表 3-2-3 中提供的自然风光主题及拍摄要求，以及实际情况完成任务拍摄，并分享心得体会。

表 3-2-3 拍摄任务表

序号	拍摄主体	拍摄要求
1	山脉	在黄昏时分拍摄，使用广角镜头捕捉山脉的壮观轮廓
2	花朵	使用微距镜头捕捉花瓣的细节和纹理，关注光线的变化
3	水珠	捕捉露珠的细节和光影效果，注意选择清晨或黄昏的柔和光线，突出水珠的透明感和与周围环境的关系
4	水体	记录水面、周围植物和天空的倒影，利用光线和色彩的对比
5	树木	拍摄森林的全景，展现森林的广阔与美丽
6	苔藓	使用微距镜头捕捉苔藓的细节和纹理，关注光影和色彩的变化

任务考核

一、填空题

1. 在自然风光摄影中，_____用于控制景深，使前景和背景的清晰度发生变化。

2. _____是指由于在焦距一定时摄影机与被摄体的距离不同，而造成被摄体在摄影机画面中所呈现出的范围大小的区别。

3. 为了捕捉最佳的自然光线，摄影师通常选择在_____进行拍摄。

4. 在构图时，摄影师常用_____来引导观众的视线。

5. 在自然风光摄影中，_____决定了动态物体的清晰度和模糊效果。

6. 通过调整_____设置，可以在不同的光照条件下获得适当的曝光。

7. _____在自然风光摄影中非常重要，可以增加画面的深度和层次感。

8. 使用_____技术可以创建流动的水面效果，增加画面的梦幻感。

二、选择题

1. 在自然风光摄影中，最佳的拍摄时间是（　　）。
   A. 正午　　　　B. 夜晚　　　　C. 黄昏和黎明　　　D. 阴天

2. 哪种设备最常用于拍摄长时间曝光？（　　）
   A. 单反相机　　B. 三脚架　　　C. 反光镜　　　　D. 闪光灯

3. 在进行风光摄影时，通常建议使用哪种镜头？（　　）
   A. 广角镜头　　B. 微距镜头　　C. 长焦镜头　　　D. 鱼眼镜头

4. 自然风光摄影师同场使用侧光和（　　）来增强景物的立体感和层次感。
   A. 主光　　　　B. 辅光　　　　C. 逆光　　　　　D. 背景光

5. 大场景拍摄通常使用（　　），将自然景观的壮丽和广阔尽收眼底。
   A. 广角镜头　　B. 标准镜头　　C. 微距镜头　　　D. 长焦镜头

三、简答题

请简要说明"黄金时刻"在自然风光摄影中的重要性,以及如何利用这一时间段进行拍摄。

四、实践题

请选择一个自然风光拍摄地点(如山脉、海边、森林、河流等),制订一个拍摄计划,包括最佳拍摄时间、所需设备、构图思路、光线条件及后期处理等,并拍摄至少三张照片。请在拍摄后,分析每张照片的优缺点,并提出改进意见。

任务考核答案 3-2

视频微课 3-3
通过城市街头摄影讲故事

任务三　人文风光摄影

📖 任务分析

人文风光摄影是一种独特而富有表现力的摄影形式，它通过镜头捕捉人类活动与自然环境的交织，深入探讨人与环境之间复杂而微妙的关系。这种摄影不仅仅是对自然美景的单纯描绘，更是对人类存在的深刻反思，展现了文化、历史和社会背景对风景的深远影响。

在这一摄影领域，摄影师常常置身于特定的地理环境中，通过观察和记录人类在其中的活动，揭示自然与人类之间的互动。无论是繁忙的城市街道，还是宁静的乡村小径，每个场景都蕴含着丰富的故事和情感。

人文风光摄影不仅是艺术创作，更是对人类与自然、文化与历史之间关系的探索与反思。通过这一摄影形式，我们不仅能够欣赏到美丽的风景，更能感受到在这片土地上生活的人们所经历的故事与情感。这种人与环境的和谐共生，正是人文风光摄影所要传达的核心理念。

本部分的学习任务如表 3-3-1 所示。

表 3-3-1　学习任务表单

任务概述	（1）通过捕捉人类活动与自然景观的交织，揭示文化及社会背景对环境的影响； （2）通过镜头讲述故事，传达地方的独特性和人文情感； （3）关注社会变化对环境的影响，如城市化、工业化等，记录现代生活与传统文化之间的冲突与融合； （4）通过景观和人类活动的结合传达深刻的情感和故事，使观者感受到更深层次的文化和历史背景。
学习目标	知识目标： （1）理解环境与文化的交织，学习拍摄地点的历史、文化和社会背景，以在作品中更好地反映这些元素； （2）学习故事讲述的技巧，了解通过照片讲述故事、传达特定的情感和主题的背景和逻辑； （3）掌握构图与视觉语言，学习在构图中有效地结合人物与自然景观，平衡各个元素的视觉权重； （4）学习自然光的变化（如日出、日落、阴天等），增强照片的情感表达和氛围； （5）理解在进行人文风光摄影时，如何保持道德和伦理的标准。 技能目标： （1）能够根据拍摄要求选择镜头； （2）掌握光线的运用，选择在日出或日落时拍摄，以获得最佳光线和色彩； （3）掌握构图技巧，利用自然元素（如道路、河流）引导观众视线； （4）根据场景调整快门速度，捕捉动态瞬间； （5）关注人与环境的互动，强调情感表达，能够通过一组相互关联的照片讲述故事； （6）了解当地文化背景，尊重被摄对象的生活，能够根据环境变化调整拍摄策略。 素质目标： （1）提升艺术审美能力，培养对色彩、构图和光影的敏感性，能够欣赏和分析优秀的人文风光摄影作品； （2）增强对多元文化的理解，通过研究不同文化背景的艺术作品，拓宽视野，理解其多样性； （3）提高人文素养与社会责任感，关注社会问题和人类情感，通过摄影传递有深度的社会信息和情感。
学习内容	（1）人文风光摄影重点在于捕捉人与自然环境的互动，强调人文背景、文化元素和社会情感； （2）注重情感表达和故事性，摄影师需要通过画面传达特定的情感和故事； （3）深入了解和尊重不同文化背景，摄影师应具备文化敏感性，以避免产生误解和刻板印象； （4）强调人与环境的关系，需运用更多的拍摄技巧，如环境肖像、环境叙事等； （5）通过作品反映社会问题、文化背景或人类情感； （6）故事叙述强调通过一系列照片讲述一个完整的故事，关注细节与环境的相互作用。
学习重点	捕捉人与自然之间的关系，强调文化背景与环境的融合，同时注重光影的运用和构图技巧，以展现独特的故事和情感。
学习难点	平衡自然景观与人文元素之间的关系，培养敏锐的观察力和创造性的思维习惯。

知识准备

一、什么是人文风光摄影

1. 人文风光摄影的概念

人文风光摄影强调人与自然的关系，主要关注人类活动与自然环境的交互作用。人文风光摄影作为一种独特的艺术形式，通过镜头记录下这一关系的多样性和深刻性，揭示了人类活动是如何塑造自然环境的，同时自然环境也反过来影响着人类的生活方式和文化。

（1）人类活动与自然环境的交融

人文风光摄影关注的核心是人类在自然环境中的活动。这种活动不限于生存和发展的基本需求，还包括文化、艺术、习俗等多方面的表现。例如，摄影师可以捕捉到在壮丽山川中劳作的农民，或者在宁静湖边垂钓的渔民。这些画面不仅展示了自然的美丽，更反映出人类是如何依赖自然、适应自然，甚至是改变自然。

（2）文化与自然的互动

不同的文化背景和生活方式塑造了人们与自然不同的关系。在一些传统社会中，人们对自然的依赖程度更高，往往将自然视为生活的一部分，融入日常的生活场景中。例如，某些民族的节庆活动常常与自然的变化息息相关，摄影师通过镜头记录下这些文化活动，展现人类如何在自然的节律中找到生活的意义。

（3）自然对人类生活的影响

自然环境不仅影响着人类的生存，还深刻影响着人类的情感和心理状态。人文风光摄影能够捕捉到人们在自然中所展现出的各种情感，从在海边嬉戏的孩子，到在森林中沉思的艺术家，这些瞬间反映了人类在自然环境中的愉悦、宁静和思考。通过这样的影像，观众可以感受到自然带来的宁静与启迪。

（4）故事的叙述与情感的传递

人文风光摄影不仅仅是静止的画面，更是一个个动人的故事，每一幅作品背后都蕴藏着人与自然之间的深厚情感和复杂关系。摄影师通过构图、光影和色彩，将这些故事生动地呈现出来，让观众不仅看到图像，更能感受到其中的情感和思想。这种叙事性使得人文风光摄影在视觉艺术中更具深度和广度。

2. 人文风光摄影的文化表达

人文风光摄影作为一种艺术形式，超越了单纯的自然风景描绘，其中深刻地融入了人类的文化背景、社会习俗和情感表达。通过镜头，摄影师不仅捕捉到美丽的自然景观，更记录了人类与自然之间的互动，以及地方文化的独特魅力。

（1）地方习俗的生动呈现

人文风光摄影通过记录地方的传统习俗，展现了各地文化的多样性。例如，在我国的少数民族地区，摄影师可以捕捉到节庆活动中的舞蹈、服饰和宴席，这些不仅展示了当地的风土人情，也反映了人们对自然的敬畏与感恩。在这样的影像中，民俗与自然相辅相成，体现了人类在特定环境下的生活智慧和文化积淀。

（2）信仰与自然的交织

信仰是人类文化的重要组成部分，而人文风光摄影常常将宗教信仰与自然环境紧密联系在一起。摄影师可以通过镜头记录寺庙、教堂、祭祀活动等场景，展现人们在自然中寻求精神寄托的过程。例如，在印度的恒河边，信徒们在晨曦中进行沐浴仪式，这一瞬间不仅展现了自然的美丽，也传达出人们对生命与灵魂的思考。这种信仰与自然的结合，反映了人类在自然面前的谦卑、敬畏、虔诚。

（3）社会生活的细腻观察

人文风光摄影通过观察和记录社会生活，展现人类在自然环境中的日常活动。摄影师可以捕捉到城市街头的忙碌、乡村田间的宁静，每一个瞬间都蕴含着丰富的故事与情感。这种对社会生活的细腻观察，揭示了人与自然之间的互动关系，反映了人们是如何在不同的自然环境中创造和维持自己的生活方式。

（4）情感的文化传递

人文风光摄影能够有效传达特定的情感，激发观众的共鸣。不同的文化背景和生活经历，使得观众在观看这些影像时能够感受到其中的情感深度。例如，孤独的渔民在日落时分独自出海的瞬间，或者孩子们在乡间嬉戏的欢快场景，这些画面不仅展现了人与自然的和谐，也传达了对生活的热爱与思考。这种情感的传递，使得人文风光摄影成为一种强有力的文化表达方式。

(5)故事的叙述与文化的传承

每一幅人文风光摄影作品都是一个故事的载体,承载着地方的历史与文化。摄影师通过选择特定的场景和人物,构建出一个个生动的叙事,使观众能够在视觉享受的同时深入理解当地的文化背景。例如,一幅描绘传统手工艺人工作的照片,不仅展示了技艺的精湛,也反映了这一技艺在当地文化传承中的重要性。通过这样的叙述,摄影师为文化的延续和传播贡献了力量。

二、人文风光摄影的分类

人文风光摄影可以根据不同的主题和表现方式进行分类,主要包括以下几类。

1. 城市人文摄影

城市是一个充满活力与变化的场所,城市人文摄影则致力于捕捉这个多元环境中人们的生活场景和文化特征。这种摄影形式不仅展现了城市的建筑和交通,还深入挖掘了居民的日常活动、情感和故事。通过镜头,摄影师能够为观众呈现城市的灵魂和氛围,反映出人与城市之间的复杂关系。

(1)街头生活的瞬间

街头是城市人文摄影的主要舞台,街道上发生的每一个瞬间都充满了故事。无论是忙碌的行人、街头艺人的表演,还是小摊贩的叫卖声,这些元素构成了城市生活的独特风景。例如,一张捕捉到孩子们在街头嬉戏的照片,不仅展现了城市的活力,也传递出一种无忧无虑的生活态度。在这一瞬间,摄影师通过镜头让观众感受到了城市的温暖与人情味。

(2)市场的热闹与多样性

市场是城市生活中不可或缺的一部分,体现了城市的多样性和活力。在市场中,来自不同背景的人们会聚在一起,交流、交易、分享生活。在这里,摄影师可以捕捉到丰富的色彩、各种食材,以及顾客和商贩之间的互动。例如,拍摄一个热闹的农贸市场,展现摊位上新鲜的水果和蔬菜,以及人们挑选商品时的专注神情,可以让观众感受到城市的生机与繁荣。

(3)公园中的宁静与社交

公园是城市中人们放松心情、社交互动的重要场所。在这里,居民可以享受自然,参与各种活动,如晨练、散步、读书或与朋友聚会等。摄影师通过捕捉公园中的这些场景,展现人们如何在繁忙的城市生活中寻求片刻的宁静。例如，一张老年人在公园长椅上聊天的照片，不仅记录了日常生活的瞬间，也反映了人与人之间的情感联系和社区的温暖。

（4）建筑与城市的对话

城市的建筑是其历史与文化的凝聚体，反映出不同的时代风格与社会变迁。城市人文摄影通过对建筑物的拍摄，展现出其背后的故事与氛围。从古老的历史遗迹到现代的摩天大楼，摄影师能够通过不同的角度和光影，传达建筑的美感与功能。例如，拍摄一座具有特色的老建筑，结合周围的景象，让观众感受到城市的历史深度与文化底蕴。

（5）交通与城市节奏

交通是城市生活的重要组成部分，它不仅连接着城市的各个角落，也反映了城市的节奏和流动性。城市人文摄影可以通过对交通系统的观察，展现城市的运作方式。例如，拍摄繁忙的地铁站、交错的街道或拥堵的交通，可以让观众感受到城市的脉动与紧张感。通过这些影像，观众能够更加深刻地理解城市的复杂性和现代生活中的挑战。

（6）人们的日常活动与情感

对人们日常活动的记录是城市人文摄影的重要部分。从早晨的咖啡馆到夜晚的酒吧，每一个场景都充满了生活的气息。摄影师通过捕捉这些瞬间，不仅展示了城市的多样性，还传达了人们的情感与故事。例如，一张人在咖啡馆里沉思的照片，能够引发观众的共鸣，引起他们对生活的思考。这些日常活动的记录，使城市的人文氛围更加立体和真实。

（7）节庆与传统的展现

节庆活动是城市人文摄影的重要主题之一，这些活动不仅展现了当地的文化传统，也汇聚了居民的情感与共鸣。从春节的烟花绽放到圣诞节的灯光装饰，每一个节日都承载着人们的记忆与希望。在这样的场合中，摄影师可以捕捉到人们欢笑、分享和团聚的瞬间，传递出浓厚的节日氛围。例如，在一个热闹的节庆游行中，摄影师通过镜头捕捉到各种花车、舞者和观众的互动，展现出城市文化的多样性和活力。

（8）社会问题与人文关怀

城市生活中不可避免地存在着各种社会问题，如贫困、流浪、环境污染等。城市人文摄影不仅是对美的呈现，更是对社会现象的反思与关怀。通过拍摄这些现象，摄影师能够引发观众对社会问题的关注，激起人们的思考与讨论。例如，拍摄流浪者在街头的孤独身影，或是揭示城市贫民窟的生活状况，可以让观众更加深刻地理解城市背后隐藏的故事与挑战，从而引发对社会责任的思考。

2. 乡村人文摄影

乡村人文摄影是一种独特的艺术形式，旨在通过镜头捕捉乡村的自然风光与农民的日常生活，展现出乡村的魅力与韵味。这不仅仅是对景物的描绘，更是对传统文化、风俗习惯以及人与自然和谐共生的深刻思考。

（1）自然风光

在乡村，四季的变化赋予了自然风光不同的色彩与情感。春天，田野里万物复苏，嫩绿的麦苗在阳光下闪耀，农民们忙着播种，脸上挂着希望的笑容；夏天，金黄的稻穗摇曳生姿，蝉声阵阵，乡村小路旁的野花竞相开放，仿佛在为丰收的季节歌唱；秋天，果实累累，果园里传来阵阵欢笑声，孩子们在树下拾落果，构成了一幅温馨的画面；冬天，白雪皑皑，村庄静谧而安详，炊烟袅袅，透出浓浓的乡土气息。摄影师通过镜头，将这些瞬间定格，展现出大自然的变化与乡村生活的质朴。每一幅作品都如一首诗，描绘着土地的生机与农民的辛勤。

（2）农民真实的生活

乡村人文摄影不仅关注自然风光，更注重表现农民的生活。摄影师常常深入农田，记录下农民的劳作场景：他们在田间挥洒汗水，耕耘播种，收获希望。这些画面充满力量，展现了农民与土地之间的深厚情感。

在乡村，传统的生活方式仍然根深蒂固。婚礼、节庆、丰收的仪式等，都是乡村人文摄影的重要题材。摄影师通过镜头，捕捉这些珍贵的瞬间，展现出乡村独特的文化魅力。那些穿着传统服饰的老人，坐在门前回忆往昔；小孩们在田间嬉戏，脸上洋溢着无忧无虑的笑容，这些都是摄影师所要表达的生活的真谛。

（3）传统文化的延续

乡村是传统文化的摇篮，许多风俗和习惯在这里代代相传。乡村人文摄影通过镜头记录下这些生动的场景，如农民在丰收节时的庆祝活动、端午节的龙舟竞渡、春节的团圆饭等。这些活动不仅反映了农村的生活方式，更体现了浓厚的乡土情怀。

乡村人文摄影以其独特的视角，展示了农村自然风光与农民生活的和谐美。这些作品不仅是视觉的享受,更能产生心灵的共鸣,让人们在欣赏美景的同时,感受到乡村文化的深厚底蕴与人文关怀。

3. 文化遗产摄影

文化遗产摄影是一种独特的艺术形式,旨在通过镜头捕捉和记录人类文化的精髓。它不仅关注历史遗迹、传统工艺和文化活动,还深入探讨特定地区的文化符号与历史故事。通过这一艺术形式,摄影师为我们呈现了一个个动人的文化瞬间,传递出深厚的历史底蕴与人文情怀。

(1)历史遗迹的见证

历史遗迹是一个地区文化与历史的实证,蕴含着丰富的故事和智慧。从古老的城墙、寺庙到遗落的村庄、古桥,这些遗迹不仅是时间的见证者,还是文化的承载体。文化遗产摄影师常常深入这些历史遗址,利用光影变化和构图技巧,将其独特的美感与历史的厚重感融合,捕捉到令人叹为观止的瞬间。例如,一座破败的古寺在夕阳的映照下显得格外神秘与庄重,摄影师通过恰到好处的角度与光线,呈现寺庙的细节,展示出那些雕刻精美的佛像和斑驳的墙面,仿佛在诉说着千年的历史。这些不再是一幅幅静态的画面,而是历史的回声,让人感受到文化的传承与延续。

(2)传统工艺的魅力

每个地区都有其独特的传统工艺,这些工艺承载着地方的文化特征与历史记忆。从手工编织到陶瓷制作,从木雕到金属工艺,传统工艺不仅仅是技艺,更是文化身份的象征。文化遗产摄影通过镜头,记录下工艺师傅们在创作过程中的专注与执着,展现出这些手工艺品的细腻与精美。在某个偏远的小村庄,摄影师可能会捕捉到一位老匠人在阳光下雕刻木头的情景。老匠人的手法娴熟,脸上满是岁月的痕迹,他的每一刀都蕴含着对传统技艺的尊重与热爱。这些影像不仅展现了工艺的美,更传递出一种文化的延续与坚守。

(3)文化活动的生动

文化活动是一个地区生活的重要组成部分,体现了人们的价值观和社会风俗。从传统节庆、民俗表演到宗教仪式,这些活动在时间的流转中形成了独特的文化符号。文化遗产摄影师通过参与和观察,捕捉到这些活动的生动瞬间,呈现出人们对文化传承的热情与参与感。例如,在春节期间,摄影师记录到乡村的庙会盛况,热闹的场景中,民众穿着传统服饰,舞龙舞狮,欢声笑语交织在一起。每一个动作、每一个表情,都饱含着对文化的热爱与传承。这些作品不仅让观者感受到节日的氛围，更唤起对文化根源的思考。

（4）文化符号与历史故事

每个地区都有其独特的文化符号，这些符号往往与特定的历史故事相连。文化遗产摄影师通过深入挖掘这些符号背后的故事，帮助我们理解文化的深层意义。摄影师在拍摄时，常常会与当地人交流，了解他们的历史和传统，从而更好地诠释这些文化元素。例如，一座古老的城堡可能不仅是建筑的奇迹，还是一个王朝兴衰的缩影。摄影师通过记录城堡的轮廓与周围的环境，结合当地人的口述历史，展现这座城堡背后的传奇故事，让观者在欣赏美景的同时，也能感受到历史的厚重与文化的深邃。

文化遗产摄影不仅是一种艺术表达方式，更承担着文化传承的使命。它通过镜头将历史的印记与文化的脉动定格，让我们在这个快速变化的时代中不忘那些珍贵的文化遗产。每一幅摄影作品都是一次文化的探险与发现，使我们更深刻地理解我们的历史、传统与身份。通过关注这些文化符号与历史故事，文化遗产摄影不仅为我们提供了视觉的享受，更帮助我们建立起对文化的认同与尊重。

4. 节庆与仪式摄影

节庆与仪式是人类文化的重要组成部分，它们不仅体现了历史和传统，也蕴含着丰富的人类情感和社会互动。在这一领域，摄影师的任务不仅仅是记录事件的发生，更要通过镜头捕捉那些瞬息万变的情感，展现出节庆与仪式背后的深厚人文内涵。

（1）节庆的色彩与氛围

每一个节庆都有其独特的色彩和氛围。例如，中国的春节，红色的灯笼和鞭炮、家人团聚的温馨场景，构成了一幅幅生动的画面。摄影师可以运用高饱和度的色彩，强调节日的喜庆与热烈。无论是欢笑的儿童，还是忙碌的厨师，镜头下的每一个瞬间都充满了生活的气息。

（2）仪式的庄重与神圣

与节庆的欢快相对，许多宗教仪式都展现出一种庄重与神圣。比如，印度的排灯节，信徒们点燃蜡烛、祈求平安。摄影师可以通过低调的光线和柔和的构图，捕捉到人们虔诚的神情，表现其心灵的宁静。这样的画面不仅让观者感受到仪式的庄重，也能够引发其对信仰和内心世界的思考。

（3）人类情感的共鸣

摄影的魅力在于它能瞬间定格情感。在节庆与仪式的场合，人们的情感表现尤为丰富。无论是欢笑、泪水，还是专注的瞬间，都是值得捕捉的对象。摄影师可以通过特写镜头，展现人们的细腻表情，传达他们内心深处的感受。例如，在婚礼仪式上，新人眼中流露出的幸福与期待，往往能打动每一个观者的心。

（4）社会互动的记录

节庆与仪式不仅是对个人情感的表达，也是社会互动的体现。无论是亲朋好友的欢聚一堂，还是陌生人之间的相互祝福，这些互动都在无形中构成了社会的纽带。摄影师可以通过广角镜头记录下人们手牵手、相拥而笑的场景，展现人们之间的温暖与关怀。在这样的照片中，观者不仅能看到个体的故事，还能感受到整个社群的力量。

（5）叙事与文化的传承

节庆与仪式摄影不仅仅是对瞬间的捕捉，更是一种文化的叙事与传承。通过摄影，摄影师将这些珍贵的瞬间留存下来，让后代人得以了解和体验这些文化背后的故事与传统。每一张照片都是一段历史的见证，也是一种情感的延续。

5. 生态人文摄影

生态人文摄影是一个结合了环境保护与人类文化的重要领域，它通过镜头探索自然与人类活动之间复杂而微妙的关系。摄影师不仅要捕捉自然的美丽，还要揭示人类行为对环境的影响，传达可持续发展的重要性。通过这种方式，生态人文摄影不再只是对艺术的表达，更是对生态意识的呼唤。

（1）自然之美与人类的足迹

生态人文摄影的首要任务是展现自然的壮丽与脆弱。在壮观的山脉、广袤的森林或者清澈的湖泊中，摄影师能够捕捉到大自然的生机与活力。然而，当人类的活动与这些自然景观交织在一起时，摄影师则需要注意到人类足迹的影响。比如，在一片原始森林旁，一条蜿蜒的公路可能象征着发展的代价。通过对比，这种摄影不仅展现了自然的美，还引发观者对人类活动后果的深思。

（2）可持续发展的实践

可持续发展是生态人文摄影的重要主题之一。摄影师可以记录那些在保护生态的同时积极推动可持续发展的社区与项目。例如，农民采用生态农业的方法，减少化肥与农药的使用，或者在城市中推广绿色建筑与可再生能源的案例。这些场景不仅展示了人类在与自然和谐共生方面的努力，也为观者提供了可借鉴的实践经验。

（3）环保意识的传播

生态人文摄影的另一个重要功能是传播环保意识。通过生动的影像，摄影师能够引发观者对环境问题的关注与思考。例如，拍摄海洋垃圾、空气污染或者濒危物种的照片，可以直观地展示环境危机的严峻性。这类作品不仅仅给人以视觉冲击，更引起人们的情感共鸣，激发人们对环保行动的参与欲望。

（4）人类文化与自然的互动

人类文化与自然之间的互动是生态人文摄影的重要内容。不同文化对自然的理解与尊重，往往体现在其生活方式和艺术表现中。例如，某些原住民社会与自然的关系紧密，他们的传统习俗和信仰深深根植于对土地的尊重与感激。摄影师可以通过记录这些文化，展现人类与自然共生的智慧，传递保护生态的重要性。

6. 旅行人文摄影

旅行人文摄影是一个充满魅力的艺术形式，它通过镜头捕捉旅行中的人文风景，展示不同地域的文化和自然。每一张照片背后都承载着一个故事，讲述着旅行者与新环境之间的对话与连接。

（1）地域文化的独特魅力

每个地区都有其独特的文化，这些文化在日常生活中以各种形式展现出来。旅行人文摄影师通过镜头捕捉当地的节庆、习俗、手工艺和日常生活，展现这些文化的独特魅力。例如，在印度的节日庆典中，摄影师可以捕捉到五彩缤纷的服饰、热情洋溢的舞蹈以及人们脸上的笑容。这些影像不仅记录了一个个瞬间，更是对地域文化的一种尊重与传承。

（2）自然景观的壮丽与脆弱

除了文化，旅行人文摄影还关注自然景观的变化。不同地域的自然环境各具特色，从冰川、沙漠到热带雨林，摄影师通过镜头记录下这些壮丽的自然景观。然而，自然的美丽往往伴随着脆弱。摄影师可以通过拍摄受威胁的生态环境，唤起观者对环境保护的关注。例如，一张展示海洋塑料污染的照片，不仅揭示了人类活动对海洋的影响，也促使人们反思与自然的关系。

（3）个人视角的旅行故事

旅行人文摄影不仅是对外部世界的观察，更是个人体验的反映。在旅行过程中，摄影师的视角和情感往往会影响拍摄的内容和风格。通过记录自己的旅行故事，摄影师将个人的情感体验与文化背景相结合，创造出更具感染力的作品。例如，在一张记录黄昏时分街道的影像中，摄影师通过光影的变化和人们的活动，传达出一种宁静而又充满生活气息的氛围，这种个人视角可以让观者感同身受。

（4）与当地人的交流与互动

旅行人文摄影的核心在于人与人之间的交流与互动。在不同的文化背景下，与当地人建立联系不仅能丰富旅行体验，还能为摄影作品增添深度和温度。摄影师可以通过与当地人的对话，了解他们的生活方式、价值观和故事，这些都可以在影像中得到体现。例如，一位摄影师在非洲小村庄中与村民共同庆祝丰收节，记录下他们的笑声和舞蹈，这不仅是对文化的记录，也体现了人与人之间情感的交融。

三、人文风光摄影的要点

1. 观察与记录

人文风光摄影要求在不同的环境中观察人类活动与自然景观的结合，并记录这些瞬间。

（1）观察

观察是学习人文风光摄影的基础。摄影师要学会在繁忙的都市中寻找人与环境之间的微妙关系。比如，在一条熙熙攘攘的街道上，通过镜头捕捉到行人匆忙的步伐，与背后静谧的建筑形成鲜明对比，这不仅能展现城市生活的节奏，也能传达出一种情感。通过观察，摄影师可以发现那些不易被人察觉的细节，从而在作品中融入更多层次感。

（2）记录

在不同的环境中，比如广袤的草原、巍峨的山脉或宁静的湖泊，摄影师需要耐心等待最佳的拍摄时机。此时，光线的变化、天气的转换和人类活动的偶然出现，都可能成为作品的关键元素。记录不仅仅是对瞬间的捕捉，更是对情感的凝聚与表达。通过镜头，摄影师能够将一瞬间的美好定格，传递出对生活的思考与感悟。

在不同的环境中观察与记录，意味着要具备灵活应变的能力。在城市的角落，可能会遇到各种突发的场景；在乡村的田野，或许会发现自然与人类和谐共处的瞬间。摄影师需要时刻保持警觉，善于发掘那些具有故事性的画面。

2. 讲故事

学习人文风光摄影，不仅需要掌握摄影技术，更重要的是培养讲故事的能力。每一张照片都可以成为一段故事的载体，通过影像展现人类与自然的关系、表达文化与历史，这不仅是对所拍摄对象的记录，更是对其背后深层含义的探索。

（1）故事的力量

故事是人类沟通的基本方式，而摄影则是通过视觉语言传递情感与信息。一个好的摄影作品能够引发观众的共鸣，让他们不仅仅看见一幅画面，更能够感受到其中蕴含的故事。例如，在一张展示渔民出海的照片中，观众不仅能够看到壮丽的海洋与渔船，还能感受到渔民的辛勤与对生活的热爱。这种情感的联结，使作品不再仅仅是一幅风景，还是对人类生存状态的真实反映。

（2）文化与历史的表述

摄影作品常常承载着丰富的文化与历史信息。通过人文风光摄影，摄影师可以记录下不同地区的风俗习惯、建筑风格与社会变迁。例如，拍摄一座古老的寺庙，不仅仅是记录其外观，更是对该地区宗教信仰与历史积淀的探讨。通过细致的观察，摄影师能够捕捉到那些体现文化特征的细节，从而让观众在欣赏美景的同时，了解到更深层次的文化背景与历史故事。

（3）构建故事的元素

在创作过程中，摄影师需要考虑几个关键元素，以构建一个完整的故事。首先是主题，即希望传达的核心思想。其次是情境，摄影师要选择合适的环境与时间，以增强故事的表现力。再次，人物的选择也至关重要，人物的表情、动作与姿态能够赋予照片更多情感。最后是细节，细节往往能够传达出故事的深度与情感的丰富性。

3. 技术与艺术的结合

人文风光摄影是一门融合技术与艺术的独特领域，要求摄影师不仅掌握扎实的摄影技术，还需要发展敏锐的艺术眼光，以便在构图、光影和色彩中融入丰富的人文元素。

（1）技术的基础

在进行人文风光摄影时，技术是基础。摄影师需要熟练掌握相机的操作方法，包括快门速度、光圈、ISO等参数的调节，以应对不同的拍摄环境。同时，了解镜头的特性和使用技巧也是至关重要的。通过技术的掌握，摄影师能够准确捕捉瞬间的美丽，还原真实的场景和细腻的情感。例如，在拍摄日落时，适当的光圈设置和快门速度调整，可以使天空的渐变色彩更加饱满，云彩的细节更加清晰。技术的运用使摄影师能够在变幻的光影中，捕捉到最具表现力的画面，为后续的人文表达打下坚实的基础。

（2）艺术眼光的培养

人文风光摄影要求摄影师具备独特的视角和审美能力，能够在构图、光影与色彩中融入人文元素。这意味着摄影师须具备对环境的敏感度，能够在瞬息万变的场景中发现美。

构图是艺术眼光的重要体现。一个好的构图不仅需要遵循常规的三分法则或对称原则，更要通过特色的角度与线条引导观众的视线。例如，拍摄一条古老的街道时，巧妙地运用前景与背景的层次关系，可以增强画面的深度，使观众的目光在画面中自然而然地流动，进而感受到这条街道的历史积淀与文化氛围。

（3）光影与色彩的运用

光影与色彩是人文风光摄影中不可或缺的元素。光影的变化为作品增添了情感的层次，能够突出主题的氛围。摄影师可以利用黄金时刻的柔和光线，创造出温暖而富有情感的画面，从而传达出人与自然之间的和谐关系。

不同的色彩搭配能够传递不同的情绪与文化背景。比如，暖色调常常让人感受到温馨与亲切，而冷色调则可能传递出孤独与思考。在拍摄具有地方特色的风光时，捕捉到当地的色彩特征，不仅能够反映自然景观，还能体现人文的精髓。

（4）人文元素的融入

在进行人文风光摄影时，融入人文元素是提升作品深度的关键。摄影师可以通过捕捉人们的日常生活、传统习俗和文化活动，将这些元素与自然风光相结合，创造出更具故事性的作品。例如，拍摄一位正在制作传统手工艺品的工匠，不仅展示了他的技艺，也体现了地域文化的传承与发展。这种人文关怀使得作品更具历史感和情感深度。

4. 批判性思维

批判性思维不仅帮助摄影师分析和理解社会、文化背景对风景的影响，更有助于他们在创作中进行更深层次的诠释，进而形成具有独特视角和深度的作品。

（1）理解社会与文化背景

人文风光摄影的核心在于捕捉人与自然之间的关系，而这种关系往往受到社会与文化背景的深刻影响。摄影师在进行创作时，首先需要对所拍摄地区的历史、文化、宗教信仰、经济状况等进行深入的了解。例如，在拍摄某个区域的传统节日时，了解该节日的起源、意义及其在当地人生活中所占据的位置，可以帮助摄影师更好地捕捉到节日氛围的精髓。

批判性思维促使摄影师不是停留于表面的观察，而是深入探讨这些文化现象背后的故事。通过对不同文化的理解，摄影师能够更好地选择拍摄对象和构图方式，对其进行更为真实和深刻的表达。

（2）分析风景的多重意义

风景不仅是自然景观的简单叠加，更是人类活动、历史变迁和文化积淀的体现。在人文风光摄影中，批判性思维使摄影师能够识别和分析风景中的多重意义。例如，在拍摄城市风光时，摄影师可以通过对比不同区域的建筑风格、社会活动，揭示城市发展的历史进程和社会变迁。这种分析不仅使作品更具深度，也引发了观众对城市文化的思考。

（3）反思与批判

批判性思维还要求摄影师具备反思与批判的能力。在人文风光摄影的创作过程中，摄影师需要不断审视自己的创作意图和选择。例如，在拍摄某种文化或社会群体时，摄影师应该反思自己是否对该文化有足够的尊重与理解，是否存在刻板印象或偏见。这样的反思能帮助摄影师规避在作品中传播错误的信息或不当的文化表现。

（4）诠释与表达

通过批判性思维的培养，摄影师能够更好地诠释作品。在创作完成后，如何将所捕捉到的瞬间与社会、文化背景相结合进行解读，是对摄影师思维能力的进一步考验。摄影师可以在展览、出版作品集或进行公共演讲时，通过阐述拍摄背后的故事和思考，帮助观众理解作品的深层含义。例如，在展示一组关于地方传统工艺的摄影作品时，摄影师可以讲述这些工艺在当今社会的地位变化及其面临的挑战，从而引发观众对文化传承的关注与思考。

通过批判性思维的培养，摄影师不仅能提升自身的创作水平，更能通过作品引导观众思考，从而实现艺术与社会的对话。

📝 案例分析与实践

一、人文风光摄影作品分析

人文风光摄影作品分析能促进文化理解和交流，使观众欣赏和认识到不同地区的习俗与生活方式，从而增进跨文化的理解。这种分析还能够提升艺术鉴赏能力，学习者可以通过研究构图、光影和色彩等元素，培养审美意识并获得创作灵感。

人文风光摄影作品的分析要点如表 3-3-2 所示。

表 3-3-2　人文风光摄影作品分析要点

序号	分析要点	分析内容
1	主题表达	分析作品所传达的主题，包括人与自然、人与社会之间的关系，以及文化和情感的体现。
2	构图技巧	研究构图方式，如对称、引导线、三分法则等，观察如何通过构图引导观众的视线和情感。
3	光影运用	观察光线的方向、强度和色温，分析光影如何塑造场景的氛围、增强作品的情感表达。
4	色彩选择	分析色彩的搭配和对比，考虑如何通过色彩的运用传达情感和主题。
5	文化背景	探讨作品所涉及的文化和社会背景，理解其对人物和环境的影响，以及如何反映特定的历史或社会现象。
6	情感与叙事	分析作品中人物的表情、姿态和动作，思考如何通过这些元素传达情感，形成一个完整的叙事。
7	环境与氛围	观察环境的细节和整体氛围，分析这些因素如何增强作品的深度和立体感。
8	技术手法	评估摄影师使用的技术手法，如焦距、快门速度和后期处理，考虑这些选择对作品效果的影响。

根据上述人文风光摄影作品分析要点，自选 2～3 组人文风光摄影作品进行分析并完成表 3-3-3。

表 3-3-3　人文风光摄影作品案例分析

序号	分析要点	案例内容分析
1	主题表达	

续表

序号	分析要点	案例内容分析
2	构图技巧	
3	光影运用	
4	色彩选择	
5	文化背景	
6	情感与叙事	
7	环境与氛围	
8	技术手法	

二、人文风光拍摄任务

根据表 3-3-4 中提供的拍摄要求，完成任务拍摄，并分享心得体会。

表 3-3-4　拍摄任务要求

题目	校园生活的瞬间
拍摄主题	捕捉校园内学生日常生活的真实瞬间
拍摄对象	学生、教室、图书馆、运动场、校园活动等
拍摄时间	课间、放学、校园活动期间，尤其是早晨和黄昏
构图要求	使用三分法则、对称构图，注意前景与背景的关系
光线运用	尽可能利用自然光，关注光影变化，避免强烈的直射阳光
情感捕捉	注重学生的表情与互动，表现他们的快乐、专注或思考
细节观察	拍摄细节，如书本、文具、校园设施等，展现校园文化
故事叙述	选择几个相关的场景拍摄，形成一个小故事的序列

三、人文风光拍摄计划制订

拍摄计划制订首先要确认拍摄主题、目标等信息（见表3-3-5）。

表3-3-5　拍摄计划的内容要素

主题	城市生活/乡村变迁/社区文化/传统手艺/社会问题（如流浪者、老年人、少数民族等）	
目标受众	摄影爱好者/社会学研究者/公共艺术展览观众/在线社交平台用户	
研究与准备	背景调研	收集资料，了解历史背景和现状
	地点选择	列出可能的拍摄地点，实地考察
	人物接触	确定拍摄对象，建立联系，获取拍摄许可
拍摄计划	拍摄时间	制定具体的拍摄日程，考虑光线变化
	拍摄风格	确定风格，选择设备
	拍摄内容	制定清单，包括肖像、生活场景等

根据上述内容，完成一次拍摄计划，并填写表3-3-6。

表3-3-6　拍摄计划

主题		
目标受众		
研究与准备	背景调研	
	地点选择	
	人物接触	
拍摄计划	拍摄时间	
	拍摄风格	
	拍摄内容	

任务考核

一、填空题

1. 人文风光摄影强调人与自然的关系,主要关注_____与_____的交互作用。
2. 在进行人文风光摄影时,摄影师需要深入了解_____、_____及其影响。
3. 摄影师在拍摄文化节日时,应关注该节日的_____与_____。
4. 批判性思维要求摄影师反思自己在拍摄中的_____与_____。
5. 人文风光摄影强调对人类生活的真实记录,通常关注_____,以及人们在日常生活中的_____。

二、判断题

1. 人文风光摄影只关注自然景观,不涉及人类活动的影响。（　　）
2. 批判性思维能够帮助摄影师更深入地理解拍摄对象的文化背景。（　　）
3. 在拍摄人文风光时,摄影师不需要考虑个人的创作意图。（　　）
4. 反思与批判对于提升摄影作品的社交价值没有影响。（　　）
5. 摄影师在展示作品时,应该避免对文化现象的解释。（　　）

三、选择题

1. 人文风光摄影的核心在于捕捉哪种关系？（　　）
   A. 自然与科技　B. 人与自然　C. 城市与乡村　D. 个人与社会
2. 对于一个特定的文化现象,摄影师首先应该进行哪些准备？（　　）
   A. 技术学习　　　　　　B. 设备配置
   C. 媒介选择　　　　　　D. 历史与文化背景研究
3. 在人文风景摄影中,选择拍摄对象时应关注什么？（　　）
   A. 视觉吸引力　　　　　B. 拍摄难度
   C. 社会与文化的意义　　D. 光线条件

4. 拍摄某一文化群体时,摄影师应注意（　　　）。

　　A. 避免刻板印象与偏见　　　　B. 选择最具观赏性的角度

　　C. 拍摄尽量多的人物　　　　　D. 确保曝光正确

5. （　　　）是学习人文风光摄影的基础,摄影师要学会寻找人与环境之间的微妙关系。

　　A. 审美　　　　B. 观察　　　　C. 相机　　　　D. 构图

6. 通过（　　　）思维的培养,摄影师能够更好地诠释作品。

　　A. 艺术性　　　B. 习惯性　　　C. 兼容性　　　D. 批判性

四、简答题

请简要说明在进行人文风光摄影时,如何运用批判性思维提升作品的深度与内涵。

五、实践题

选择一个你熟悉的地方,进行一次人文风光摄影。请拍摄至少三张照片,展示你所关注的文化元素（如建筑、活动、人物等）。然后,撰写一段简短的说明,解释你选择这些拍摄对象的原因及其背后的文化意义。

任务考核答案3-3

产品摄影布光的基本要求与创意表现

任务四　产品摄影

任务分析

产品摄影在现代市场营销中扮演着至关重要的角色，它不仅仅是一种展示产品的手段，更是品牌传播和与消费者沟通的重要桥梁。通过专业的摄影技巧和富有创意的表现方式，产品摄影能够显著提升产品的视觉吸引力，从而吸引更多潜在客户的注意力。

高质量的产品摄影能够准确传达产品的特性和优势。消费者在作出购买决策时，往往依赖于视觉信息。清晰、细致的产品图片能够让顾客充分了解产品的外观、材质和功能，减少信息不足产生的疑虑。这种透明性不仅能够增强消费者的信任感，还能提升品牌的信誉度。

创意的拍摄风格和构图也能有效区分品牌在市场中的定位。通过独特的视觉语言，品牌可以传达其核心价值和个性，形成鲜明的市场识别度。例如，一些奢侈品牌可能会选择简约而优雅的拍摄风格，而时尚品牌则可能采用更加大胆和前卫的视觉表现。这种风格的一致性有助于建立品牌忠诚度，使消费者能够在众多选择中一眼认出该品牌。

社交平台上的用户往往更容易被高质量的视觉内容所吸引，好的产品图片能够迅速获得点赞和分享，从而在更广泛的受众中传播。

本部分的学习任务如表 3-4-1 所示。

表 3-4-1　学习任务表单

任务概述	（1）了解产品的特点、用途和目标受众，掌握产品在市场中的定位等知识； （2）了解商品光影特性，熟悉不同材质（如金属、玻璃、织物等）在光线下的表现； （3）掌握产品摄影特有的构图技巧，如"负空间"的运用，确保产品在画面中的焦点明确； （4）熟悉背景与道具的选用，强调产品特色而不是分散注意力，理解不同背景对产品呈现的影响； （5）掌握细节拍摄技巧，通过细致入微的拍摄提升产品的吸引力； （6）理解电商平台和社交媒体对产品图像的规格和要求，了解如何优化图像以适应不同的展示形式和目的。
学习目标	知识目标： （1）理解如何通过视觉元素（光线、色彩、构图等）有效传达产品的特性和品牌形象，突出产品的功能性和美感； （2）掌握不同材质（如金属、塑料、布料等）在光照条件下的反射与吸收特性； （3）优化背景与道具选择，避免干扰焦点； （4）理解产品细节捕捉技巧，以展现其独特的纹理、工艺和质量； （5）熟悉电商平台和社交媒体的图像规格与最佳实践。 技能目标： （1）学习如何使用各种光源（自然光、闪光灯、持续光源），以避免高光和阴影，确保产品细节清晰可见； （2）掌握使用不同材料和布料（如无缝背景纸、亚克力板）进行背景布置的技巧，学习如何利用背景的深度和纹理增强产品的视觉效果； （3）学习微距摄影中的对焦技术、景深控制和镜头选择，以捕捉产品的细节和纹理，提升照片的专业性； （4）学习针对产品特点选择最佳拍摄角度和构图的方法，确保产品在画面中突出且在视觉上吸引人； （5）学习如何进行图像压缩和格式转换，以确保加载速度快且不影响照片质量。 素质目标： （1）提升对市场趋势和消费者偏好的敏感度，理解不同产品在市场中的定位； （2）培养细致入微的观察力，能够发现并捕捉产品的独特之处，特别是在材质、色彩和设计上的微小差异； （3）激发创意思维，能够在产品摄影中运用独特的构图和布光方式创造出与众不同的视觉效果； （4）养成耐心与持续学习的态度，跟进行业新技术和趋势，以不断提升个人摄影水平。
学习内容	（1）产品特性分析 　　学习如何分析和理解不同产品的特性，包括材质、颜色、形状等，以便在拍摄中突出其独特之处。 （2）拍摄设备与器材选择 　　探讨适合产品摄影的设备和器材选择，包括镜头（微距、标准）、三脚架、反光板及灯光设备的使用技巧。 （3）照明技巧 　　学习产品摄影中特有的照明技术，如使用软光、硬光、背光和侧光等，掌握如何通过光影塑造产品的立体感和质感。 （4）背景与道具设计 　　探讨如何选择道具和布置背景，以增强产品的视觉效果，学习使用无缝背景、道具搭配及色彩协调等技巧。 （5）构图与拍摄角度 　　学习针对特定产品如何选择最佳构图和拍摄角度，掌握对称、黄金比例、负空间等原则的运用，确保产品在画面中显得突出。 （6）电商平台要求 　　了解不同电商平台和社交媒体对产品图像的具体要求，包括尺寸、格式、清晰度等，以确保图片在各个平台上表现良好。
学习重点	掌握灯光运用、构图技巧和背景选择，以有效突出产品的特性和吸引力。
学习难点	控制反射和阴影，确保拍摄过程中不影响产品的真实表现和视觉效果。

📝 **知识准备**

一、产品特性分析

在产品摄影中,深入理解和分析不同产品的特性至关重要。通过对材质、颜色和形状的细致研究,摄影师能够选择最佳的拍摄方法,从而突出产品的独特之处。

1. 材质

产品的材质不仅影响其外观,还影响其质感和消费者的使用体验。不同材质的反光特性、纹理和触感都需要在摄影中予以巧妙展示。

(1)金属

金属材质通常具有极高的反射性,能够在光线的照射下展现出迷人的光泽。在拍摄金属产品时,摄影师应注意选择合适的光源。柔和的散射光可以减少直射光带来的高光和阴影,使金属表面看起来更加均匀。利用反射增加层次感,可以通过不同的角度捕捉光与影的变化,展现金属的光滑和精致。此类产品的拍摄背景选择简约且具有现代感的材质,如玻璃或白色亚克力,能够有效衬托出金属的质感。

(2)塑料

塑料材质的多样性使得产品摄影充满挑战。其表面可能是光滑的,也可能是亚光的。光滑的塑料在强光下会产生明显的反射,摄影师可以利用这一点制造出动感的效果;亚光塑料则更适合使用柔和的光源,以突出其色彩和形状。在拍摄时,可以选择创意的背景,甚至利用彩色灯光增强塑料产品的活力感,以吸引年轻消费者的注意。

(3)木材

木材因其自然的纹理和色泽,常常能够传递出温暖和质朴的感觉。在拍摄木制产品时,自然光是最佳选择,可以增强木材的色彩效果,使其看起来更为生动。通过特写镜头捕捉木材的细腻纹理,可以展示出产品的工艺和独特性。此外,选择具有自然元素的背景,如植物或木质表面,可以进一步增强产品的自然魅力。

2. 颜色

颜色在产品摄影中扮演着重要角色,它不仅影响消费者的情感反应,同时也影响着产品的市场定位。

（1）亮色系

亮色系如红色和黄色，通常能引发强烈的视觉冲击，传达出活力与激情。拍摄时，摄影师可以选择简单、干净的背景，以避免干扰视线。同时，使用高对比度的照明可以增强亮色的饱和度，使产品更加引人注目。在构图上，可以通过动态的线条和角度，传达出产品的活力感，激发消费者的购买欲望。

（2）冷色系

冷色系如蓝色和绿色，通常给人以平和和专业的印象。在拍摄冷色系产品时，可以选择柔和的光线，避免强烈的阴影，增强其优雅感。使用简洁、现代的背景，能突出产品的设计感和质量，吸引追求高端和理性消费的顾客。尤其在科技产品的摄影中，冷色系能够传达出科技感和未来感。

（3）中性色

中性色如黑色、白色和灰色，常常被视为经典之选，具有永恒的魅力。在拍摄中性色产品时，可以利用强烈的对比度和高光，使产品在图像中更加突出。通过巧妙的构图和灯光运用，摄影师可以展现产品的细节和设计，赋予其现代感和时尚感。这种色调的产品在市场上往往更具通用性，能够吸引不同年龄和背景的消费者。

3. 形状

产品的形状不仅关乎其功能性，也直接影响产品的视觉呈现。不同的形状可以传达出不同的设计理念，适合不同的使用场景，影响消费者的心理感受。

（1）几何形状

规整的几何形状，如方形和圆形，通常给人以理性和简约的感觉。在摄影时利用对称构图可以强化其几何美感，同时通过不同的光线角度可以增加其立体感。选择干净的背景和简约的道具，可以更好地突出这些几何形状的形状特征，使产品在视觉上保持平衡与和谐。例如，在拍摄方形物品时，可以通过对角线构图来引导观众的视线，从而增强画面的动感和层次感。

（2）有机形状

与几何形状相比，有机形状往往更具流动感和自然感。在拍摄这类产品时，摄影师可以选择柔和的光线，以增强形状的曲线美。通过阴影和高光的对比，可以突出其独特的轮廓和细节。在背景选择上，使用自然元素或柔和的颜色可以增强产品的亲和力，吸引那些追求舒适和自然生活方式的消费者。

（3）复杂形状

对于具有复杂形状的产品，摄影师需要运用创意构图和多角度拍摄，充分展示其细节与特色。特写镜头可以帮助捕捉产品的细微之处，而宽广的景别则能够展示产品在实际使用场景中的视觉效果。这种方法不仅能充分展示产品的设计深度，还可以帮助潜在客户更好地理解其功能和用途。

在产品摄影中，充分理解并运用材质、颜色和形状的特性，对于创造出吸引人的产品图像至关重要。摄影师不仅需要具备技术技能，还需要具备敏锐的观察力和创造力，以便在每一次拍摄中都能展现产品的独特魅力。

二、拍摄设备与器材选择

在产品摄影中，选择合适的设备和器材至关重要，不仅能极大提升拍摄效果，还能充分展现产品的细节和魅力。以下将对镜头、三脚架、反光板和灯光设备进行深入探讨，并举例说明它们在实际拍摄中的应用。

1. 镜头

（1）微距镜头

微距镜头是产品摄影中的重要工具，特别适合拍摄细节丰富的小物品，如珠宝、化妆品和电子产品。微距镜头通常具有较高的放大倍率，可以捕捉到物体的细微纹理和光泽。选择时，建议使用焦距100mm左右的微距镜头，这样可以在保持良好细节的同时适当拉远拍摄距离，避免对产品造成干扰。

微距镜头是捕捉细节的最佳选择。拍摄珠宝时使用100mm微距镜头，可以清晰拍摄到戒指上的细微刻纹和宝石的光泽。在拍摄时，将镜头对准珠宝，利用大光圈（如 f/2.8）创造浅景深，使背景虚化，从而突出珠宝本身的细节。拍摄化妆品瓶子时，微距镜头可以捕捉瓶身的标签细节和光泽，增加产品的吸引力。在拍摄时，选择自然光充足的环境，避免强烈的直射光，以避免反光。

（2）标准镜头

标准镜头（如50mm或85mm）在产品摄影中也十分常用。这类镜头的视角与人眼相似，能够自然呈现产品的比例和形状，非常适合拍摄服装、食品等商品。标准镜头通常光圈较大，可以在低光环境下拍摄，并创造出柔和的背景虚化效果，使产品更加突出。

标准镜头适合拍摄大多数产品，能够呈现自然的比例和形状。在拍摄一盘精美的菜肴时，使用 50mm 标准镜头，可以保证菜肴的颜色和纹理得到真实再现。将镜头稍微抬高，俯视拍摄，则可以更好地展示食物的层次感。在拍摄服装时，使用 85mm 镜头可以更好地突出服装的剪裁和细节，尤其是在模特身上展示时，能够提供更好的背景虚化效果，让产品更加突出。

2. 三脚架

稳定性是产品摄影的关键，尤其在拍摄需长时间曝光的产品或微距照片时。使用三脚架可以有效避免相机抖动，确保图像清晰。使用三脚架时，建议选择可调节高度且稳定性强的型号。此外，可以考虑使用带有云台的三脚架，以在拍摄时能更方便地调整角度和构图。

在拍摄需要长时间曝光的产品时，如夜间拍摄灯光效果的产品，三脚架能有效避免相机抖动。将相机固定在三脚架上，设定慢速快门，能够捕捉到产品在灯光下的动态效果。在拍摄细小物品时，如电子配件等，使用三脚架可以保持相机稳定，确保细节清晰。将相机设置为定时拍摄，可以避免按下快门时导致的震动，从而获得清晰的图像。

3. 反光板

反光板在产品摄影中被用来调整光线，填补阴影，增强产品的立体感。白色反光板能够柔和、均匀地反射光线，适合拍摄大多数产品，尤其是需要自然光感的商品。银色反光板适合需要更强光泽的产品，如金属或玻璃制品，能够增强高光部分的亮度。金色反光板可以为产品带来温暖的色调，适合拍摄食品和配饰，可以提升画面的吸引力。

在拍摄金属制品（如手表或金属器皿）时，可以使用银色反光板增强高光部分的亮度，使金属表面更加闪耀。将反光板置于产品的侧面，反射周围的光线，可以营造出立体感。在拍摄食品时，使用白色反光板可以填补阴影，确保食物的颜色鲜艳且自然。将反光板放置在光源的对面，能够有效减少阴影，提升画面的整体亮度。

4. 灯光设备

良好的灯光是产品摄影的核心。不同的灯光设备各有特点。

LED 灯具有色温可调、亮度可控的特点，可以满足各种产品摄影需求。选择具有柔和光效的软箱或柔光罩，可以减少阴影，提供均匀的光线。拍摄化妆品时，使用 LED 软箱可以提供柔和的光线，避免硬阴影，突出产品的质感。调节色温，选择接近自然光的设置，可以使颜色更真实。

闪光灯在拍摄高反差产品时效果显著。使用闪光灯时，可以结合反光板和柔光箱，创造出更具层次感的光影效果。注意闪光灯的输出强度和频率，以避免过度曝光。拍摄玻璃制品如玻璃杯或瓶子时，使用闪光灯可以增强高光部分的亮度，增强产品的透明感。结合反光板，能够有效控制光线，创造出美丽的光影效果。

三、产品摄影照明技巧

1. 照明类型

在产品摄影中，照明技术是至关重要的一环。恰当的光源不仅能增强产品的视觉吸引力，还能通过光影的变化有效塑造产品的立体感和质感。

（1）软光

软光通常由大面积的光源（如柔光箱或散射罩）产生，光线柔和，阴影边缘模糊，适合拍摄需要展现细腻质感的产品。在拍摄瓶装护肤品或化妆品时，使用软光可以减少反射和阴影，使产品表面看起来光滑且有光泽。例如，利用柔光罩照射化妆品瓶，能够完美展现其透明质感，同时避免产生刺眼的高光反射，增强产品的吸引力。

（2）硬光

硬光由集中、直接的光源（如聚光灯或闪光灯）产生，光线强烈，阴影清晰，适合强调产品的结构和细节。

在拍摄珠宝时，使用硬光可以突出宝石的切割面和反射效果。将聚光灯直接照射在戒指上，会产生鲜明的阴影和高光，增强其立体感。例如，用硬光直接照射钻石，可以让其闪耀的光芒更加明显。

（3）背光

背光是指光源位于被摄物体后方，光线从后面照射过来，能够形成轮廓和剪影效果，增加神秘感。在拍摄饮料或果汁时，使用背光可以突出液体的色彩和透明度。将光源放置在饮料后方，可以照亮液体，使其颜色更加鲜艳，同时形成美丽的光晕效果，增强视觉吸引力。这样的效果常用于广告宣传图片，以营造清新、诱人的氛围。

（4）侧光

侧光即光源位于被摄物体的一侧，能够突出物体的纹理和形状，增加立体感和深度。在拍摄木质家具时，使用侧光能够有效展示木纹和细节。将光源放置在家具的一侧,让光线从侧面洒下,可以增强纹理的表现力,使家具看起来更加高档和有质感。

2. 光影的应用

在产品摄影中,恰当的光影处理不仅能够增强观众的视觉体验,还能有效传达产品的特性和价值。

(1)利用阴影

阴影在产品摄影中扮演着重要角色。通过控制光源的位置和强度,可以创造出深浅不一的阴影,从而增强产品的深度。柔和的阴影通常适合展现细腻的质感。例如,在拍摄陶瓷或皮革产品时,柔和的阴影能够突出其表面的细腻纹理,令产品看起来更为高档和精致。相反,清晰的阴影则强调产品的结构与造型。例如,在拍摄家具或工业设计产品时,适当的硬光可以形成鲜明的阴影,强化产品的轮廓,使其看起来更加立体和坚固。通过这种方式,摄影师能够引导观众的视线,突出产品的某些特征,丰富视觉的层次感。

(2)高光与反光

高光是产品摄影中另一个关键元素,通过在适当位置添加高光,可以有效突出产品的亮点。在拍摄金属或玻璃制品时,适当的高光能够展现其光泽感,提升其视觉吸引力。例如,拍摄一款金属水壶时,将光源放置在合适的角度,可以在水壶的表面产生闪亮的高光,展现其光滑的外观和精致的细节。此外,反光也是塑造质感的重要手段。通过合理安排光源的位置,可以使光线在产品表面产生微妙的反射效果,进一步增强产品质感。例如,在拍摄一件珠宝时,结合利用高光和反光,可以让宝石在光线的照射下闪烁出迷人的光彩,吸引消费者的目光。

(3)分层照明

分层照明是一种结合不同类型的光源(如主光、辅助光和背景光)创建丰富光影效果的技巧。这种方法可以有效提升产品的立体感,使其在照片中更加突出。主光是主要的照明光源,负责照亮产品的主要部分,确保其细节清晰可见。辅助光则被用于填充主光产生的阴影,避免过于强烈的对比,使整体效果更加柔和。通过在产品后方或侧后方添加背景光,可以增强照片的层次感和深度,使产品在背景中更加突出。例如,在拍摄透明的饮料瓶时,背景光可以透过瓶身产生光晕效果,增加视觉冲击力,同时凸显瓶内液体的颜色和质感。

四、产品摄影背景与道具设计

在产品摄影中,一个合适的背景和巧妙的道具搭配不仅能够提升产品的视觉效果,还能增强其吸引力和市场竞争力。

1. 使用无缝背景

无缝背景是产品摄影中常见的选择,它能够提供干净、简洁的视觉效果,避免分散观众的注意力。背景颜色应与产品形成对比或协调的效果。例如,对于深色产品如黑色或深蓝色,搭配浅色背景如白色或浅灰色,可以凸显产品的细节;对于明亮的产品,搭配深色背景则可以增强其视觉冲击力。

无缝纸、布料或塑料都是常用的背景材质,选择时要考虑材质的质感,光滑的背景可以表现高级感,而有纹理的背景则能增加层次感。不同材质的背景对光线的反射能力不同。例如,光面背景会产生反光效果,适合拍摄金属或玻璃制品;亚光背景则能吸收光线,更适合拍摄质感丰富的织物等。

2. 道具搭配

道具的使用可以为产品摄影增添趣味与层次感,选择合适的道具时需要考虑以下几点。

道具应与产品的主题和用途相关联。例如,拍摄厨房用品时,使用烹饪用具、水果或食材作为道具,可以帮助观众更好地理解产品的功能。道具的形状和大小应与产品相协调,以免造成视觉上的冲突。例如,小巧的产品搭配精致的道具,而大型产品则可使用更为稳重的道具,确保整体画面和谐。道具的数量不宜过多,以免分散观众的注意力。通常选择1~3件与产品相关的道具即可,确保它们起到烘托和衬托的作用,而不是抢占产品的风头。

3. 色彩协调

色彩在产品摄影中起着极其重要的作用。合理的色彩搭配可以增强产品的视觉效果,使观众更加容易接受,以下是一些色彩协调的技巧。

色轮(Colour Wheel,也称"色环")是帮助选择协调色彩的实用工具。互补色(色轮上相对的颜色)可以产生强烈的对比效果,而类似色(色轮上相邻的颜色)则能营造和谐的视觉体验。在一幅图像中,色彩的数量应保持在3~5种。过多的颜色容易导致视觉混乱,适度的色彩搭配则能让产品更加突出。

不同颜色会引发不同的情感联想。例如,蓝色给人以冷静、稳定的感觉,适合科技类产品；红色则传递出热情和活力，适合时尚和运动类产品。选择与产品品牌形象相符合的色彩有助于传达正确的信息。

4.背景与道具的布置

确保产品与背景之间有足够的空间，使产品显得更加突出，这可以通过调整背景的高度或使用不同的层次感来实现。道具应围绕产品进行布置，既要突出产品，又要避免遮挡产品的关键细节。可以将道具摆放成一个"框架"，将观众的视线集中在产品上。

在布置时，可以使用一些动态元素（如流动的水、飘动的布料）搭配静态的产品，增加画面的活力与趣味性。

五、产品摄影构图与拍摄角度

在产品摄影中，通过合理的构图技巧，可以使产品在画面中更加突出，吸引观众的注意力。以下是针对特定产品选择最佳构图和拍摄角度的指导，运用对称、黄金比例、负空间等原则，以确保产品达到最佳视觉效果。

1.对称构图

对称构图是指在画面中形成左右或上下对称的布局，能够营造出平衡和和谐的视觉效果，适用于一些具有规则形状或设计的产品，如沙发、桌子等，能够突出其设计感和优雅线条。可以将产品置于画面的中心，周围添加一些对称的道具，如靠垫、花瓶等。服装或配饰，通过对称拍摄，可以强调产品的对称设计和细节。例如，拍摄一件上衣时，可以选择正面中央角度，确保左右对称。

2.黄金比例

黄金比例是经典的构图原则，常用于艺术创作和摄影中，是指将画面分割成 1∶1.618 的比例，使视觉效果更加和谐。

珠宝和手表通常小巧精致，拍摄时可将其放置在画面的黄金分割线上，以增强视觉吸引力，并通过特写镜头拍摄，确保细节清晰可见。在拍摄美食时，可将主菜放在黄金分割点上，以引导观众的视线，周围可以布置一些配菜或调料，形成层次感。

在拍摄时，可以通过在取景器中想象出黄金分割线进行合理构图，使用数码相机的网格功能可以更好地把握构图。

3. 负空间

负空间是指画面中与主体产品无关的空白区域，它可以突出产品，并使画面更加简洁与优雅，适用于各种类型的产品，特别是强调简约设计时。如手机、电子设备，使用负空间可以使产品更加突出，给人以现代感。可以选择简单的背景，如白色或浅灰色，使产品成为焦点。在拍摄艺术品时，留出大量负空间，可以强调作品的细节和质感。例如，拍摄一幅画作时，让画作靠近画面的一侧，留出另一侧的空白区域。

在布置场景时，应考虑如何利用空白区域增强产品的存在感，通过调整产品的位置可以创造出意想不到的构图效果。

4. 拍摄角度的选择

拍摄角度同样影响产品的表现，合适的角度能够展示产品的最佳特性。

俯视角度（鸟瞰视角），一是适用于拍摄食品、桌面产品等，可以展示摆放的整体布局和美感。如拍摄早餐时，从上方俯视，可以表现出食材的丰富和色彩。二是适用于拍摄高大的产品或强调产品的气势，如汽车、家具等。低角度拍摄能够增强产品的威严感和存在感，适于展示产品的主要特征，尤其是有品牌标识或设计细节的产品。正面拍摄能使产品更具吸引力，适用于广告宣传。

在拍摄时，可以通过多次尝试不同的角度，找到最佳的视角，确保拍摄效果。

5. 三分法则

三分法则是摄影中常用的构图技巧，是将画面划分为九个相等的部分，重要元素放置在这些分割线或交点上，可以增强画面的平衡和美感，适用于各种产品的拍摄，如服装和时尚配饰。在拍摄模特穿着的服装时，将模特的眼睛放在上 1/3 的位置，身体沿着垂直的分割线排列，可以使整体构图更具吸引力。拍摄智能手机、平板电脑等时，将其放置在交点上，能够突出产品的设计细节，同时将产品稍微倾斜，以便更好地展现其轮廓和功能。

大多数相机和手机都有网格线功能，拍摄时打开这个功能，可以更好地应用三分法则。

6. 引导线

引导线是指图像中的自然线条（如道路、建筑边缘、光影等），可以引导观众的视线朝向产品，适用于需要营造深度和空间感的场景。例如，登山鞋、露营装备等拍摄时，可以使用自然景观中的引导线（如小径、溪流）引导观众的视线，增强产品的实用性。在室内场景中，可以利用地板的纹路或墙面的线条引导观众的视线，让他们的注意力集中在产品上。

在构图时，寻找场景中的自然线条，调整拍摄角度以确保这些线条能够引导视线。

7. 层次感

创造层次感可以使画面更加丰富，增强视觉吸引力。通过在前景、中景和背景中引入不同的元素，可以提升画面的深度。在拍摄食品或商品时，可以在前景中放置一些装饰物，如餐具、花卉等，形成多层次的视觉效果。在拍摄时尚产品时，可以在背景中加入模特的动态姿势，让产品与模特形成层次感，增加画面的故事性。

在拍摄时，可以尝试不同的焦距和景深设置，以突出前景和背景的层次关系。

案例分析与实践

一、产品摄影作品分析

产品摄影作品分析时需要从多个维度进行考量,包括构图、光线运用、色彩搭配、背景选择及情感传达等(见表3-4-2)。

表3-4-2 产品摄影作品分析要点

序号	分析要点	内容描述
1	构图技巧	采用对称布局,产品置于中心位置,增强视觉冲击力和吸引力
2	光线运用	使用柔和的自然光,细腻勾勒产品质感,避免强烈阴影,营造真实生动的效果
3	色彩搭配	背景与产品色彩相辅相成,突出产品,保持整体画面的雅致感
4	背景选择	选择简约的环境,避免杂乱干扰,使产品成为焦点,吸引观众的注意力
5	情感传达	传达实用性与生活化的温度,引发观众共鸣,增强消费者的购买欲望
6	细节表现	关注产品细节,如材质、纹理等,提升作品的专业性与吸引力
7	主题明确	明确产品主题,使观众一目了然,增强品牌认知度
8	创意表现	通过独特的拍摄角度或道具,展示产品的独特性,吸引观众的兴趣

根据表3-4-2产品摄影作品分析要点,自选2~3组产品摄影作品进行分析并完成表3-4-3。

表3-4-3 产品摄影作品案例分析

序号	分析要点	案例内容
1	构图技巧	
2	光线运用	
3	色彩搭配	

续表

序号	分析要点	案例内容
4	背景选择	
5	情感传达	
6	细节表现	
7	主题明确	
8	创意表现	

二、产品摄影拍摄任务

根据表 3-4-4 中提供的拍摄要求，完成任务拍摄，并分享心得体会。

表 3-4-4 拍摄任务要求

序号	任务	要求
1	产品准备	确保产品干净、无瑕疵，适合拍摄，必要时进行打光和整理
2	背景选择	使用简约、与产品相辅相成的背景，避免杂乱，确保产品突出
3	光线设置	使用自然光或柔和的人造光，尽量避免阴影和反光，确保光线均匀
4	构图技巧	采用不同角度进行拍摄，包括俯视、侧面和正面，确保构图平衡，突出产品特点
5	细节捕捉	特别关注产品的细节，使用微距摄影展示纹理、材质等
6	色彩搭配	确保产品色彩鲜明，背景与产品颜色协调，提高产品视觉吸引力
7	道具使用	根据需要使用适当的道具，增强产品展示效果，但不要干扰产品本身
8	后期处理	经过适当的后期处理，调整亮度、对比度和色彩，确保照片真实

续表

序号	任务	要求
9	拍摄数量	每个产品至少拍摄 5~10 张照片,以选择最佳效果的图片用于推广
10	文件格式	输出高分辨率的图片,确保格式为 JPEG 或 PNG,以便于网络分享和打印使用

三、产品摄影拍摄计划制订

拍摄计划制订首先要确认拍摄主题、目标等信息(见表 3-4-5)。

表 3-4-5 拍摄计划的内容要素

序号	准备工作	详细说明
1	明确拍摄目标	确定拍摄目的(如宣传、广告、网店展示等)
2	产品清单	列出所有需要拍摄的产品,并确认数量和规格
3	道具准备	收集所需的道具、背景和布景材料,确保其与产品风格一致
4	摄影设备	检查相机、镜头、三脚架、灯光设备等,确保设备能够正常工作
5	光线设计	确定光源类型(自然光或人造光),并计划光线布置
6	拍摄场地	选择并布置拍摄地点,确认场地的可用性和适宜性
7	拍摄风格	确定拍摄风格(如简约、生活方式、极简等),并准备参考样图
8	摄影师与团队	确认参与拍摄的人员,如摄影师、助理、模特等,并明确分工
9	时间安排	制定详细的拍摄日程,安排每个环节的时间
10	样片参考	收集并分析参考样片,以明确拍摄期望的效果

根据上述内容,完成一次拍摄计划,并填写表 3-4-6。

表 3-4-6 拍摄计划

序号	准备工作	具体安排
1	明确拍摄目标	
2	产品清单	

续表

序号	准备工作	具体安排
3	道具准备	
4	摄影设备	
5	光线设计	
6	拍摄场地	
7	拍摄风格	
8	摄影师与团队	
9	时间安排	
10	样片参考	

任务考核

一、填空题

1. 在产品摄影中,使用 _____ 作为背景可以突出产品的颜色和细节。

2. 为了避免反光,摄影师通常会使用 _____ 灯光来照亮产品。

3. 产品摄影中常用的镜头是 _____ 镜头,因为它能提供清晰的细节和适当的景深。

4. 使用 _____ 可以在拍摄时保持相机稳定,避免模糊。

5. 产品摄影中的颜色搭配应该与品牌的 _____ 一致,以增强品牌识别度。

6. 在拍摄过程中,可以使用 _____ 反光板填补阴影区域。

7. 产品摄影的主要目的是 _____ 消费者的购买欲望。

8. _____ 是指画面中与主体产品无关的空白区域,可以突出产品,并使画面更加简洁优雅。

9. _____ 视角适合拍摄桌面产品,可以展示摆放的整体布局和美感。

10. 对称构图能够营造出平衡和谐的视觉效果,适用于拍摄一些具有 _____ 形状的产品。

二、选择题

1. 在产品摄影中,哪种光源最常用?(　　)
   A. 自然光　　B. 荧光灯　　C. LED 灯　　D. 白炽灯

2. 在产品摄影中,最佳的拍摄角度通常是(　　)。
   A. 正面　　B. 侧面　　C. 俯视　　D. 45°角

3. 哪种配件对于增强产品的光线效果非常重要?(　　)
   A. 三脚架　　B. 反光板　　C. 备用电池　　D. 记忆卡

4. 拍摄珠宝时,使用(　　)镜头,可以清晰拍摄到珠宝上的细微刻纹及光泽。
   A. 微距　　B. 长焦　　C. 标准　　D. 广角

5. 色轮是帮助选择协调色彩的重要工具,色轮上相邻的颜色属于( ),能营造和谐的视觉体验。

A. 互补色　　　B. 分裂互补色　　C. 三角色　　　D. 类似色

三、判断题

1. 产品摄影不需要考虑光线的方向和强度。　　　　　　　　　(   )
2. 所有产品都应该使用相同的背景颜色拍摄,以保持一致性。　(   )
3. 使用三脚架可以提高拍摄的稳定性和清晰度。　　　　　　　(   )
4. 在拍摄食品产品时,应该特别注意食物的新鲜度。　　　　　(   )
5. 产品摄影中的后期处理可以完全替代实拍的质量。　　　　　(   )

四、简答题

请简要描述在产品摄影中如何选择合适的光源,并说明其对最终图像质量的影响。

五、实践题

选择一个产品(如电子产品、服装或食品),进行一次完整的产品摄影。请记录以下内容:

- 拍摄前的准备工作(背景选择、光源设置、道具准备等);
- 拍摄过程中的注意事项(光线调整、角度选择、焦点设置等);
- 后期处理的步骤(软件使用、修图技巧等)。

请提交一张最终的产品图像,并附上拍摄过程记录。

任务考核答案3-4

模块四

视频拍摄与制作

任务一　旅行短视频拍摄与制作　/202
任务二　产品短视频拍摄与制作　/226
任务三　美食短视频拍摄与制作　/245
任务四　酒店短视频拍摄与制作　/264

视频微课 4-1
摄像机的运动及操作要点

任务一　旅行短视频拍摄与制作

任务分析

　　旅行短视频的拍摄是把旅游目的地的元素通过影像艺术展现手法表现的一种表达、分享和宣传的方式,是主题元素与影视艺术相结合的一种艺术化创作。通过短视频的展现,可以提高旅游目的地的知名度和曝光率。对于旅游目的地的经营者来说,旅游短视频可以挖掘特色、彰显特性,增强地域的识别度,吸引投资和提升旅游形象。对于自媒体的经营者来说,好的视频作品有利于提升粉丝数量和用户黏性,提高商业转化及运作的效率。

　　本部分的学习任务如表 4-1-1 所示。

表 4-1-1　学习任务表单

任务概述	（1）熟练掌握拍摄工具的功能； （2）通过构思展现旅行目的地的特征； （3）具备现场调度及掌控的能力； （4）根据构思完成旅行短视频的后期制作。
学习目标	知识目标： （1）了解旅行拍摄的主题表现形式； （2）识记人物旅行拍摄中的景别类型特征； （3）列举构图原则及其表现力； （4）描述摄像机运动的方式及其技巧。 技能目标： （1）掌握旅行拍摄的一般形式； （2）学会使用拍摄工具的设置功能，体现旅行拍摄的风格特征； （3）根据拍摄主题完成分镜头脚本写作； （4）运用剪辑的一般规律，完成旅行短视频的后期制作。 素质目标： （1）案例分析与总结的能力； （2）通过小组合作形成良好的小组沟通、协作的习惯； （3）通过旅游目的地的展示，提升民族自豪感和家国意识； （4）推进职业认同与岗位认同的发展。
学习内容	（1）旅行短视频的拍摄要能够体现旅游目的地的特征，凝练出景点的独特性，既可以是具有地方特色的人文景观、民俗文化、衣食住行，也可以是旅游目的地的地理景观、旅途见闻； （2）根据场景的特征选择合适的景别表现画面主体，综合运用景别、构图原则、摄像机位、拍摄技巧等知识，完成视频短片的现场调度； （3）能够使用大模型进行文案写作探索，提升语言词汇的丰富性，能合作完成拍摄分镜头脚本写作和视频字幕文案的写作； （4）根据短视频拍摄的内容，完成主题视频的剪辑和制作。
学习重点	本次任务的重点是旅行短视频拍摄的基础知识及其应用。
学习难点	摄像机的稳定及对拍摄规律的掌握是本次任务的难点。

知识准备

一、旅行短视频营销

1. 短视频营销的概念

短视频营销是将品牌或产品融入视频内容中，以剧情和段子呈现，类似广告但更隐晦，潜移默化地推荐产品给用户，引发用户共鸣，促使用户购买和主动分享，达到裂变引流的目的。短视频制作门槛低、成本低廉，吸引大量用户涌入。旅游目的地营销已进入由短视频主导的时代，短视频平台成为重要营销阵地。

2. 旅行短视频营销的分类

从表现形式看，常见的旅行短视频大致可以分为旅行Vlog、旅行攻略短视频和纪录片式短视频。

旅行Vlog是以"第一视角"为核心的沉浸式旅行记录，通过真实镜头串联起旅途中的琐碎细节与高光时刻。创作者常以"故事化叙事"展现行程规划、交通住宿、突发状况及情绪变化，弱化脚本感，放大自然互动，如与当地人的对话、意外发现的街角小店等，增强观众代入感。旅行Vlog能将个人体验升华为情感共鸣，满足观众对"远方"的想象与陪伴需求。

攻略教程类旅行短视频以"提供信息"为核心，聚焦目的地全流程解决方案。此类短视频内容常采用"模块化设计"，例如行程规划演示、预算拆解、避坑指南等。为提升可信度，多用数据可视化及权威信源。

纪录片式旅行短视频以严谨的非虚构叙事为核心，深度解构目的地。创作者常采用田野调查式拍摄，例如跟拍茶马古道马帮后裔的日常，或记录目的地居民的生活日常。此类短视频在内容设计上，将旅行线路转化为议题探索，通过"现象—溯源—反思"叙事结构平衡短视频的知识性与观赏性。

3. 旅行短视频营销的模式

线上旅游营销应结合当地历史文化等特色，打造具有地方特色的印象符号。通过深入挖掘当地独特的历史、传统和文化元素，可以为线上旅游提供更加丰富多样的内容。比如，在推广某个景区时，可以介绍该地区悠久的历史背景、传统手工艺品、民俗活动等，让用户在网上就能感受到这些独特魅力。

此外，举办旅游文化节也是一种有效的方式。通过组织各类主题活动和展览，将当地的历史文化与旅游体验相结合，吸引更多人参与其中。例如，在某个城市举办以美食为主题的旅游文化节，不仅可以让游客品尝到正宗本土美食，还能了解其背后蕴含着的故事和传承。

同时，在网络时代中，"网红打卡地"已经成为很多年轻人追逐潮流和分享生活方式的重要标志之一。因此，在线上旅游营销中打造具有网红效应的景点也是一个不错的选择。通过精心设计场景布置、提供拍摄指南等方式吸引年轻人前来打卡，并借助社交媒体平台进行推广宣传。

对于景区而言，在注册短视频平台官方账号后，除发布风景视频外，还可加强粉丝互动、建立粉丝社群。利用直播功能向粉丝展示实时美景，并回答他们关于该景区的相关问题；开设话题讨论或者投票互动环节提高用户参与度；定期组织线下见面会或者抽奖活动拉近与粉丝间的距离等都是有效方法。

至于城市旅游，则需要结合环境文化符号和人文符号进行媒体赋能，让受众不出门便能了解目标城市所拥有优秀资源及其魅力所在。通过制作专业形象片或微电影，展现城市自然风光及建筑物氛围；运用虚拟现实技术创造沉浸式体验，让用户仿佛身处其中；以上方法都能够帮助城市旅游达到预期效果，并使更多人对目标城市产生兴趣并愿意去探索。

二、摄像工具

1. 拍摄工具的相关参数设定

（1）白平衡

白平衡调节是摄影过程中控制画面色调的主要方法。正确还原场景色彩需要用到白纸。白纸有不同的色度，有微绿的复写纸，也有黄白色的报纸，不同的色度对画面的颜色有不同的影响，其规律是白纸的颜色与拍摄画面的色调成互补色关系。

白纸的颜色确定后，不应在同一场景中随意更换，更不能随意调整一个白色物体，否则画面色彩不均匀。除了对白纸的选择，白纸的方向也很重要，比如白色的场景，应该与太阳成 90° 的角度放置，让白纸有一些天光，如果白纸对着太阳是白色的，画面的阴影部分就会呈现蓝色。环境色彩对白色的影响较大，如拍摄室内，室内铺有红地毯，应考虑到地毯对画面色彩的影响，有意让白纸沾上红地毯的一些反射光,这样画面就不会偏蓝。

如果要使画面偏色,可以选用浅色的白纸,用淡黄色的白纸可以使画面有蓝色的色调,这是拍摄夜景经常使用的方法。相反,选择蓝色的纸张来平衡白色,可以获得暖色调。但是,需要强调的是,不可以使用非常饱和的彩色纸张或物体来调整白色,这样会损坏机器的白色电路。它一般用来调整白色专用色卡,即白平衡色谱法。用白平衡控制屏幕的颜色,要时刻注意白纸的色度(白度)和照在白纸上的光的色度(色温指数)。

黑白平衡的调整可以分为三个步骤:首先,选择适合的滤镜进行初步调整;其次,检查光圈是否处于自动模式,并根据情况选择 A 或 B 选项设置白平衡按钮;最后,在一张白纸或其他白色物体上移动白色开关,等待视频显示"OK!"以完成白平衡。再调整黑平衡。如果不进行黑平衡的调整,画面可能会变暗且对比度减弱。调整黑白平衡是控制画面色彩效果的重要方法之一,既是技术手段,也是创作工具。采用不同的调节方法可以获得多样化的色彩效果。

(2)照明度

照明度(Lux)是一种用于测量摄像机感光度的方法,也就是说,在极低亮度条件下,摄像机能够捕捉到可用的图像。较小的照明度数值表示对拍摄环境照明要求较低,可以在相对暗淡的光线条件下获得清晰的图像,并具有更强大的适应性。

1967 年法国第 13 届国际计量大会规定了以勒克斯(Lux)作为光照度单位,这对于统一工程技术中使用的光学度量单位非常重要。勒克斯是一个米制单位,用来测量投射在物体上的光线数量,在英国被称为尺烛光(lumen),而在欧洲其他国家则称为 Lux。简单来说,如果不考虑光源特性和环境因素,1 Lux 约等于 1 支蜡烛从 1 米外投射到每平方米物体表面上的光线数量,10 Lux 则约等于 10 支蜡烛从 1 米外投射到每平方米物体表面上的光线数量。

在较暗的环境下能够拍摄清晰图像的 1 Lux 摄像机在距离物体约 3 米远处能拍摄出正常亮度影像,并且现今市场上许多低光摄像机都能实现这个要求,然而所得到的图像质量并不理想,画面中存在着雪花般噪点,并且清晰度和色彩还原效果都很差劲。最低照明度越小,则对拍摄环境所需亮度越低,并且可以在相对昏暗灯光条件下获得干净优质图像,其适应性也更强大。最低照明度指通过最大镜头孔径、最高增益和双像素读取等数字处理技术共同作用下所能达到的最低水平。虽然电子手段提高了感知灵敏性，但却导致清晰度下降，因此最低照明多为理论计算值。摄像机镜头聚焦能力主要影响画面效果。浅色的、反射性的物体表面比暗色的物体表面在弱光下拍摄出的效果要好。一般来说，感光器件尺寸越大的数码摄像机，越能在低照明度的环境下拍摄出优秀的画质。另外，3CCD 也能在低照明度的环境下有好的表现。

（3）光圈

摄像机的光圈设置对拍摄效果有着重要的影响。光圈是控制摄像机镜头进光量的机械部件，它决定了镜头接收到的光线的数量。在摄影和摄像中，光圈通常由一个数值表示，称为光圈值或者 F 值。常见的光圈值有 f/1.（4）、f/2.8、f/（4）、f/5.6 等。

在录像时，选择光圈值的依据主要包括以下几点：

一是环境光线情况：光线足够充足时，可以选择较小的光圈值以获得更大的景深，保证整个画面清晰可见；而在光线较暗的情况下，则需要选择较大的光圈值以增加进光量，确保画面亮度合适。二是拍摄主体和背景的关系：如果需要突出主体并模糊背景，可以选择较大的光圈值来实现浅景深效果。如果需要保持整个场景清晰可见，就需要选择较小的光圈值。三是所需的拍摄效果：不同的光圈值会产生不同的景深效果和背景虚化程度，根据拍摄主题和目的选择合适的光圈值可以帮助达到所需的艺术效果或者技术效果。

假设摄影师在录制一部室内访谈视频。场景中有两名主持人坐在一个桌子后面，背景是一个书架和一些装饰品。光线充足，摄影师希望主持人和背景都保持清晰可见。在这种情况下，摄影师会选择较小的光圈值，比如 f/8 或者更大，以确保整个场景都保持清晰。这样可以避免背景虚化，让观众能够更清晰地看到场景的细节，同时主持人也能保持清晰。如果摄影师想要突出某一个主持人，让观众更加关注他，可以选择较大的光圈值，比如 f/2.8 或者更小，以实现背景虚化效果。这样可以使得主持人清晰而背景模糊，从而让主持人成为画面中的焦点。因此，在录像时需要根据具体的场景和拍摄需求，合理选择光圈值，以获得最佳的拍摄效果。

（4）色温

在摄像机录像时，色温可以影响录像的整体色彩效果和氛围。色温是描述光源颜色偏暖或偏冷程度的指标，通常以开尔文（Kelvin/K）为单位进行表示。较低的色温值对应着偏暖的色调，而较高的色温值则对应着偏冷的色调。

下面是一些常见的色温选择及其对应的效果，以及适合的拍摄场景。低色温（2500~4000K）可产生温暖的黄色调，营造温馨、浪漫的氛围。适合拍摄日落、黄昏时分、室内暖色调灯光下的情景。例如，拍摄家庭聚会、烛光晚餐、室内夜景等。中等色温（4000~5500K）会产生较为中性的色调，接近白色光，视觉上比较舒适和自然。适合拍摄室内日光下、阴天或者白炽灯照明的场景。例如，拍摄室内活动、室外阴天天空、室内办公室等。高色温（5500~8000K）则产生冷色调，偏蓝或青色，感觉比较清冷、凉爽。适合拍摄户外白天、阴影下、阴天、阴暗天气或者电子屏幕照明的场景。例如，拍摄户外风景、街头、电脑屏幕等。

在实际拍摄中，可以根据拍摄环境的光线情况和所需的效果选择合适的色温设置，或者使用自动白平衡功能让摄像机自动调整色温，以确保录像的色彩真实、自然。

（5）景深

在摄像机录像中，调整景深是通过改变光圈值来实现的。景深是指摄像机镜头前后能够保持清晰的距离范围，它受到光圈大小、焦距和摄像机传感器大小等因素的影响。

使用较大光圈值，如 f/2.8 或更小，可以产生较小的景深，使得主体清晰而背景模糊。小景深的视觉效果使背景虚化，主体突出，产生艺术性的效果，让观众更专注于主题。一般的应用情景包括人像、特写镜头、艺术拍摄等。大景深要使用较小光圈值，如 f/8 或更大，可以产生较大的景深，使得整个场景都清晰可见。大景深的视觉效果是整个场景清晰，适合展示环境细节和背景。大景深的应用情景一般有风景摄影、建筑摄影、记录活动等。

例如，在一部短片中，拍摄一个人物与背景的对话场景。如果想要突出人物，让观众更加关注他的情感表达，摄影师可能会选择较小的景深，使用大光圈值。这样可以使人物清晰而背景模糊，营造出聚焦于人物的氛围。另外，如果拍摄的是广阔的自然风景，想要展示整个场景的壮观与细节，选择较大的景深，使用小光圈值，如 f/8 或更大。这样可以保证整个场景都清晰可见，呈现出较为真实的环境感觉。

在实际拍摄中，摄影师通过调整光圈值，可以控制景深，从而达到所需的拍摄效果，并根据场景和主题的要求灵活运用。

（6）快门速度

摄像机的快门速度设置非常重要，它会影响视频的清晰度、流畅度以及在移动物体拍摄时的表现。快门速度通常以秒为单位进行表示，它决定了每秒钟记录的图像帧数。

以下是根据不同的拍摄情境对摄像机快门速度的设置。拍摄室内静态的对话、讲解或展示视频时，通常选择标准的快门速度，例如1/50秒（50fps视频）或1/60秒（60fps视频）。这样可以保证视频画面的自然、流畅，适合静态场景下的人物或物品展示。拍摄户外运动比赛、体育活动或者行进中的场景：选择较高的快门速度，例如1/250秒或更高。较高的快门速度可以捕捉到运动中的细节，减少快速移动物体的模糊，同时保持视频的清晰度和流畅度。

拍摄在光线较暗的室内或者夜间的场景：需要降低快门速度，例如1/30秒或更低。在低光环境下，为了保证视频亮度和清晰度，可能需要降低快门速度以增加相机对光线的感受度。但需要注意的是，过低的快门速度可能导致运动物体模糊或视频抖动。

拍摄创意视频或者特效视频需要突出影片的视觉效果，根据具体效果需求而定，可能需要选择较慢的快门速度，例如1/10秒或更慢。较慢的快门速度可以产生运动模糊或者延时效果，创造出独特的视觉效果，增加视频的艺术性和趣味性。

根据不同的拍摄情境和效果需求，合理设置摄像机的快门速度可以获得更高的视频质量和更具吸引力的画面效果。

2. 摄像机稳定器

摄像机稳定器是一种用于减少或消除摄像机振动和晃动的设备，它可以帮助摄影师拍摄更加稳定、平滑的视频。摄像机稳定器主要分为机械稳定器和电子稳定器两种类型。

机械稳定器通常采用机械结构设计，通过平衡摄像机的重心来减少振动和晃动。常见的机械稳定器包括手持稳定器和姿态稳定器。手持稳定器，指通过手持设备稳定摄像机，如单轴或多轴手持稳定器；姿态稳定器，指通过机械装置调整摄像机的姿态，如云台稳定器或三轴稳定器。机械稳定器通常适用于相机、摄像机和手机等设备，可以提供相对稳定的拍摄效果。

电子稳定器通过电子技术实现图像稳定，通常使用陀螺仪和加速度计检测摄像机的运动状态，并通过软件算法对图像进行实时调整。常见的电子稳定器包括软件防抖功能和电子防抖功能。软件防抖功能，指内置于相机或手机摄像头中，通过软件算法对图像进行稳定处理；电子防抖功能，包括两种：一种是内置于相机或摄像机中，通过内置的传感器和处理器实现图像稳定，另一种是外部设备，通过连接到摄像机并使用电子传感器实现图像稳定。电子稳定器通常适用于相机、摄像机和智能手机等设备，可以在拍摄时提供较为平滑和稳定的画面效果。

摄像机稳定器的选择取决于拍摄需求、预算和使用环境等因素。机械稳定器通常能够提供更加稳定和平滑的拍摄效果，但价格较高且使用时需要一定的操作技巧。电子稳定器则更加便捷和易于操作，但在极端情况下可能无法完全消除摄像机的晃动。

3. 手持稳定器的操作要点

手持稳定器的正确操作是确保获得稳定、平滑的视频拍摄效果的关键。以下是一些手持稳定器的操作要点。在使用手持稳定器之前，首先要确保摄像机在稳定器上平衡良好。这通常包括调整稳定器的各个轴，如平衡底座、水平轴和垂直轴，以确保摄像机的重心位于稳定器的中心。持握稳定器时要保持稳定，双手握持稳定器的手柄，将手臂紧贴身体，保持身体平稳。在移动时，尽量减少身体和手的晃动。移动摄像机时要缓慢而平稳地移动，避免突然的快速移动或急停，以确保画面平滑过渡。在拍摄过程中可能需要微调摄像机的姿态，如倾斜或旋转，以适应不同的拍摄角度和场景。一些手持稳定器可能配备了辅助功能，如追踪模式、锁定模式等，可以根据需要进行设置和使用。

例如拍摄一段关于游览城市景点的视频，漫步在繁华的街道上或者登上城市的观景平台。在这种情况下，在开始拍摄之前，先确保摄像机在稳定器上平衡良好，以避免行进中的晃动。双手握持稳定器的手柄，将手臂紧贴身体，确保稳定器与身体之间的接触点尽可能大，以减少晃动。在漫步拍摄时，要保持步伐稳定且缓慢，尽量避免突然的快速移动或急停，以确保画面平滑过渡。根据需要微调摄像机的姿态，如调整倾斜角度或者旋转摄像机，以适应不同的景点和拍摄角度。通过正确操作手持稳定器，可以获得稳定、平滑的视频画面，使观众能够更好地欣赏到城市景点的美景。

三、摄像构图及拍摄技巧

1. 景别

景别是指由于在焦距一定时，摄影机与被摄体的距离不同，而造成被摄体在摄影机录像器中所呈现出的范围大小的区别。景别的划分，一般可分为五种，由近至远分别为特写（指人体肩部以上）、近景（指人体胸部以上）、中景（指人体膝部以上）、全景（人体的全部和周围部分环境）、远景（被摄体所处环境）。

（1）远景

远景一般用来表现远离摄影机的环境全貌，展示人物及其周围广阔的空间环境、自然景色和群众活动大场面的镜头画面。它相当于从较远的距离观看景物和人物，视野宽广，能包容广大的空间，人物较小，背景占主要地位，画面给人以整体感，细部却不甚清晰。

远景通常用于介绍环境、抒发情感。在拍摄外景时使用这样的镜头可以有效地描绘雄伟的峡谷、豪华的庄园、荒野的丛林等。

（2）全景

全景用来表现场景的全貌与人物的全身动作，用于表现人物之间、人与环境之间的关系。全景画面，主要表现人物全身，活动范围较大，体型、衣着打扮、身份交代得比较清楚，环境、道具看得明白，通常在拍内景时，作为摄像的总角度的景别。

（3）中景

画框下边卡在膝盖左右部位或场景局部的画面称为中景画面。但一般不正好卡在膝盖部位，因为卡在关节部位是摄像构图中所忌讳的，如脖子、腰关节、腿关节、脚关节等。中景重点在于表现人物的上身动作。

中景是叙事功能最强的一种景别。在包含对话、动作和情绪交流的场景中，利用中景景别可以最有力、最兼顾地表现人物之间、人物与周围环境之间的关系。

（4）近景

拍到人物胸部以上，或物体的局部称为近景。近景的屏幕形象是近距离观察人物的体现，所以近景能清楚地看到人物细微动作，也是人物之间进行感情交流的景别。近景着重表现人物的面部表情，传达人物的内心世界。近景是刻画人物性格最有力的景别。

近景中的环境退于次要地位，画面构图应尽量简洁，避免杂乱的背景夺取视线，因此常用长焦镜头拍摄，利用景深小的特点虚化背景。人物近景画面用人物局部背影或道具做前景可增加画面的深度、层次和线条结构。

近景画面视觉范围较小，观察距离相对更近，人物和景物的尺寸足够大，细节比较清晰，所以非常有利于表现人物的面部或者其他部位的表情神态、细微动作以及景物的局部状态。

（5）中近景

介于中景和近景之间的表现人物的画面称为"中近景"。就是画面为表现人物大约腰部以上的部分的镜头，所以有的时候又把它称为"半身镜头"。这种景别不是常规意义上的中景和近景，在一般情况下，处理这样的景别的时候，是以中景作为依据，还要充分考虑对人物神态的表现。

（6）特写

画面的下边框在成人肩部以上的头像，或其他被摄对象的局部称为特写镜头。特写镜头被摄对象充满画面，比近景更加接近观众。特写镜头提示信息，营造悬念，能细微地表现人物面部表情，刻画人物，表现复杂的人物关系，它具有生活中不常见的特殊的视觉感受。主要用来描绘人物的内心活动，背景处于次要地位，甚至消失。

由于特写画面视角最小、视距最近，画面细节最突出，所以能够最好地表现对象的线条、质感、色彩等特征。

（7）大特写

大特写仅仅在景框中包含人物面部的局部，或突出某一拍摄对象的局部。一个人的头部充满银幕的镜头就被称为特写镜头，如果把摄影机推得更近，让演员的眼睛充满银幕的镜头就被称为大特写镜头。大特写的作用和特写镜头是相同的，只不过在艺术效果上更加强烈。在一些惊悚片中比较常见。

2. 摄像构图

摄像构图的基本原则讲究的是均衡与对称、对比和视点。

（1）均衡与对称

均衡与对称是构图的基础，主要作用是使画面具有稳定性。平均虽是稳定的，但缺少变化，没有变化就没有美感，所以构图最忌讳的就是平均分配画面。对称的稳定感特别强，对称能使画面有庄严、肃穆、和谐的感觉。

品字形构图就是在画面上同时出现三个物体的时候，不能把它们等距离放在一条线上，而应使其呈现三角形状，像个品字，具有强烈的排列韵味。

"三七律"构图就是画面的比例分配三七开。若是竖构图画面，上面占三分，下面占七分，或上面占七分，下面占三分；若是横构图画面，右面占三分，左面占七分，或是右面占七分，左面占三分。

（2）对比

对比不仅能增强艺术感染力，更能鲜明地反映和升华主题。对比构图，是为了突出主题，对比有各种各样，千变万化：一是形状的对比，如大和小、高和矮、老和少、胖和瘦、粗和细；二是色彩的对比，如深与浅、冷与暖、明与暗、黑与白；三是灰与灰的对比，如深与浅、明与暗等。

（3）视点

视点构图是为了将观众的注意力吸引到画面的中心点上。视点是透视学上的名称，也叫灭点。按照透视学的原理，在视平线以上的物体，如高山、建筑等，近高远低，近大远小；在视平线以下的物体，如大地、海洋、道路等，近低远高，近宽远窄，向上伸延左右两侧的物体。这样，以人的眼睛所视方向为轴心，上下左右向着一个方向伸延，最后聚集在一起，集中到一点，消失在视平线上，这就是视点的由来。如果想把物体拍大，只需将拍摄物体靠近相机；如果想把两面拍得大一些，使画面显得辽阔，就要把拍摄位置选择在高处，用俯角拍摄，就会得到满意的结果；如果想把物体拍出立体感，可以把拍摄角度选择在物体的侧面。视点的作用是把人的注意力吸引到画面的一个点上。这个点应是画面的主题所在，但它的位置不是固定的。

3. 轴线规律

（1）轴线概念

轴线是指所拍的画面中的一个虚拟的线条，轴线规律则是在拍摄过程中设置摄像机机位时应该遵循的一般原则。在拍摄中，正确运用轴线规律，能正确处理镜头之间的方向关系，使观众对各个镜头所要表现的空间有一个完整的、统一的感觉。在拍摄的时候，如果拍摄机的位置始终处在主体运动轴线的同一侧，那么构成画面的运动方向、放置方向都是一致的，否则应是"跳轴"了，跳轴的画面除了特殊的需要以外是无法组接的，除非采用特殊的补救措施。

（2）轴线的类型

轴线所对应的称谓分别是方向轴线、运动轴线和关系轴线。

方向轴线是指被摄对象静止不动，即位置没有移动。这样"轴线"就要根据各主体间的连线或主体到背景平面的垂直线来定，这就叫"方向轴线"。以拍摄人物为例，被摄人物的直视线就是轴线，由他到对方连接起来的线也是轴线。拍摄时，对于这个人或这两个人，要按照他们之间的"轴"线规律，在对话轴线的同一侧拍摄，剪辑时，镜头连接起来就不会改变他们的视线。

运动轴线即处于运动中的人或物体，其运动方向构成主体的运动轴线。它是由被摄主体的运动所产生的一条无形的线，或称为主体运动轨迹。在拍摄一组相连的镜头时，摄像机的拍摄方向应限于轴线的同一侧，不允许越到轴线的另一侧。

关系轴线是指两个以上静止主体，两者之间的连接线，它涉及的是静态屏幕方向。

（3）越轴镜头的处理方法

第一，利用主体的运动越轴。在两个相反方向运动的镜头之间，插入一个主体运动路线改变的镜头。

第二，用主观镜头越轴。主观镜头，即代表画面中人物视线的镜头。把主观镜头插入两个主体位置关系颠倒了的镜头中间，以画面中人物的视线引导观众观察、感受事物，从而缓解跳轴的感觉。

第三，利用运动镜头越轴。在两人会话位置关系颠倒或主体向相反方向运动的两个镜头中间，插入一个摄像机在越过轴线过程中拍摄的运动镜头，从而建立起新的轴线，使两个镜头过渡顺畅。

第四，利用中性镜头越轴。中性镜头，即"骑"在轴线上拍摄的镜头，画面中运动的主体迎面而来或背向而去。把中性镜头插入主体向相反方向运动的两个镜头之间，可减弱相反运动的冲突感。

第五，利用多轴线越轴。当被摄主体有两个以上轴线时，镜头可以越过一轴线而从另一轴线获得新的角度。

第六，插入远景镜头、特写镜头、空镜头实现越轴。

4. 摄像技巧

（1）规划镜头路线

直线镜头即面对或背对跟随主体进行拍摄，在稳定器的全锁定（L）模式下，可以通过向前或向后的步伐拍摄直线镜头。

环绕镜头即以主体为中心点，进行圆弧或环绕拍摄，建议选择航向跟随（PF）或全跟随（F）模式均衡地移动角度，保持主体始终在画面中心，能够从多角度展示主体的形状或动作。

俯仰镜头常用于在室内穿梭狭窄的门道而映入画面上方宏大的景观或场景，可以选择全跟随（F）模式下逐渐抬升镜头，或通过全锁定（L）模式下利用摇杆控制俯仰轴角度的变化。

多轴运动镜头即可让稳定器在拍摄中在航向、俯仰甚至是横滚角度中自由发挥，给拍摄者更多创作空间。

（2）拍摄带转场的镜头

拍摄长镜头：相比于大型笨重的摄影器材，稳定器的优势就在于其轻巧灵活的特性，可在众多复杂的拍摄场景中得到很好的运用，而一镜到底的长镜头就是一种很好的拍摄方式，可以完整交代一连串的故事剧情发展。

首尾画面有遮挡：所谓遮挡，是指镜头画面从某一物体短暂遮挡，逐渐拉开映入全景的一种拍摄手法，这类转场方式常用于稳定器的水平平移拍摄，甚至可以通过云鹤2的跟焦控制做到画面的虚实巧妙变化。

拍完故意甩镜头：在看他人的作品时往往能看到不少酷炫的转场效果，从上一个镜头突然快速运动模糊切换至下一个镜头，除了套用后期剪辑的模板效果之外，还可以通过前期拍摄中在结束镜头时立即甩镜头，借助后几帧的模糊画面感仿照转场效果。如果有主角的旅拍视频，那么一个情景不错的人物入场镜头，不仅具有"仪式感"，甚至还可以起到加分的作用。

拍摄相同元素的画面，使用重复的构图，能够让相同背景、相同动作或相同物体的不同呈现方式带给观众记忆感；类似的形状或色块，圆形、方形的物体，比如拍摄美食，在画面中心的同一构图及比例中闪快出现，能在旅拍作品做快节奏画面的辅助填充；相同的运动方向可以是主体的运动，或是主体静止下拍摄者的运动，可以做无缝拼接的穿插特效效果。

（3）拍摄不常见的视角

垂直仰拍视角：此种视角不仅可以静置相机将镜头向上拍摄，还可以在全锁定（L）模式下，调节俯仰轴至相机镜头垂直向上，再通过摇杆控制航向轴方向，让画面转动起来营造炫目效果。

低角度地面跟拍：即仿照宠物视角，使相机镜头以低角度甚至是贴近地面角度进行拍摄,且越贴近地面越能突出掠过地面的画面感。

旋转视角:可以改变水平构图让画面旋转起来,制造酷炫或第一视角既视感。

穿越框架:如同前面的俯仰镜头,从室外穿梭狭窄的门框进入室内,如同切换场景切换时空般。

靠近主体:靠近主体的镜头,能与迎面而来的主体形成画面冲击感,可以是直面或环绕的形式进行靠近,达到震撼如同即将碰撞的画面效果。

四、影片制作

1. 音乐选择

首先,要选音乐。音乐选好,对于画面至关重要,清新的片子配文艺的歌,大片配交响曲,旅行片可以配叙事曲。让镜头跟着旋律鼓点切下一个镜头。航拍、空镜、有人的、有车的镜头要交替剪辑,穿插着进行,不能把精彩的、壮丽的镜头都挤在一起,这样反而会索然无味。

其次,画面的选择要符合音乐的节奏和张力,根据旋律调整镜头顺序。慢动作和近景放在开头和结尾,特别宏大的航拍和延时摄影放在高潮,用人、车及公路的镜头把整个片子串起来。在必要的时候要加背景音画龙点睛——比如车开过的声音,河流、海浪的声音,风的声音等。

2. 旁白

短视频的旁白可以起到点题的作用。旁白最好是一首小诗,可以是几句辞藻华丽的句子。可以自己进行配音,也可以在网上找专业配音服务。

3. 调色

在剪映中可以用到的调色方法有三类:

(1)调节功能

在剪映中导入视频素材,选中视频素材后,在底部菜单中滑动找到"调节"功能,点击进入"调节",就能看到许多调整的参数,有亮度、对比度、饱和度、光感、锐化、HSL、曲线、高光、阴影等14种。

(2)滤镜功能

滤镜能够调整画面的曝光、色彩与色调,滤镜的风格和色调有许多种,可以根据自己的喜好做合适的滤镜选择。添加滤镜后,还需要注意调整合适的滤镜强度,滑动滤镜上方调节栏中的圆形按钮即可调节。

（3）高级调色方法

高级调色方法包括特效调色、透明度调色、混合模式调整、LUT调色。

4. 剪辑

（1）画幅比设置

项目的画幅比可以自己进行设置，一般电影的屏幕宽高比是2.35∶1，部分影片和英剧、美剧的比例是16∶9。常用的比例设置还有4∶3。

（2）镜头时长

镜头时长：即剪辑中某个景别的镜头在片中出现的时间长短。就单纯视觉、单纯创作而言，它的长度是任意的。但是，观众在观察画面的时候，对于不同时间长度的镜头和对于不同画面容量的镜头（即不同景别的镜头），所表现出的接受能力和视觉兴趣是不同的。因此，在进行镜头组接的时候，必须考虑什么样景别的镜头在画面中出现多长的时间是最合适的。

0.4秒的镜头时间长度，电影为9.6格，电视为10帧，视觉上会产生印象。当在两个较为相关的镜头中接0.4秒的一段镜头时，无论什么景别的画面，都会作用于观众视觉，产生视觉效果。但由于时间关系，它对主体形象、构图方法等都不会产生实质印象。

0.7秒的镜头时间长度，电影为16.8格，电视为17.5帧，视觉上会产生形象。当在两个镜头中接入一个0.7秒的一段镜头时，无论什么景别画面，都会产生较为清晰的视觉效果，加之受被摄主体的造型关系、构图方法等因素的影响，会在视觉上产生形象感。

0.5秒的镜头时间长度，电影为12格，电视为12.5帧，是影视作品创作中应用最多、时间最短的镜头画面。正是由于0.5秒介于0.4秒与0.7秒两者之间，介于"有印象"与"有形象"的视觉效果之间，所以才显得更具有实际意义和视觉意义。

在3~5秒的镜头画面之后，观众的视觉兴趣开始下降。从人的视觉生理分析，除了画面内容与画面形式以外的吸引，无论什么景别的画面效果，3~5秒以后，人们的视觉注意力都会逐步下降。如果这一类镜头想继续延长使用，导演和摄影就要加强构图的视觉性、表演的丰富性、声音的辅助性、动作的可看性。摄影机运动的变化，可以延续和保持这种视觉兴趣。

（3）镜头组接与景别组接的变化

镜头组接与景别组接变化的形式，有以下两种类型。

逐步式组接：这种景别变化方式是递进形式的，又可分为两种类型，即远离式和接近式。远离式指由近及远——特写、近景、中景、全景、远景；接近式指由远及近——远景、全景、中景、近景、特写。

跳跃式组接：这种景别的变化方式是跳跃式的，它既可以是由远景直接接中景再接特写、远景直接接近景或者特写的跳跃，也可以是由特写接中景再接远景、特写或者近景直接接远景的跳跃，也可以是别的并非相邻的景别接续形成的。这种跳跃式的方式在艺术创作中运用较多，也正是由于景别跳跃式的方式符合空间关系和心理关系，因而更具有视觉变化特征。同时，景别的这种变化受多方面因素的影响，很难在创作上有统一的划分或有规律可循。

5. 影片导出设置

在使用剪映输出中，可以选择导出的分辨率、比特率、帧速率以及文件格式。一般建议使用 H.264 编码、MP4 格式；分辨从 4K 全幅到网络平台的分辨率；码率是决定文件大小的参数，一般目标比特率：8～12，最大比特率：16；3分多钟的 1080P 的视频 200～300MB。帧速率是每秒播放的画幅数，一般是 8～60fps。

案例分析与实践

一、旅行短视频脚本案例分析

以大理古城人物主题短视频为例,了解短片拍摄脚本的结构和写作(见表4-1-2)。

表4-1-2 大理古城短片拍摄脚本

大理古城漫步(30秒)		
序号	场景	画面内容
1	开场镜头	显示大理古城的标志性建筑或入口,背景音乐轻快愉悦
2	介绍主人公	主人公是一名年轻的女性,穿着休闲舒适的服装,背着背包,正准备进入古城
3	步行游览	主人公进入古城,镜头跟随,展示古城内的独特建筑、古街巷、熙熙攘攘的人群和特色小吃
4	留影留念	主人公进入古城,镜头跟随,展示古城内的独特建筑、古街巷、熙熙攘攘的人群和特色小吃
5	告别画面	主人公挥手告别,离开画面,画面渐渐淡出,留下大理古城的美景和欢快的氛围。(配乐:轻快愉悦的音乐,与大理古城的氛围相匹配)
6	文案	感受大理古城的魅力,漫步古街,品味历史
7	片尾标语	探索大理,发现美好

根据以上拍摄脚本设计的分镜头文字脚本如表4-1-3所示。

表4-1-3 "探索大理,发现美好"分镜头脚本

编号	景别	画面	摄像机	时长	音效
1	全景	古城标志性建筑/入口	固定镜头	3″	
2	中景	主人公进入古城	跟镜头	4″	
3	远景	主人公穿过古城建筑、街巷、人群	跟镜头	7″	
4	特写	主人公拿出手机自拍	固定镜头	3″	
5	远景	主人公与古城背景合影	固定镜头	3″	
6	中景	主人公挥手,离开画面	摇镜头	5″	
7	远景	古城景色,字幕:探索大理,发现美好	摇镜头	5″	

二、旅行短视频案例特征分析

旅行短视频案例特征分析可以从主题、构图、光线应用、剪辑技术、配乐等几方面展开，具体如表 4-1-4 所示。

表 4-1-4 短视频案例特征分析框架

分析类别	具体内容
拍摄主题	确定目标受众和目的，例如探险、美食、文化等
	考虑当地特色和独特性，突出吸引人的元素
拍摄镜头取景技巧	使用不同角度和镜头大小展示景点或活动的特点
	运用运动镜头、特写镜头等增加视觉冲击力
光线的应用	利用自然光线拍摄，避免强烈逆光和阴影过重的情况
	在早晚光线柔和的时候拍摄，创造温馨浪漫的氛围
剪辑的技术	保持节奏流畅，避免画面过长或过短
	使用过渡效果和音乐配合画面，增强视听体验
文案写作	简洁明了的文字，突出关键信息和情感共鸣
	结合画面内容，讲述故事或传达特定情感
配乐配音	选择与视频主题和氛围相符的音乐，避免版权问题
	配音要清晰自然，声音与画面相匹配，不要冲突或重叠过多

三、旅行短视频案例分析

在互联网检索旅行短视频，并在表 4-1-5 中填写案例分析基础信息。

表 4-1-5 旅行短视频案例分析基础信息

旅行短视频名称	
视频内容描述	
拍摄风格特点	

从画面内容、景别、运镜等几个方面分析找到的案例,并完成表 4-1-6。

表 4-1-6　短视频案例分镜头脚本分析

序号	画面内容及字幕文案	景别	运镜	音效
1				
2				
3				
4				
5				
6				
7				
8				
9				
10				
11				
12				
13				
14				
15				
16				

四、旅行短视频拍摄任务

1. 任务要求

完成一个旅行短视频拍摄,要求完成前期设计、中期拍摄及后期剪辑制作。视频主题鲜明,能够体现拍摄场景的特征,人物与环境互动恰当,风格合适。拍摄任务要求如下。

(1)设计上具有故事性

在前期的策划上根据旅行拍摄的主题设置,进行故事的创编。故事作为一种表达方式,可以和美食、景点、娱乐等相结合。故事的创编一般体现以下几个阶段:平静—渐入佳境—逐渐高潮—回归平静。

（2）完成短视频分镜头脚本、旁白和字幕文字的撰写

短视频受到时长的限制，镜头画面与相关文案相结合能够提高叙事的效率，可以通过旁白和字幕文案讲述故事或进行点题。

（3）熟练进行现场调度，执行拍摄任务

根据拍摄现场的条件，协调组织参与拍摄的人员，进行有效沟通。拍摄的画面要清晰、稳定；镜头的运动技巧丰富，转场设计合理。

（4）使用剪映完成短片的剪辑制作

能够对元素素材进行剪辑、调色，添加字幕、转场、特效，并完成视频的输出。

2. 头脑风暴

分小组讨论旅行类拍摄的主题选择，重点了解目标受众群体的兴趣爱好（见表4-1-7）。

表4-1-7 拍摄主题发散思维表

序号	旅行拍摄的选题	目标受众群体的兴趣爱好
1		
2		

3. 拍摄计划

根据选择的主题制订拍摄计划，具体内容要求如表4-1-8所示。

表4-1-8 拍摄计划安排表

序号	类目	具体描述
1	拍摄选题类型	
2	主题的描述	
3	故事梗概	
4	场地及道具要求	
5	分工任务简介	
6	时间安排	

4. 拍摄脚本

根据选定的主题编写分镜头脚本,并填入表 4-1-9。

表 4-1-9 项目任务分镜头脚本

序号	画面内容及文案	景别	运镜	时长
1				
2				
3				
4				
5				
6				
7				
8				
9				
10				
11				
12				
13				
14				
15				
16				
17				
18				
19				

任务考核

一、单选题

1. ( ) 构图能更好地表现纵深效果和立体效果。
   A. 对角线　　B. 三分　　C. 对称　　D. S

2. 镜头插入( )的一段镜头时,无论什么景别的画面,都会产生较为清晰的视觉效果。
   A. 0.4 秒　　B. 0.5 秒　　C. 0.6 秒　　D. 0.7 秒

3. 旅行 Vlog 是以( )为核心的沉浸式旅行记录。
   A. 第三视角　　B. 第二视角　　C. 第一视角　　D. 以上都对

4. 攻略类旅行段视频以( )为主,聚焦旅行途中的解决方案。
   A. 记录体验　　B. 展示风光　　C. 讲述故事　　D. 提供信息

5. 在户外白天拍摄,一般选择的色温应该是( )。
   A. 2500K　　B. 3000K　　C. 5000K　　D. 6500K

二、多选题

1. 短视频营销的途径有( )。
   A. 旅游业自己发的视频营销
   B. 游客因为旅游业组织活动而发的短视频营销
   C. 游客自己拍摄的短视频营销
   D. 视频平台组织的短视频拍摄营销

2. 构图的基本原则为( )。
   A. 均衡　　B. 对称　　C. 对比　　D. 视点

3. 轴线的类型有( )。
   A. 方向轴线　　B. 运动轴线　　C. 拍摄轴线　　D. 关系轴线

4. 摄像技巧中的规划镜头路线包括( )。
   A. 直线镜头　　B. 环绕镜头　　C. 俯仰镜头　　D. 多轴运动镜头

5. 剪映中的调色方法类型有( )。
   A. 调节功能　　B. 整合功能　　C. 滤镜功能　　D. 高级调色方法

三、判断题

1. 在城市旅游中,高互动的人文符号也是吸引游客的重要途径之一。
(   )

2. 对在特定光源下拍摄时出现的偏色现象,通过加强对应的补色来进行补偿。
(   )

3. 大光圈的镜头,F值大,光圈数小;小光圈的镜头,F值小。(   )

4. 光圈越大(光圈值F越小)景深越深,光圈越小(光圈值F越大)景深越浅。
(   )

5. 远景拍摄中背景占主要地位,通常用于介绍环境、抒发情感。(   )

四、实践题

根据以下文案,编写分镜头文案,并完成短视频拍摄与制作。要求构图合理、背景简洁、光线充足。尽量利用自然光,如果在室内,应使用柔和的补光灯,以确保面部光线均匀。此外,镜头角度要多样化,特写镜头能有效传达情感。

> 在这个喧嚣的时代,阅读是我们心灵的庇护所。每一本书,都是一个全新的世界,静静等待着我们去探索。翻开书页,文字如涓涓细流,带领我们穿越时空,领略不同的人生与故事。打开一本书,便是开启一段奇妙的旅程。让我们一起追随文字的脚步,探索无尽的未知与可能。阅读,让心灵自由翱翔!

任务考核答案 4–1

视频微课 4-2
产品视频拍摄方法与实践

任务二　产品短视频拍摄与制作

任务分析

产品短视频是以影像为载体，通过场景化、故事化的视听语言集中展现产品功能、使用体验或品牌价值的数字化内容形态。其核心价值在于突破传统图文的信息传递效率，以动态演示强化用户对产品卖点的感知。在注意力经济时代，短视频已成为产品与用户对话的核心媒介，是企业构建产品竞争力的关键工具。

本部分的学习任务如表 4-2-1 所示。

表 4-2-1　学习任务表单

任务概述	（1）要能够根据产品特征进行拍摄环境和场景的选择与创意陈设； （2）根据小视频展示平台的要求选择合适的设备进行拍摄； （3）要求能够完成产品视频的后期制作。
学习目标	知识目标： （1）了解不同类型产品的特征； （2）掌握拍摄灯光的基本类型； （3）列举摄像机运动的方式及使用场景。 技能目标： （1）能够分析产品的特征，提炼产品的卖点，进行短视频创意； （2）具备产品拍摄分镜头脚本写作的能力； （3）能够灵活使用灯光设备，表现旅游纪念品的材质特点； （4）能够熟练使用摄像设备，完成产品展示拍摄。 素质目标： （1）严格执行任务要求，树立良好的职业精神； （2）能够根据产品展示需求，布置拍摄的背景和道具，培养兢兢业业的工匠精神； （3）在小组合作中，树立正确的劳动观念，承担相应的任务职责； （4）具备一定的创新意识和创新精神。
学习内容	（1）围绕卖点明确视频需要表达的内容，包括概念、展示形式、功能等，需要进一步确认能够通过影片传递的品牌符号价值和理念； （2）根据拍摄主题类型表达需求，撰写拍摄的文字脚本：脚本写作的故事性能够提升产品的吸引力，增强产品的概念表达，更好地与用户产生共鸣； （3）熟练掌握摄像中的推、拉、摇、移、跟等摄像机的运动方式，并能够根据拍摄要求，综合运用，增强画面的动态美； （4）灯光是摄像中重要的元素，灯光的应用需要根据场景和道具进行调整、试拍、确认； （5）拍摄脚本完成后，可以先选择音乐，因为音乐是视频展示的节奏和情绪，音乐确定以后可以根据音乐的特征选择合适的镜头运动方式和拍摄手法。
学习重点	熟练使用拍摄工具，掌握画面构图的基本原则。
学习难点	根据产品类型特点进行拍摄场景的搭建。

知识准备

一、产品分类及特征分析

在短视频拍摄中,产品分类及特征分析会直接影响内容呈现策略,这就需要根据产品属性、用户决策逻辑及消费场景,有针对性地设计拍摄方案。

1. 按产品属性分类

(1)快消品

快消品,如食品、美妆、日用品等,具有高频消费、低决策门槛、强感官驱动的核心特征。用户的消费行为多依赖即时情绪触发,用户决策时间短,需通过视觉冲击、触觉联想或场景代入快速唤起需求共鸣。产品生命周期短,迭代快,商家需要通过短视频持续制造新鲜感,激发用户的尝鲜心理与社交分享欲。

(2)耐用品

耐用品,如家电、3C数码、家具等,具有高客单价、长决策周期、强技术导向的核心特征。此类产品的消费决策依赖理性评估,用户关注产品的性能参数、使用场景适配性及长期价值,商家在视频制作中需通过技术可视化与信任背书降低认知门槛。因为,产品生命周期长,短视频创作需侧重传达"技术壁垒"与"持久价值",建立"一次投入,长期受益"的消费心理。

2. 按消费决策逻辑分类

(1)冲动消费型产品

冲动消费型产品,如盲盒、潮流配饰、网红零食等,具有低决策门槛、高情绪溢价、短决策周期的核心特征。针对此类商品的消费行为多由即时情感驱动,依赖视觉冲击、社交货币属性及心理暗示激发非计划性购买。产品生命周期高度依赖话题热度,需通过短视频快速制造社交裂变,激活用户的赌博心理与身份认同需求。

(2)理性决策型产品

理性决策型产品,如母婴用品、保健品等,具有高安全敏感性、长决策周期、强信息依赖性的核心特征。其消费行为需经过多维度信息验证,依赖权威数据与专业背书,破除认知壁垒。产品价值体现在长期使用效果而非即时体验,需通过短视频构建"风险规避"与"信任资产",满足用户"零容错"的心理诉求。

3. 按展示维度分类

（1）外观导向型产品

外观导向型产品，如首饰、家居摆件、潮流服饰等，以视觉美学优先、设计独特性强、情感附加值高为核心特征。其消费决策高度依赖第一眼吸引力，关注产品造型、材质表现力与场景适配度。这类产品常承载身份表达或情绪价值，需通过短视频强化"视觉愉悦—情感共鸣—自我投射"的三层链路，暗示用户的理想生活状态。

（2）功能导向型产品

功能导向型产品，如电动工具、健身器材、户外装备等，以实用效能优先、参数敏感性强、解决方案明确为核心特征。其消费决策高度依赖产品解决特定问题的能力，用户关注核心性能指标、使用效率及场景适配度。这类产品需通过短视频直观验证"功能承诺"，消除用户对技术参数的认知模糊性，构建"工具即生产力"的消费认知。

二、产品摄像工具的选择

1. 手机摄像

随着手机影像系统的发展，在分辨率上大部分手机品牌都已具备4K的拍摄功能，也可以根据拍摄的要求使用1080P、19∶9等模式进行宽屏拍摄，也可以调整为21∶9等屏幕尺寸比例进行视频拍摄。

在帧速率的选择上，一般有30fps、25fps、60fps、50fps等选项。帧速率指每秒所显示的静止帧格数。要生成平滑连贯的动画效果，帧速率一般不小于8；而电影的帧速率为24fps。捕捉动态视频内容时，此数字越高越好。

（1）手机的优点

更方便携带、更简单的操作和比肩高端摄像机的防抖功能。防水机型还可以完成涉水拍摄工作。

（2）手机的缺点

过于单一的镜头（焦段）无法应对特殊场景（比如在工业制造危险场景近距离特写和背景杂乱的情况下没有很好的虚化能力）以及镜头很容易沾上指纹和污渍，如果不及时擦除，会造成拍摄照片比较朦胧、不清晰，所以拍摄之前擦一下镜头是一个好习惯。

（3）手机摄像注意事项

首先，低配置智能手机拍摄的视频及收录的音频质量较低，拍摄的产品视频不但不会提升产品的销售，反而会影响产品的形象及销量。

其次，采用竖屏拍摄，如果是横屏手机的话，视频边缘会出现"一圈黑"现象。如果不会用专业的视频处理软件，只能进行二次拍摄。所以在拍摄视频时横着拍试一下（手机看视频的方式），如果方向正确，就可以使用。

2. 相机拍摄

一般来说，18～55mm 的摄像镜头都可以进行产品拍摄，推荐使用 50mm 标准定焦镜头，主要原因是这些镜头的画面感和视角范围与我们人眼的视觉习惯更接近、效果更接近。

标准镜头所能表现的视觉效果有一种自然的亲切感，这就使得标准镜头在抓拍、普通人像摄影、纪实摄影等摄影活动中表现出色。而且，相较于其他镜头，标准镜头在成像质量上更具优势，在被摄对象细节的表现上也十分有效。标准镜头在拍摄风光照片时，也有其区别于广角镜头、长焦镜头的风格特点。

（1）相机的优点

更高的像素密度（更清晰锐利的画面）、更宽泛的镜头（焦段及背景虚化能力）和暗光场景配合大光圈镜头下手机无法比较的优势。优势表现为：

首先，相机有大光圈，通常为 f/2.8 或者更大的 f/1.8、f/1.4，甚至 f/1.2、f/0.95，轻松虚化背景，突出产品主体。

其次，相机成像素质高，符合人眼透视规律，更能如实反映产品细节，色彩还原好，减少产品图片色差。

（2）摄像镜头的分类

摄像镜头可依焦距、焦距数字大小和光圈等方式分类。

依据焦距分类，包括固定焦距式、伸缩式、自动光圈或手动光圈等类型。

依据焦距数字大小分类，包括标准镜头、广角镜头、长焦镜头等类型。

依据光圈分类，包括固定光圈式（fixed iris）、手动光圈式（manual iris）、自动光圈式（auto iris）等类型。

三、产品拍摄灯光

1. 拍摄灯光要求

产品短视频拍摄的成功与否很大程度上取决于其视觉效果的好坏，而灯光是影响视觉效果的关键因素之一。产品短视频拍摄的灯光要求光线柔和、均匀,避免眩光和反光,背景光衬托产品,色温一致,光源可控,适当利用阴影增加层次感,确保背景与产品协调一致,并进行充分的测试与调整,以确保最终的拍摄效果达到预期。

(1)均匀、柔和的光线

避免强烈的光线和硬阴影,选择均匀、柔和的光线,以确保产品表面细节清晰可见,不会出现过于明暗的区别。

(2)无眩光或反光

控制光源的方向和角度,避免在产品表面产生眩光或反光,以保持画面干净整洁,不会影响观看者对产品的视觉体验。

(3)背景光衬托

通过合适的背景光设置,突出产品的轮廓和细节,使产品在画面中更加突出和吸引人眼球。

(4)色温一致性

确保灯光的色温一致,避免色温不匹配导致画面偏色,从而影响产品的真实表现和观感。

(5)光源控制

使用可调节的灯光设备,灵活控制光源的亮度和方向,以满足不同场景的拍摄需求。

(6)适当的阴影

适当的阴影可以为产品增添层次感和立体感,但过多的阴影会导致画面过于暗淡,影响产品的展示效果。

(7)背景与产品的协调

确保背景与产品相协调,不会与产品冲突或分散观众的注意力,使产品成为画面的焦点。

(8)测试与调整

在正式拍摄前进行灯光的测试与调整,确保最佳的拍摄效果,避免在拍摄过程中因灯光问题而浪费时间和资源。

2.拍摄灯光类型

(1)主光

主光在摄像棚里拍摄中是最重要的光线,它起到对被摄体造型的作用。

通常用它来照亮场景中的主要对象与其周围区域，也就是主体对象投影的功能。主要的明暗关系由主体光决定，包括投影的方向。主体光的任务根据需要也可以用几盏灯光来共同完成。如主光灯在 15°~30° 的位置上，称顺光；在 45°~90° 的位置上，称为侧光；在 90°~120° 的位置上，称为侧逆光。主体光常用聚光灯来完成。

（2）辅助光

辅助光与主光形成光比，主光布置好之后，光比的大小是由辅助光决定的。光比这个概念非常重要，是拍摄成功的关键。用一个聚光灯照射扇形反射面，以形成一种均匀的、非直射性的柔和光源，用它来填充阴影区以及被主体光遗漏的场景区域、调和明暗区域之间的反差，能形成景深与层次，而且这种广泛均匀布光的特性使它为场景打一层底色，定义了场景的基调。由于要达到柔和照明的效果，通常辅助光的亮度只有主体光的 50%~80%。

（3）背景光

根据拍摄主体内容和背景的色彩，可以使用背景灯，也可以不使用背景灯。所谓背景灯，就是打在背景的灯光。黑背景完全可以不使用背景光。它的作用是增加背景的亮度，从而衬托主体，并使主体对象与背景相分离。一般使用泛光灯，亮度宜暗不可太亮。

（4）轮廓光

轮廓光一般是后逆光，与照相机的镜头轴线呈 135° 左右，一般打在被摄体的背部，使被摄体具有一定的轮廓感，背景与被摄体之间产生纵深感和空间感。

（5）修饰光

这种光线往往是用束光进行布置，拍摄范围小，拍摄视角小。

这几个灯光是相互配合的，在布光的时候一定要恰到好处、配合默契，发挥各自的作用。

3. 布光原则和顺序

产品拍摄布光光线要尽可能模拟自然光，以呈现产品真实的色彩和质感，避免过度处理或人为造成的不自然效果。光线要突出产品的特点和亮点，使其在视频中更加突出和引人注目，吸引观众的注意力。光线要均匀、柔和，避免出现过亮或过暗的区域，以确保产品细节清晰可见，不影响观看者的视觉体验。还可以通过合适的背景光设置，突出产品的轮廓和细节，使其在画面中更加突出和吸引人眼球。

室内摄影的经典布光技巧就是"三点照明",又称为区域照明,一般用在较小范围的场景照明。如果场景很大,可以分成若干个较小的区域进行布光。室内拍摄的话三盏灯即可,分别为主体光、辅助光与背景光。布光的顺序是:

(1)确定拍摄场景

根据产品的特点和拍摄要求确定拍摄场景,包括背景选择和布景设计。

(2)主光源设置

确定主光源的位置和角度,一般来说,主光源应该位于产品的正面或侧面,以突出产品的轮廓和细节。

(3)辅助光源设置

根据需要添加辅助光源,如补光灯或反光板,以补充或调整光线,使其更加均匀、柔和。

(4)背景光设置

设置背景光,突出产品的轮廓和细节,同时确保背景与产品协调一致,不会与产品相冲突或分散观众的注意力。

四、拍摄道具与场景创意

1. 拍摄道具的分类及选择

拍摄的辅助工具可以提升工作的效率和视频的创意。例如:三脚架、摄影电动转盘、反光板、绿幕、蓝幕等。还有各种小摆件:假花、羽毛、仿真书籍、道具报纸、产品托盘、彩色串灯,或者是可爱的动漫小人物等,作为前景布置或者是丰富背景来说都是不错的选择。

2. 产品拍摄场景创意设计

在拍摄前期的创意过程中,要针对产品特征提取卖点,设计出既能体现产品特色又符合产品定位和宣传方向的场景搭建。

(1)根据产品的宣传方向和定位确定拍摄场景的风格

每件产品定位的购买人群都不一样,可根据目标客群的定位来选择大体方向。比如茶具拍摄,茶具本身自带宁静感,而茶具种类繁多,针对稍微年轻一点的人群,可以选择用插花作为场景点缀;而如果针对年纪稍长的人群,则可以适当用点佛珠手串等饰品作为辅助道具营造禅意氛围。

（2）根据产品的属性做好适配的场景布景

产品属性包括，产品功能、产品颜色、产品形状、产品材质。商品场景图拍摄的主体是商品，场景图拍摄的目的是把产品置于一个特定的场景下，因此决定场景图布景和道具选择的最重要的因素就是需要考虑到场景和道具能否突出商品优势，切勿喧宾夺主。

不同产品属性各异，要根据其功能、颜色、形状和材质，搭建出和谐统一的场景图，才是最重要的。

五、产品拍摄方法

1. 固定镜头拍摄

拍摄产品视频要求非常高，要展示产品品牌形象及其使用过程，使用固定镜头拍摄是主流拍摄方法，这样可使产品始终在中心位，而晃动的镜头则不易突出产品中心，容易走点。

2. 运动镜头拍摄

在镜头移动时，一定要缓慢且有规律，这样才会让产品更加舒服地在视线中平移。遇到重要镜头时，可以给一个慢镜头展示。

镜头运动方式有以下几种：推镜头、拉镜头、摇镜头、移镜头、跟镜头、升降镜头和俯仰镜头。

（1）推镜头

推镜头是指镜头从全景或别的景位由远及近向被摄对象推进拍摄，逐渐推成近景或特写的镜头，它的主要作用在于描写细节、突出主体、制造悬念等。

（2）拉镜头

拉镜头是指摄像机逐渐远离被摄主体，或通过调整镜头焦距使画面从局部细节扩展至更广阔的场景。这种手法在视觉上形成"由近到远"的效果。拉镜头的速度需配合叙事节奏，急促拉远可制造突兀感，缓慢拉远适合抒情。

（3）摇镜头

摇镜头是指摄影机放在固定的位置，摇摄全景或者跟着拍摄对象的移动进行摇摄（跟摇）。

（4）移镜头

移镜头是指摄影机沿水平面做各个方向的移动拍摄，可以把动态中的产品和景位交织在一起，从而产生强烈的动态感和节奏感。

(5)跟镜头

跟镜头又称"跟拍",是摄像机跟随运动者拍摄的画面。跟镜头可突出运动中的主体,又能交代运动主体的运动方向、速度、体态及其环境的关系,使运动主体的运动保持连贯。

(6)升降镜头

上升镜头是指摄影机从平摄慢慢升起,形成俯视拍摄,以显示广阔的空间;下降镜头则相反。大多用于拍摄大场面的场景,能够改变镜头和画面的空间,有助于加强戏剧效果。

(7)俯仰镜头

俯视镜头一般被称作鸟瞰镜头;仰视镜头一般被称作仰瞻镜头。

3. 产品展示拍摄的方式

产品展示型短视频的典型特点在于缺乏故事情节,直接向观众传递的是产品的卖点,通过拍摄各种镜头呈现品牌调性。因此拍摄时需要分析自身产品特性,找到核心卖点并直接展示。

(1)展示生产流程的视频

此类视频通过展现产品从原材料到成品的制造全过程,构建"匠心工艺"与"品质可控"的产品形象。视频拍摄需聚焦关键工艺节点,例如手作皮具的鞣制上色、精密仪器的装配校准,用微距镜头捕捉皮革纹理变化或齿轮咬合细节,配合机械运转的环境音增强临场感。场景设计需兼顾人文温度与技术严谨性。此类视频尤其适用于高客单价工艺品、食品、母婴用品,如展示有机奶粉从牧场挤奶到灌装灭菌的全流程,能有效打消消费者对成分安全的疑虑。

(2)开箱视频

此类视频利用"拆封仪式感"满足用户对未知的探索欲,适用于高颜值、强科技感或主打包装设计的产品。拍摄时,可以设计三段式结构——外包装特写突出品牌LOGO与材质质感;通过拆封动作强化体验;产品本体可以多角度旋转,外加功能键触发演示。拍摄重点是通过视觉化传递产品价值。企业官方开箱视频可以植入隐藏惊喜点,如限量编号卡、定制配件等,激发用户二次传播;第三方测评类开箱则侧重客观对比。

(3)使用方法视频

此类视频将产品价值锚定在场景化问题解决能力上,适用于需要教育市场的功能性产品，如空气炸锅、智能家居。拍摄需构建"痛点—解决方案"叙事闭环。拍摄中的关键技巧包括第一视角拍摄增强代入感、动态字幕标注核心步骤、场景延伸展示跨界用法。

（4）定格动画型

定格动画系通过逐帧变化创造"产品生命力"，适合小型化、高设计感或需要强调细节工艺的商品，如文具、首饰。拍摄技术关键在于控制变量——固定机位、恒定光源，通常需每秒拍摄 8～12 帧以实现流畅动作。该类型拍摄的优势在于能捕捉到每一个细节点，并主要采用特写镜头拍摄。

（5）特效包装型

特效包装视频是一种常见类型，在前期完成取景拍摄后进行后期特效处理，通过特效使视频更加华丽引人注目，给观众带来与众不同的视觉体验。

六、视频剪辑

1. 后期剪辑和合成的技巧举例

（1）空镜转场

空镜过渡是指通过空镜头在两个镜头之间进行过渡。空镜头是指没有主体的镜头，设计师可以使用一面墙、一张白纸等进行空镜头过渡。这种过渡方式能够体现出很强的场景连贯性。

（2）旋转缩放位移转接

镜头切割的高级版本是指前后两个镜头保持相同的运动规则，镜头充满活力，切割连续性好，是常用的转折点之一。

（3）黑白转场

黑白过渡是镜头通过黑色或白色连接两个场景，黑白过渡给人一种神秘感，节奏故意拉长，引起观众的好奇心。黑白过渡在特定场景中可以发挥很好的效果，但不容易拖延，否则会适得其反。

（4）长镜头

长镜头电影中的运镜技术是画面连贯性最强的运镜方式，但也很难体现节奏感，考验设计师的运镜能力。

（5）卡点

节拍在剪辑中可以发挥很大的作用，剪辑应该根据音乐的鼓点进行操作。为了实现画面与音乐的完全契合，可以在必要的画面时间点增加音效，以适应画面内容，但也要注意卡在节拍上，避免突兀。

2. 产品短视频制作软件推荐

（1）新简剪辑

新简无须下载即可轻松实现在线视频剪辑，提供大量可商用视频模板，支持转场、加滤镜、字幕、音频、贴纸，轻松满足日常剪辑需求，新简剪辑非常适合为抖音、快手、哔哩哔哩以及其他短视频平台创作产品宣传小视频制作。操作简单，无须学习，可一键实现视频剪辑。拥有丰富的功能，包括视频剪辑；视频合并；尺寸调整；添加转场、滤镜、花字、字幕及背景音乐等；支持各种尺寸及格式的视频编辑。

（2）Adobe Spark

Adobe Spark 可以帮助你在几分钟内创造精彩的故事，让你的视频在社交媒体上脱颖而出。从 100 多万张标志性图像中选择或添加你自己的照片，选择最好的配乐，甚至可以使用网页版 Adobe Spark 访问浏览器，编辑和共享你的产品视频。

（3）Kizoa

Kizoa 是一个在线电影制作和视频编辑器。从易于使用的模板中选择并开始使用，进行添加文本、特殊效果和过渡等。视频上传到 Kizoa，创造超高清 2160 像素的电影。无须会员即可购买无限存储空间。Kizoa 现在可用于 iPhone。直接在手机上使用照片、剪辑和音乐制作电影或产品宣传小视频制作。个性化使用数百个过渡、效果和文本。

（4）剪映

剪映是一款移动视频剪辑工具，它提供了丰富的编辑功能和多样的特效效果，帮助用户轻松制作出高质量的视频作品。

案例分析与实践

一、产品短视频案例分析要点

产品短视频拍摄是一种重要的营销方式，能够有效地展示产品特点、吸引目标受众并提升品牌知名度。在进行产品视频分析时，可以围绕以下几点展开。

第一，明确视频拍摄主题至关重要。产品视频的主题应该与产品本身相关联，突出产品的独特卖点和优势。在选择主题时，需要考虑目标受众的兴趣和需求，从而确保视频能够吸引他们的注意力并激发购买欲望。

第二，拍摄镜头取景技巧对于产品视频的质量至关重要。通过使用不同的角度和景别，展示产品的外观、功能和实际应用场景。特写镜头可以突出产品的细节，而全景镜头则可以展示产品的整体形象和用途。

第三，光线的应用也是产品视频拍摄中需要重点考虑的因素之一。良好的光线可以让产品看起来更加吸引人，突出其质感和特点。因此，在拍摄产品视频时，需要注意光线的亮度和方向，避免强烈逆光和阴影过重的情况。

第四，剪辑技术在产品视频制作中扮演着至关重要的角色。通过合理的剪辑和过渡效果，可以让视频更加流畅和吸引人。视频剪辑需要保持节奏的连贯性，避免画面过长或过短，同时结合音乐和特效，增强视频的视听效果。

第五，在文案写作方面，清晰简洁的文字可以帮助观众更好地理解产品的特点和优势。文案应该突出产品的核心卖点，并具有情感共鸣力，让观众产生信任感和购买欲望。

第六，配乐和配音也是产品视频制作中需要注意的细节之一。选择与产品视频主题相符的音乐可以增强视频的氛围感和情感表达，而清晰自然的配音可以帮助观众更好地理解产品信息。

产品视频分析，要先了解产品拍摄是一项复杂而精密的工作，需要在拍摄主题选择、拍摄镜头取景技巧、光线的应用、剪辑技术、文案写作、配乐配音等方面进行仔细分析和考量，以确保最终的产品视频能够有效地吸引目标受众，促进产品销售和品牌推广（见表4-2-2）。

表 4-2-2　产品拍摄脚本写作案例

镜号	景别	运镜	画面	文案	备注
1	全景	推镜头	拆开蛋糕包装	蛋糕、蛋糕的名字	
2	中景	摇镜头	蛋糕全景	蛋糕制作的材料	
3	特写	平移镜头	蛋糕上的水果	新鲜水果	
4	特写	平移镜头	蛋糕奶油	天然奶油	
5	近景	固定镜头	用力切蛋糕	用心制作	
6	中景	固定镜头	把切好的蛋糕拿起	产品的宣传语	
7	全景	拉镜头	把蛋糕放桌子上	传递温情，××蛋糕	

二、产品短视频案例分析

分组在新媒体平台自选产品视频展示案例，分析拍摄产品的特征、展示方式及风格特点，完成表 4-2-3。

表 4-2-3　产品短视频案例基础信息表

拍摄产品名称	
视频内容描述	
视频风格特点	

根据找到的案例，分析分镜头脚本，并填写表4-2-4。

表4-2-4 产品视频案例分镜头脚本

序号	景别	运镜	画面内容	文案	时长
1					
2					
3					
4					
5					
6					
7					
8					
9					
10					
11					
12					
13					
14					
15					

三、产品短视频拍摄任务

1. 任务要求

实际拍摄时应根据画面内容展示需要，选择合适的拍摄手法和景别，创作者可自由发挥。景别在前面课程中学习过，画面比例大小为远景＞全景＞中景＞近景＞特写。

小组协同完成选题并将选题名称填入表4-2-5。

表4-2-5 产品视频拍摄要求

拍摄任务名称	
任务目标	（1）表现产品的特征和对应的市场要求； （2）能表现产品卖点； （3）能够根据产品的类型创设拍摄的布景； （4）遵循镜头剪切规律，完成影片的制作。

续表

拍摄任务要求	（1）视频展示的信息，要求条理清晰 尽管产品展示短视频有不同的主题风格，却有着同样的内控构造，那便是产品信息的介绍。当大众对产品的功效、性能产生认同感时，宣传就算是完成了一半。而想要观众能够有效地接收到这些信息，就要求在产品展示短视频制作的过程中，将所有的信息梳理清晰，从中选择出最具有代表性的内容进行表达。 （2）视频展现的内容具有吸引力 当基础的信息结构得到确认之后，就能够进行更加具象化的影视语言创作。虽然说开门见山的形式，可以简单直接地将产品的性能进行阐述，但是面对市场中众多形式的短视频，这种形式的短视频最容易在市场中石沉大海，产生不了任何宣传效果。所以想要吸引观众的注意力，就要有自己的独特点。当不同的创意和产品进行融合时，就能更好地营造出不同的视觉感受，加深大众对于产品的记忆点，因此内容的创意吸睛在产品展示短视频制作的过程中是不可忽视的环节。 （3）拍摄要求画面简洁流畅 在所有的内容素材处理完毕之后，我们就需要考虑到短视频所能给予大众的视觉效果。在所有的画面拍摄时，不仅要氛围恰当，也要考虑到镜头的简洁性，当不同的镜头进行剪辑时，才能最大限度地突出产品，展现出流畅的内容。 （4）后期制作要声画贴切、和谐 短视频是通过声音和画面效果进行结合的艺术展现方式。如果出现声画不同步，甚至是意境不同的状况，那么很大程度上也会损伤视频所能发挥的效果，因此声画和谐就是视频制作过程中相当基础的一个部分。

2. 头脑风暴

分小组进行讨论，自选几款可以拍摄的产品，并完成表4-2-6。

表 4-2-6 产品视频拍摄思维发散

序号	产品的类型及特点	目标受众群体的兴趣爱好
1		
2		
3		

3. 拍摄计划

根据选定的拍摄主题制订拍摄计划，并填写在表4-2-7中。

表 4-2-7 产品视频拍摄及执行计划表

序号	类目	具体描述
1	拍摄产品类型	
2	产品特征描述	

续表

序号	类目	具体描述
3	产品核心概念	
4	工具/道具	
5	任务分工简介	
6	时间安排	

4. 拍摄脚本

根据选定主题完成分镜头脚本写作,并填写在表 4-2-8 中。

表 4-2-8 产品视频拍摄脚本

序号	画面内容	景别	运镜	时长
1				
2				
3				
4				
5				
6				
7				
8				
9				
10				
11				
12				
13				
14				
15				
……				

任务考核

一、单选题

1. 要生成平滑连贯的视频主体运动效果，帧速率一般不小于（　　）。
   A. 8fps　　　　B. 15fps　　　　C. 25fps　　　　D. 30fps
2. 轮廓光一般是后逆光，与照相机的镜头轴线呈（　　）左右，一般打在被摄体的背部。
   A. 90°　　　　B. 120°　　　　C. 135°　　　　D. 180°
3. 主光布置好之后，光比的大小是由（　　）决定。
   A. 主光　　　　B. 辅助光　　　　C. 背景光　　　　D. 环境光
4. 镜头从全景或别的景位由远及近移向被摄对象，叫作（　　）。
   A. 推镜头　　　B. 摇镜头　　　C. 移镜头　　　D. 拉镜头
5. 下面不属于产品属性的是（　　）。
   A. 产品颜色　　B. 产品形状　　C. 产品概念　　D. 产品功能

二、多选题

1. 一般来说，（　　）几款摄像镜头都可以进行产品拍摄。
   A. 18mm　　　B. 50mm　　　C. 5.5mm　　　D. 75mm
2. 相机镜头依据焦距数字大小区分包含（　　）等类型。
   A. 标准镜头　　B. 广角镜头　　C. 变焦镜头　　D. 长焦镜头
3. 在室内进行产品拍摄可以采用"三角布光"法，它们分别为（　　）。
   A. 环境光　　　B. 背景光　　　C. 辅助光　　　D. 主光
4. 产品展示拍摄的方式有（　　）等几种。
   A. 直接展示视频　B. 开箱视频　　C. 功能展示视频　D. 生产过程视频
5. 帧速率是指每秒所显示的帧格数，一般有（　　）等选项。
   A. 30fps　　　B. 50fps　　　C. 60fps　　　D. 70fps

三、判断题

1. 在拍摄对象45°～90°的位置上放置的光源，称为主光。　　　　　　（　　）
2. 相机有大光圈，通常为1.8或者更大，可轻松虚化背景，突出产品主体。　　　　　　　　　　　　　　　　　　　　　　　　　　　（　　）

3. 摇镜头是指摄影机沿水平面做各个方向的移动拍摄。   （   ）
4. 空镜头是指没有主体的镜头，可以使用一面墙、一张白纸等进行空镜头过渡。   （   ）
5. 在拍摄产品时候，把主题产品放在黄金分割线的位置能突出主题产品。
                                                         （   ）

四、实践题

根据以下任务内容描述，完成拍摄任务。

序号	分析维度	内容
1	产品分析	产品类型：智能手机 主要特点：高性能处理器、高清摄像头、长续航、5G 支持 竞争优势：品牌知名度、用户口碑、创新功能
2	用户分析	目标用户：18～35 岁年轻人 用户需求：高性能、时尚设计、社交功能、性价比 购买动机：提升生活品质、追求新科技、品牌效应
3	主题分析	主题：科技提升生活 核心信息：智能手机如何改变日常生活 情感定位：激励、兴奋、未来感
4	脚本写作	开场：引起兴趣，展示产品外观 产品特点展示：详细介绍功能 使用场景：社交、工作、旅行等 结尾：号召购买，提供链接
5	拍摄计划	拍摄时间：2024 年 9 月 15 日至 2024 年 9 月 20 日 设备清单：高清摄像机、三脚架、灯光设备、外置麦克风 人员分工：导演、摄影师、演员
6	作品评分	创意性（30%）：主题和创意的独特性 脚本质量（20%）：逻辑性和吸引力 拍摄质量（30%）：画面构图、光线运用 后期制作（20%）：剪辑流畅度和音效整合
7	作业提交要求	提交内容：拍摄脚本和至少 1 分钟的视频 视频要求：清晰度高，内容完整，包含产品介绍和使用场景

任务考核答案 4-2

视频微课 4-3
用手机拍摄美食探店视频

任务三　美食短视频拍摄与制作

任务分析

饮食是地方文化的重要组成部分，食物的选择、加工的方式展现了区域特色的民俗风情，是地方自然环境、历史人文相互作用的产物。在旅行的过程中，美食扮演着重要的角色，除了为旅行者提供能量以外，更重要的是一种文化体验，满足旅行者的求新、求奇的心理需求。在美食的拍摄任务中，需要能够体现食物的特色、地域文化特征，使其具有一定的吸引力，以引起消费者的兴趣和购买欲望。

本部分的学习任务如表 4-3-1 所示。

表 4-3-1 学习任务表单

任务概述	（1）视频主题选择要把握产品的定位，突出产品优势，展现食物的文化内涵或创造独特的饮食氛围，提升观众对产品的认知； （2）器材的选择要能够满足食物拍摄的要求； （3）能够完成美食短视频的拍摄与制作。
学习目标	知识目标： （1）了解美食在旅行活动中的意义； （2）分析不同类型的食物的特征和定位； （3）知道美食视频拍摄的构图和取景特点； （4）掌握视频后期剪辑规律和配乐的选择依据。 技能目标： （1）模仿美食拍摄案例完成分镜头脚本的写作； （2）学会根据拍摄食物的特点选择合适的方式展现特色； （3）掌握美食拍摄的灯光要求； （4）熟练运用运镜展示食物特征； （5）能够根据食物的特征进行故事创编。 素质目标： （1）通过合作探究式学习，培养良好的沟通协作能力； （2）认识不同地域的食物特征，感受中华饮食文化博大精深； （3）树立民族自信和文化自信； （4）提升独立思考能力，培养创新意识。
学习内容	（1）根据食物的特点和拍摄的定位，从食物的制作过程、食物的呈现场景或者是食物相关的故事等方面出发进行创意生发，同时确定拍摄的视频长度，然后就可以进行拍摄准备工作。 （2）美食视频分镜头脚本的写作，包括场景、景别、角度、运镜、演员、服装、道具、内容、时长以及拍摄参照、背景音乐等几个方面。 （3）美食视频灯光布置，要求能够根据拍摄要求选择合适的光源，同时能够充分发挥场地的特征，使用自然光源。 （4）美食视频拍摄技巧，能够使用慢镜头、延时摄影等方式突出制作过程或食品展示场景的氛围。熟练使用运动镜头，增强画面的动感表达。
学习重点	摄像实操中的画面构图和摄像技巧的运用。
学习难点	分镜头的脚本，包括画面元素的取舍，食物展现形式的设计，同时决定着后续道具的安排等。

知识准备

一、旅游、美食与美食视频

1. 美食与旅游

"食"是旅游活动中非常重要的组成部分,也是附加值潜力非常大的部分。但是在旅游发展中,各地管理者和经营者往往忽视旅游饮食开发与经营的重要性。餐饮可以调动人的多个感官,使人有身心愉悦之感。这是近年来美食旅游快速发展的主要动因之一。品尝佳肴美馔能给人带来愉悦感,参与食物制作还能给人留下难忘的印象,会强化进食时的愉悦感。

随着时代发展和社会进步,游客的旅游经验与体验越来越丰富,其需求也越来越复杂和多样化。在饮食方面,游客不仅希望吃上色、香、味俱全的食品,而且希望得到精神上的满足。因此,在旅游餐饮的开发上,旅游餐饮企业要注重文化和饮食的结合,深入挖掘饮食文化资源的文化背景、非官方的传说、神话故事、风土人情等资料,让游客在享受地方饮食的同时,能边听(故事)、边看(原料、工序)、边尝(味道)、边思(意蕴),使游客乐在其中。

企业还要注重在美食中融入创意,注重美食特色的挖掘,从主题、装饰、菜品以及服务人员着装等方面进行全方位情景化打造,将美食变为旅游吸引物。如此不仅可以弘扬地方饮食文化,还可以丰富旅游活动的内容,为旅游者带来物质和精神上的双重享受,提高旅游地的综合吸引力。

2. 美食类短视频的类型

美食类短视频泛指以制作美食或品尝美食的过程为主要内容,以探店、测评种草等为辅助内容的时长在几秒到几分钟的视频。美食类短视频通过生动的画面和吸引人的内容,向观众展示丰富多彩的美食世界。在不同的视频类型中,可以根据目标受众和内容特点选择合适的制作方式和形式。

第一类是食谱制作视频,这类视频以制作美食为主题,通过展示食材准备、烹饪过程和最终成品,向观众传授美食制作的技巧和方法。这种视频通常结合了动态的画面和清晰的文字说明,使观众能够更好地理解和学习。例如一段介绍三杯鸡制作的视频,详细讲解了三杯鸡的烹调步骤和所需食材,清晰展示了每个步骤的操作过程,并提供了实用的烹饪技巧和小贴士。在视频中加入一些创意元素，如动画特效、美食插画等，增加了视频的趣味性和吸引力。除了传统的制作方法，还可以展示不同口味、不同风格的三杯鸡，满足不同观众的口味需求。

第二类是美食探店视频，这类视频以美食探店为主题，带领观众走进各种餐厅、小吃店和市场，探索各地的特色美食和地方美食文化，展现美食背后的故事和魅力。例如在一段介绍香港街头美食的视频中，人物穿梭于香港的街头小巷，品尝各种地道的香港美食，介绍香港特色小吃的制作工艺和历史文化背景。除了介绍美食本身，还可以对美食背后的文化、历史和传统进行解读，让观众更加全面地了解美食背后的故事。在视频中可增加互动环节，如品尝挑战、美食问答等，提高观众的参与度和互动性。

第三类是美食文化分享视频，这类视频以美食文化和食品知识为主题，通过介绍各种美食的起源、制作工艺、营养价值等内容，向观众传递美食的魅力和价值观。例如一段讲述法国甜点故事的视频，可以讲述法国甜点的起源和发展历史，介绍法式糕点的制作工艺和品种分类，展现法式甜点的精致和优雅，同时可以邀请专业美食评论人士或厨师担任主持人，深入解读各种美食的独特之处和口感特点。

3. 美食短视频变现的方式

美食短视频变现的方式多种多样，下面将介绍几种常见的变现方式。

（1）广告变现

广告是目前美食短视频变现最常见的方式之一。美食短视频制作者可以通过与广告主合作，在视频中嵌入品牌广告或产品推广的方式，获得相应的广告费用。还可以与美食相关的品牌合作，如食品公司、餐厅、厨具品牌等。制作者可以根据品牌需求，创作与品牌相关的内容，并在视频中进行展示和推广。可以根据视频播放量或点击量，按照每千次展示付费（CPM）或每次点击付费（CPC）的方式收取广告费用。

（2）品牌代言

美食短视频制作者可以成为品牌的代言人或形象大使，在视频中展示并推荐品牌产品，获得相应的代言费用。制作者可以选择自己喜欢并认可的品牌，成为其代言人，向观众推荐品牌产品，并分享自己的使用体验和心得。品牌可以提供免费的产品样品给制作者试用和体验，制作者在视频中展示产品的使用效果和特点，从而引起观众的购买欲望。

（3）粉丝打赏

美食短视频制作者可以在视频中引导观众进行打赏，以支持自己的创作，并获得观众的实际捐赠收入。视频平台通常提供虚拟礼物功能，观众可以通过购买虚拟礼物的方式表达对制作者的喜爱和支持。一些视频平台还提供付费订阅功能，观众可以通过付费订阅成为制作者的粉丝，享受专属内容和特权，并支持制作者的创作。

（4）视频付费内容

美食短视频制作者可以制作独家内容，并通过付费方式向观众提供，观众需要支付一定的费用才能观看视频。制作者可以设立付费会员制度，观众支付一定的会员费用成为会员，即可享受制作者提供的独家内容和特权。制作者可以制作一些独家视频或视频系列，并以单品的形式销售，观众需要单独购买才能观看。

（5）推广联盟

美食短视频制作者可以加入推广联盟或成为联盟推广人，向观众推广联盟合作的产品或服务，并获得相应的推广佣金。制作者可以在视频中介绍并推广与美食相关的产品，如厨具、食材、餐厅优惠券等，观众通过制作者提供的推广链接进行购买，制作者可获得相应的佣金。制作者可以向观众推广各种互联网平台或服务，如美食外卖平台、食谱 App 等，观众通过制作者提供的推广链接注册或下载应用，制作者可获得相应的推广佣金。

二、美食短视频摄像工具

1. 美食短视频拍摄工具选择的原则

（1）清晰度原则

视频质量是影响美食短视频观感的重要因素之一。清晰度高的视频可以展现美食的细节和质感，让观众更容易被吸引和感受到美食的诱惑力。选择具有较高分辨率和优秀视频传感器的相机或摄像机是关键。例如，一些专业的摄像机品牌，如佳能（Canon）、索尼（Sony）和尼康（Nikon）等提供了多款适合拍摄高质量美食视频的产品。

（2）稳定性原则

稳定的画面是制作高质量美食视频的基础。特别是在拍摄微距镜头和特写镜头时，任何微小的抖动都会影响观众的观赏体验。因此，选择配备有效的防抖功能或使用稳定器的相机或摄像机至关重要。例如，一些摄像机和手机配备了电子防抖或光学防抖功能，而专业的稳定器可以帮助拍摄更加稳定的画面。

（3）对焦精确原则

在美食视频拍摄中，对焦是非常关键的，尤其是在拍摄特写镜头时。清晰的对焦可以使食物细节更加突出，提升观赏体验。选择具有快速、精确对焦功能的相机或摄像机是必要的。例如，一些镜头配备了快速且准确的自动对焦系统，如佳能的全像素双核 CMOS AF 技术和索尼的快速混合自动对焦系统。

（4）色彩表现原则

在美食视频中，色彩的还原可以直接影响观众的视觉感受和食欲。因此，选择能够准确还原美食颜色的设备是非常重要的。一些相机和摄像机提供了专业的色彩配置选项，如白平衡和色彩模式，以确保准确还原美食的真实颜色。另外，后期制作也是一个重要的环节，通过调整色彩校正和色彩分级进一步优化美食视频的色彩效果。

（5）适应性原则

不同场景下的美食拍摄可能需要调整不同的拍摄参数，因此选择具有适应性的设备十分必要。一些相机和摄像机提供了丰富的手动控制选项，如光圈、快门速度、ISO 等参数，以满足不同拍摄场景的需求。此外，一些设备还提供了自动场景识别和拍摄模式，帮助用户快速选择最佳拍摄设置。

2. 拍摄工具

（1）相机

对于美食视频拍摄，考虑到视频内容将在网络上分享，1080P 或 4K 的分辨率是理想的选择。一般而言，24fps 或 30fps 是常用的帧率，具体应根据需求和目标平台选择。色彩选择广色域（如 Adobe RGB）可获得更丰富的色彩表现，但需注意后期处理的复杂度。

（2）手机拓展镜头

一般手机自带镜头的等效全画幅焦距是 28mm，是个小广角定焦镜头，很多题材拍摄都受到限制。所以就有人研制出了手机外置镜头，主要目的就是弥补手机自带镜头的焦段，拓展更多的焦段，有更多的拍摄效果。

根据焦段不同，手机外置镜头一般分为鱼眼、广角、微距和长焦等不同类型。

鱼眼镜头是一种能拍摄出特殊效果的镜头,一般有着广阔的视角和夸张的变形效果,能给拍摄带来很多趣味性。

广角镜头顾名思义就是取景范围更广,可以在室内拍摄更广的角度,同时也可以利用镜头边缘的变形把拍摄对象的局部放大。

微距镜头:对焦距离更短,背景虚化能力较强,一般都有多倍增距镜,可用来拍摄需关注细节的昆虫、静物等。

长焦镜头:可以拍摄更远处的物体,使得主体更明显,在杂乱的环境中构出最美的画面。

目前市场上的镜片材质主要分为塑料树脂以及玻璃两种;玻璃的光学素质更好,长时间使用也不容易衰退,优先选择玻璃镜片,但玻璃比较容易摔碎;相反,塑料树脂的防摔能力很好,但画质稍微有些影响。

单反镜头的镀膜是其关键技术之一,可以有效地抵挡眩光和光线的折射,所以有镀膜的镜头一般比没有镀膜的要好。

镜头的光学素质一般指畸变控制和边缘画质,畸变控制差的话,拍建筑时会产生明显的桶形畸变,把直线拍成曲线;一般镜头都是中心画质好、边缘画质交叉,边缘画质下降明显的镜头比较差。

不是所有的相机都能用外置镜头,如果你的手机是双摄、多摄像头,外置镜头会遮挡副摄像头,导致其无法使用,应谨慎购买,目前市面上支持双摄镜头的外置镜头比较少。

一般外置镜头分为专用版和通用版。专用版就是针对某款手机进行定制的款型,优点是贴合性比较好,用起来也稳定,但缺点是多个不同型号的手机无法做到一镜多用;通用版是针对绝大多数手机设计的,一般是用夹子进行固定,优点是可以适配绝大部分机型,缺点是夹子固定不太稳固,使用前需要校准位置,让镜头对准原生镜头。

3. 美食短视频拍摄的灯光

最理想的美食拍摄环境是靠着一扇大窗户,有白色的窗帘分散光线。如果不能利用自然光,就要选择合适的灯管进行拍摄。

(1) 灯具

如果是一般的中餐食品拍摄,可以用发光二极管(LED)暖光效果,可以根据美食需要的氛围,选择合适的光色温。建议每盏灯都用一个柔光箱,无论是球形的灯笼柔光箱还是四角的长方形柔光箱都可以。也可以用一张硫酸纸拿个架子夹起来，通过控制灯跟硫酸纸的距离，就可以产生不同程度的柔化光线。

（2）灯光选择

美食短视频拍摄最好是选择双色温的灯光，在绝大多数受众的眼中，暖调的低色温灯光能赋予美食更多的烟火气息，更温馨、治愈，所以暖色光用得比较多。同时，暖色光对红色的表现很好，所以用暖光拍肉类的美食比较好。可以用 3500~4000K 的暖光拍出诱人的色彩，可以表现出暖暖的烟熏色。而冷菜系的沙拉、糕点、烘焙美食之类的，用白光 5500K 左右比较好。对于夏天的一些冰凉的水果或者解暑美食，则可以适当调成冷色光，从而达到清爽宜人的画面效果。

（3）布光注意事项

拍摄食品的布光较少使用直射的硬光，而是使用仍带有一定方向性的柔光。柔光的柔软程度视食品的表面状况而定。若食品的表面较为粗糙，一般应使用光性稍硬的柔光；若食品的表面光滑，则要使用光性极软的柔光，这样食品的质感才能得到最佳表现。布光时，要注意光照亮度是否均匀，对暗部要做适当补光，以免明暗反差过大。在用轮廓光勾画被摄体外形时，轮廓光也不宜太强，并要在泛光灯前加装蜂巢，以控制光域，不干扰主光。

4. 美食短视频文案写作

撰写美食短视频文案可以从"粉丝""感官"与"场景"三个方面深入描绘食物的细节，这样写出来的文字才能吸引人的注意。

（1）根据定位撰写美食短视频文案

文案要能抓住粉丝痛点，触动粉丝的内心，这样才有可能连接到用户的情感，提升转化率。要了解粉丝的痛点当然不能凭空想象，而是需要建立在了解粉丝的基础之上，知道他们最喜欢哪一类的美食。

首先把自己当作粉丝，常在评论区里跟粉丝互动，了解他们的美食兴趣爱好；其次还需要对目标用户群体进行调查，弄清楚他们喜欢什么类型的美食短视频、最想要解决的问题是什么；最后根据具体情况写美食短视频文案，这样的文案才会吸引人。

（2）要深入描写美食的细节

通过对细节的描写可以让美食短视频文案更加吸引人，更具有感染力。

事实上，对美食细节的描写，是营造文案画面感的一种重要方法，把事物描写得越详细，就越能令人信服。细节越生动，文字就越灵动，读者也能根据描写在脑海中构建自己的想象。

写美食短视频文案要从感官出发，而且感官细节的描述要尽量细致入微，要把美食怎样"好吃、好看、好闻"描写得淋漓尽致，才能吸引读者去品尝，从而体会到描述出的食物带给人的视觉、味觉、嗅觉、听觉、触觉。

比如，在描述煎饺时，仅仅说"外皮酥脆焦黄，内馅咸淡适中，还有一点儿辣味，很好吃"远远没有"高汤渗入皮之后，适度的焦黄确实让味道更香了，内馅柔润得好像要化掉一样，每嚼一口嘴里就溢满了鲜汁，微麻微辣的风味"更让人有"欲望"、更加吸引人。

（3）要营造美食的场景细节

好的美食短视频文案不仅要写美食本身，还需要营造一个具体化的场景让粉丝更直观地感受美食的美味和分享美食的快乐。例如，想要拍摄一款特色的川味辣子鸡，那么在美食短视频文案中就需要营造出这款川味辣子鸡的食用场景，如在家人团聚、朋友聚会等场景中表现辣子鸡的又辣又呛又美味的感觉，这样会让粉丝有身临其境之感，从而吸引粉丝再来观看。

再如，某美食类公众号中有这样一段话推荐一款咸鸭蛋：蛋白细嫩，蛋黄绵沙。吃的时候，把海鸭蛋的一侧蛋壳轻轻敲碎。开出勺子大小的口后，就可以挖来吃了。勺子靠着蛋壳的边缘，顺势旋转。挖出蛋黄后，红油会顺着蛋壳流下来，别提多下饭了。

这是典型的为观者设置场景，告诉他们该怎么吃，而且十分注重细节的刻画，让人感觉到吃一个普通的咸鸭蛋都能这么有"仪式感"，很想尝试下。

设置场景的方法还有很多，比如可以讲美食的搭配、什么时间吃最好、在哪里吃会更有氛围；甚至一道美食的食材选择和做法，也能给读者营造出渴望享用美食的氛围，激发他们对美食的欲望。

5. 美食短视频拍摄技巧

（1）拍摄角度

美食拍照不同于人像拍照，人像拍照能够挑选各种意想不到的视点来表达拍照者特别的观点。而美食拍照，无外乎有四种拍照视点，分别为平视、视野高度、四分之三视点及俯视。

平视，即0°拍照。适合食物本身体积感较强、有一定的厚度和高度、侧面细节也比较丰富的食物。比如，摆在一起的饼干、杯装的饮品等。在运用这种视点拍照美食时，需要注意食物后面的环境是否适合入镜；或者运用大光圈虚化后面杂乱的布景，抑或是将食物放到洁净的墙面前进行拍照。当然，也能够在食物后方不远处放一些配菜或餐具，让画面有远近的层次感。

视野高度是指人们坐在餐桌前，享受食物时观看食物的视点。这种约45°的拍照视点，是美食拍照最常用的视点，它给看到视频里食物的观者一种仿佛自己坐在餐桌前能够立马拿起餐具开始大吃一顿的感觉。因此，这个视点也被称为最有胃口的视点。

四分之三视点，是指人们站在餐桌前看到食物的视点。这也是大多数人看到食物的视点。这个视点一般用于体现一些比较扁平的菜肴，比如虾仁滑蛋、清蒸鳊鱼等。选用这个视点拍照，会拍照到所盛器皿或餐具的大部分形状。不规则的餐具还好，而方形、圆形的餐具很有可能会由于透视而变形，透视变形是美食拍照的大忌。因此，在按下快门前一定要注意观察取景器里的画面是不是已经透视变形。

俯视是现在流行的美食拍照视点。之所以盛行，是由于仰望拍照在美食拍照中能够满足多种需求。第一，用来展示比较满意的画面或比较完好的结构。比如有些中餐的造型讲究整体的意境，假如从平视或视野高度进行拍照都无法完好出现整个画面的话，就需要用俯拍来呈现整盘菜的视觉美感。第二，需要拍照的内容之间不存在显著的主次联系，要体现多种食物，营造出一种琳琅满目的视觉效果，比如丰富的、满是食物的餐桌。第三，需要拍照过深容器里的食物，比如深盅里的汤；或彻底扁平的食物，比如比萨。

（2）拍摄注意事项

第一是注意对焦。通过手动对焦引导观众的视线，表现食物的颜色和质地。仔细考虑景深的问题，在画面中挑选一个清晰的对焦点，让它与柔和虚化的布景之间有显著的过渡。

第二是光线。拍食物时，从窗户射入的天然光是最简单，也是最好的光线。应将盛着食物的盘子摆在窗户邻近的位置，让食物笼罩在非直射的日光中。假如透过窗户射入的光线是直射的，那就试着用一层薄布遮挡在窗前，或者拉上白色的窗布。

第三是白平衡。假如最终的成像让人毫无胃口，那么美食视频就没有了意义。运用手动或自定义白平衡设置，便于更真实地再现美食的颜色。

第四是镜头选择。定焦微距镜头，是拍照食物的不二之选，如 100mm 或 50mm 的定焦微距快速镜头。100mm 的镜头允许在相机与食物之间间隔较长进行拍照，当爬上梯子俯拍时，这种镜头就特别有用。运用最大光圈值为 f/2.8 或更大光圈的快速镜头，能够获得更大的景深，以及更灵活的快门速度操控。

第五是柔光箱或柔光伞的使用。不管运用何种外置闪光灯，都是影棚灯（持续闪光或频闪），都能够运用柔光箱、柔光伞等控光设备来漫射光线。

（3）探店拍摄要点

探店视频的制作流程包括拍摄前准备、到店拍摄、视频制作及上线三个环节。

选取"新、特、热、惠"+"好拍"的门店。新，即城内新开门店、市场新出现的菜品或玩法；特，即门店有独家特色，如国内少有、独创特色菜品、服务方式、环境布置有特色；热，即时令热门如冬季火锅/温泉，如春节团年饭等；惠，即高性价比的团购，如四人餐5折；好拍，即环境、菜品好看，容易出片的门店。从沉浸式体验、商户故事、美食挑战、食物互动类等方面进行脚本设计，尽量多拍特色点（见表4-3-2和表4-3-3）。

表4-3-2　脚本设计分析

脚本方向	脚本介绍	适用门店
沉浸式体验	以第一人称视角代入，还原见到的环境、食物、互动等，让用户获得沉浸探店的体验	环境优美、就餐体验好的店铺
商户故事	以店主的故事切入，呈现门店"情怀"动人	独具匠心、老字号类门店
美食挑战	挑战机制增强视频趣味性，不同出镜人的口吻还原用户评价，增强用户感知	本身有挑战要求，例如"30分钟吃完免单"的门店
食物互动	记录达人通过动手使食物成型的过程，增强趣味性	适用于火锅、烤肉等需要自己动手的店铺

表 4-3-3　门店特色及相关拍摄要求

门店特色		拍摄方向	拍摄要点
菜品	菜品特色	菜品制作	加入采访厨师或店员介绍菜品的制作过程或设计概念
		食用方式	以体验者视角拍摄菜品食用过程，突出食用特色
		口感菜量	体验者视角呈现菜品色香味、口感、菜量
	团购特色	价低、菜多、有特色	拍摄团购菜品、特色、口感，也可出镜介绍团购优惠
服务	老板故事	创业故事、经营风格	采访老板或者店员，引导其讲述创业的故事或者经营理念
	服务特色	服务态度，独创服务	与服务员互动，拍摄服务态度；拍摄记录服务流程的体验过程
环境	陈设布置	装修风格、装置、景观	以体验者视角沉浸式展示环境风格、特写特殊装置、展示特色视野

案例分析与实践

一、美食短视频案例分析要点

在进行美食短视频拍摄与制作时，有几个关键要点需要考虑和注意，以确保视频能够生动地展现美食的魅力，激发观众的食欲（见表4-3-4～表4-3-6）。

表4-3-4　美食短视频拍摄要点

要点	描述
拍摄主题选择	• 选择适合目标受众口味和喜好的美食类型和风格； • 强调美食的特色和口感，吸引观众注意力。
拍摄镜头取景技巧	• 使用不同角度和镜头大小展示美食的外观、色彩和质感； • 运用特写镜头突出美食的细节； • 利用运动镜头和慢动作效果增强视觉冲击力。
光线的应用	• 使用自然光线拍摄美食，避免强烈逆光和阴影过重； • 在室内使用补光灯或柔光灯调节光线，保持色彩真实性。
美食摆盘和场景布置	• 精心摆盘，确保美食整齐美观、突出主题； • 选择合适的背景和道具，营造适合美食的氛围和场景。
剪辑技术	• 保持节奏连贯，避免画面过长或过短； • 添加过渡效果和音乐，增强视频流畅性和吸引力； • 调整色彩和对比度，让美食更诱人。
文案设计	• 编写清晰简洁的文字介绍美食的制作过程、特点和口感； • 设计具有吸引力的字幕和标题，增强信息传达效果。
音效和配音	• 添加背景音乐，营造愉悦氛围； • 使用音效突出美食的制作过程和细节，如烹饪声音、食材切割声等； • 添加配音或解说，介绍美食背后的故事和特点，增加观众互动性和了解度。
社交媒体分享	• 根据不同平台特点和受众喜好设置视频长度和内容； • 添加适合分享的标题、标签和描述，提高视频曝光度和传播效果。

表4-3-5　国外美食博主案例分析

要点	描述
博主信息	• 用户名：××× • 领域：美食博主 • 地点：巴黎

续表

要点	描述
视频风格	• 利用特写镜头展示美食的细节和质感； • 使用精准文案设计介绍美食的故事和特点； • 营造轻松愉悦的氛围，引起观众共鸣。
拍摄技巧	• 使用手机或相机拍摄，利用微距镜头和适当光线突出美食细节； • 在不同场景拍摄，如咖啡馆、餐厅、市集等，创造多样化背景和氛围。
制作细节	• 使用视频剪辑软件剪辑视频，保持节奏流畅和画面连贯； • 添加适合的背景音乐，营造轻松愉悦的氛围； • 设计具吸引力的字幕和标题，突出美食的特点和口感。
社交媒体分享策略	• 在 Instagram 发布视频，利用相关标签和描述吸引更多观众； • 与其他美食博主合作或参与美食活动，扩大影响力和曝光度； • 与粉丝互动，回复评论和私信，建立良好关系和忠实粉丝群体。
成效与影响	• 视频获得大量点赞、评论和转发，增加了博主的粉丝和互动量； • 品牌合作增加了博主的曝光和合作机会，提升了其在美食领域的影响力和知名度； • 吸引了品牌的注意，获得了赞助和推广机会，增加了收入来源和合作机会； • 帮助巩固了博主在巴黎美食圈的地位，成为当地知名的美食博主，受到粉丝和观众的热爱和关注； • 通过视频制作和分享，博主展示了对美食的热爱和独特视角，与观众建立了情感连接和共鸣，促进了美食文化的传播和交流。

表 4-3-6　国内美食博主案例分析

要点	描述
博主信息	• 用户名：××× • 领域：美食博主 • 地点：中国大陆
视频风格	• 强调食材来源和制作过程，展示地道的中国美食文化； • 采用快速剪辑和动态镜头，增加节奏感和视觉冲击力； • 添加幽默轻松的解说和配音，增加观看趣味性。
拍摄技巧	• 使用专业相机和摄影设备，保证视频画质和稳定性； • 前往不同地区拍摄，展示地方特色美食和风土人情； • 利用航拍镜头和特效拍摄，提升视频的视觉效果和震撼感。
制作细节	• 运用高级视频编辑软件进行剪辑和特效处理，突出美食的精致和诱人； • 添加适合的背景音乐和音效，增强视频氛围和观赏性； • 设计引人入胜的开场和结尾，提升视频的吸引力和留存率。
社交媒体策略	• 在微博、抖音、哔哩哔哩等平台发布视频，利用热门话题和标签吸引流量； • 与知名美食博主合作或参与美食节目，扩大影响力和观众群体； • 利用直播等互动方式与粉丝互动，增加忠实粉丝和互动量。

续表

要点	描述
成效与影响	• 视频播放量持续增长，获得大量点赞和评论，增加了粉丝和互动量； • 与知名品牌合作频繁，增加了曝光和合作机会，提升了影响力和知名度； • 收到多个美食节目和活动的邀请，提升了博主在美食圈的地位和声誉； • 通过视频制作和分享，展示了中国美食文化的魅力和多样性，推动了美食文化的传播和交流； • 成为行业内的佼佼者，受到粉丝和观众的追捧和关注，成为当地美食领域的代表性人物和关键意见领袖（KOL）。

二、美食短视频案例分析任务

根据美食拍摄要点，分组检索不同类型的美食视频，分析视频的内容、结构及特征，完成表 4-3-7 和表 4-3-8 的填写。

表 4-3-7　美食短视频案例分析基础信息

作品名称	
视频内容描述	
拍摄风格特点	

表 4-3-8　美食短视频案例分镜头脚本写作

序号	画面内容	运镜	时长	音效
1				
2				
3				
4				
5				
6				
7				
8				
9				
10				

三、美食短视频拍摄与制作

1. 任务要求

小组协同完成选题并填入表 4-3-9。

表 4-3-9 任务要求

拍摄任务名称	
拍摄任务目标	能够根据美食视频的类型完成前期的创意策划,小组合作围绕"美食"制作能够体现主题特色的短视频。视频拍摄运镜熟练,能够体现食物的特征;片头片尾字幕排版符合具有版式排列的形式美感;剪辑流畅、展示完整。
拍摄任务要求	(1)对拍摄选题进行项目分析 确认拍摄目标和定位,对食物和食材进行前期的考察,并和涉及的商铺、店主做提前沟通;确认拍摄店铺或者美食的独特点,并制定拍摄的形式,是注重客户体验、过程表现、服务特色还是其他。 (2)完成项目文案写作 文案部分包括视频的拍摄创意、片头文字、解说词,以及视频拍摄的脚本,为拍摄工作打下良好的基础。 (3)拍摄执行 美食短视频拍摄过程中,要从拍摄设备、拍摄手法、布光技巧等方面出发掌控执行过程。 (4)剪辑制作 剪辑风格、音乐能够烘托氛围,表现拍摄主题。视频的色彩调整、文字字幕制作风格能够增强视频感染力,弥补不足。视频镜头衔接流畅、自然、贴切。

2. 头脑风暴

分小组进行讨论,自选几款可以拍摄的产品,并完成表 4-3-10。

表 4-3-10 视频拍摄项目发散思维

序号	美食视频类型及特点	目标受众群体的兴趣爱好
1		
2		
3		
4		
5		

3. 拍摄计划

完成下列拍摄及执行安排表（见表 4-3-11）。

表 4-3-11　拍摄及执行安排

序号	类目	具体描述
1	美食拍摄类型	
2	项目特征描述	
3	视频拍摄的结构	
4	工具/道具	
5	分工任务简介	
6	时间安排	

4. 拍摄脚本

完成拍摄分镜头脚本写作，填入表 4-3-12。

表 4-3-12　拍摄分镜头脚本写作

序号	画面内容	运镜	时长	音效
1				
2				
3				
4				
5				
6				
7				
8				
9				
10				
11				
12				
13				
14				
15				
16				

任务考核

一、单选题

1. 拍摄食品的布光一般使用带有一定方向性的（　　）。
   A. 柔光　　　B. 硬光　　　C. 冷光　　　D. 暖光

2. 标准镜头中，焦距为（　　）的镜头视角跟人眼最接近。
   A. 28mm　　　B. 50mm　　　C. 100mm　　　D. 135mm

3. 美食拍摄的四种拍照视点分别为平视、视野高度、四分之三视点以及（　　）。
   A. 仰视　　　B. 俯视　　　C. 斜角　　　D. 正视

4. （　　）类视频，通过介绍美食的起源、制作工艺、营养价值等，向观众传递美食的魅力和价值观。
   A. 美食探店　　　　　　B. 美食文化分享
   C. 美食制作　　　　　　D. 美食品尝

5. 拍摄肉类的美食，可以选择（　　）的灯光，能够拍摄出食物诱人的色彩。
   A. 3500～4000K　B. 4500～5000K　C. 5200～6500K　D. 6500～7500K

二、多选题

1. 制作类短视频可分为（　　）等类型。
   A. 优质教程型　　　　　　B. 生活方式或情境型
   C. 品尝类、种草测评型　　D. 吃秀吃播型

2. 短视频变现方式有（　　）等类型。
   A. 平台红利　　B. 电商　　C. 广告　　D. 付费内容

3. 撰写美食短视频文案时，可以从（　　）几个方面深入描绘食物的细节。
   A. 粉丝　　B. 感官　　C. 工具　　D. 场景

4. 手机外置镜头一般分为（　　）等不同类型。
   A. 鱼眼　　B. 广角　　C. 微距　　D. 长焦

5. 分镜头脚本的写作包括角度、演员、服装、道具、时长以及（　　）等几个方面。
   A. 场景　　B. 景别　　C. 运镜　　D. 内容

三、判断题

1. 在旅游餐饮的开发上，旅游餐饮企业抓住菜品和菜品的味道就可以了。（   ）
2. 广角镜头是指焦距在35mm以上的镜头。（   ）
3. 光圈优先模式由我们先自行决定快门速度后，相机测光系统自动选择合适的光圈。（   ）
4. 长焦可以拍摄更远处的物体，在杂乱的环境中构出最美的画面。（   ）
5. 冷菜系的沙拉、烘焙之类的美食，用白光5500K左右比较好。（   ）

四、实践题

根据以下任务描述完成美食探店视频拍摄。

任务项	内容
任务描述	制作一段探店视频，展示一家独特的本地餐厅或商铺，介绍其特色、氛围和产品，吸引观众前来体验。
视频时长	3～5分钟
内容要点	开场：简要介绍探访的店铺名称和位置； 环境展示：拍摄店内外环境，包括装修风格、座位布局等； 特色介绍：介绍店铺的招牌菜或特色产品，并进行现场试吃或体验； 采访店主或员工，了解他们的故事和经营理念； 顾客反馈：记录顾客对产品的反馈或评论； 总结：对店铺的整体评价，提出推荐理由。
拍摄要求	使用稳定的拍摄设备，确保画面清晰、流畅； 注意光线，尽量选择自然光源，避免过曝和阴影； 确保音质清晰，必要时使用外置麦克风； 添加适当的背景音乐，但音量不应盖过对话。
后期制作	添加简洁的字幕，介绍店铺信息和特色产品； 进行简单剪辑，使视频节奏流畅、内容紧凑； 使用适当的转场效果，提升视频观感。
提交要求	提交格式：MP4或其他常见视频格式
评分标准	创意性（30%）：内容的独特性和吸引力； 拍摄质量（30%）：画面清晰度和稳定性，音质是否清晰； 编辑流畅度（20%）：剪辑是否顺畅，转场是否自然； 信息传达（20%）：是否有效传达了店铺特色和顾客体验。

任务考核答案4-3

任务四 酒店短视频拍摄与制作

任务分析

酒店短视频营销已经成为酒店业获取新流量和提升品牌影响力的重要手段。短视频平台的崛起使得酒店营销策略发生了显著变化。目前,越来越多的酒店开始关注并投入短视频营销中,特别是在抖音、快手、微信视频号等平台上,酒店业的竞争日益激烈。酒店短视频营销的主要形式包括品牌宣传、活动推广、KOL合作以及用户UGC内容,这些形式能够有效提升酒店的知名度和美誉度。短视频营销还能够帮助酒店精准定位目标受众,制定相应的内容策略,提高品牌故事的吸引力。

本部分的学习任务如表4-4-1所示。

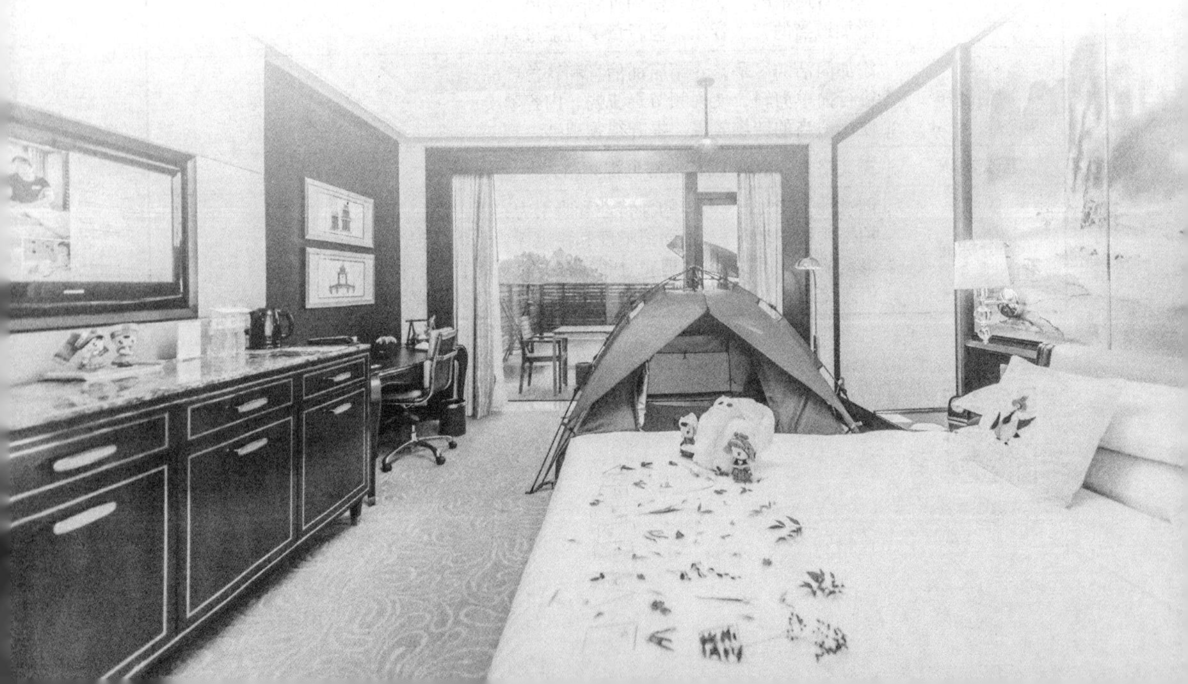

任务四　酒店短视频拍摄与制作

表 4-4-1　学习任务表单

任务概述	（1）能够对酒店的品牌传播需求进行分析，针对目标消费群体确定拍摄主题，服务酒店品牌； （2）将酒店的服务项目、整体环境等结合酒店的实际进行展示，恰如其分，如实体现； （3）通过镜头运用、画面与适度的特效相结合，让影片具有一定的艺术性，塑造酒店特色品牌。
学习目标	知识目标： （1）了解短视频在酒店营销中的作用； （2）能够分析不同类型酒店品牌特征； （3）知道酒店视频拍摄的步骤和方法； （4）懂得类型酒店文案写作的结构。
	技能目标： （1）掌握酒店短视频创意文案写作方法； （2）综合运用镜头运动规律进行拍摄活动； （3）学会使用剪辑软件的特效库进行视频效果的制作； （4）灵活使用剪辑规律，完成影片的剪辑； （5）掌握剪辑工具调色功能的步骤。
	素质目标： （1）感受酒店产业营销新业态，提升职业岗位认知； （2）通过项目任务，提升学生分析问题、解决问题的能力； （4）提升小组协作能力和沟通能力； （5）提高艺术审美和创新意识。
学习内容	（1）酒店项目任务分析 　　能够根据酒店定位分析酒店的独特卖点，找出酒店的独家优势作为核心，从客户的视角对酒店的设施、服务等提供体验式说明；另外，可以从酒店日常运营的细节出发，提供与目标消费群体建立长期共鸣的机会。能够从酒店周边环境、景点出发，借势优势资源。 （2）综合使用短视频技术，完成项目创编 　　分组撰写拍摄创意和分镜头脚本，使用摄像机进行项目拍摄，通过不同镜头艺术化表现拍摄主题，展现拍摄内容，结合故事创编完成后期剪辑、配乐、字幕、调色和特效的制作。
学习重点	摄像和后期的艺术展现形式与酒店品牌相适应。
学习难点	根据酒店品牌定位进行短视频创编。

265

📖 知识准备

一、短视频与酒店营销

1. 酒店短视频营销现状

当前我国网民的互联网使用行为呈现新特点：一是人均上网时长持续增长；二是上网终端设备使用更加多元。即时通信、网络视频、短视频用户使用率逐年提升。凭借短视频用户的万亿次打卡，短视频成为新流量来源，且酒店营销凭借其多元化、高颜值、强互动的内容使其表现形式更加生动，深受"Z世代"的喜爱，短视频营销在酒店圈爆红。

短视频为酒店带来了新的获客渠道。各方力量都在积极推动酒店业视频化营销进程。近年来，各大酒店集团纷纷试水短视频营销、开辟营销新战场，如锦江酒店早在几年前便开通了在短视频全平台的多领域账号，涉及校园招聘、酒店人事活动、锦江酒店加盟投资等内容，布局短视频营销，开始自主探索私域流量的运营。有些单体酒店仅通过抖音团购这个渠道月销售额就超过了百万元。

短视频营销虽在酒店圈爆红，但酒店面对营销新领域也遇到了一定困境，亟待行业转变。

2. 不同酒店类型短视频的创作方式

相关民宿从业者抓住年轻群体喜爱刷短视频的特点，以民宿为背景打造系列故事，以确保视频有足够的亮点。

某些酒店则采用特定素材吸引某特定目标客群。例如，锦江酒店（中国区）旗下品牌ZMAX酒店与国际知名企业咨询管理公司领仕优（Link-U）合作在"Z世代"喜爱的短视频平台进行了定向投放（Direct to Customer，DTC）测试，清晰地刻画了品牌目标消费群体的画像，并从消费者潜在的需求中获得了新的短视频制作灵感。

3. 酒店短视频营销案例

近些年，国际酒店集团在中国市场的垄断地位逐渐被国内品牌打破，但是国际酒店品牌依旧具有较高的知名度和较大的单体酒店数量，在短视频运营及成本投入方面更具优势。假日酒店是洲际酒店集团旗下的品质系列品牌之一，是首批进入大陆市场的国际品牌酒店。假日酒店在短视频平台上无统一的官方运营号，不同单体酒店在短视频平台都运营着自己的短视频账号，在短视频发布的数量上占有一定优势。据不完全统计，假日酒店在某月发布的短视频中，"自助餐团购""春季欢乐游""×天×晚套餐折扣"主题视频占多数。

W酒店是万豪国际集团旗下的全球现代奢华时尚生活品牌，其官方的定位是"Lifestyle"品牌。W酒店凭借其激发灵感、创造潮流、大胆创新的风格深受"Z世代"客群的喜爱，在"Z世代"成为消费主力的今天，独特的酒店风格+短视频的组合成为其获得大量点赞的重要优势。某短视频平台数据显示，W酒店在该平台仅凭"wblackbox"话题系列视频就获得了1186.2万的观看量和超过26万的点赞。

4. 短视频平台布局酒店营销

与此同时，各大短视频平台也嗅到了商机，开始在酒店行业布局（见表4-4-2）。

表4-4-2　三大主流短视频平台酒旅行业布局

短视频平台	在酒店业布局	具体动作
抖音	2021年5月，抖音内测小程序"山竹旅行"	用户可在抖音在线完成景区门票和酒店预订，支持从视频种草到交易都在抖音App内闭环完成，意味着抖音将打通酒旅行业流量变现渠道
小红书	小红书与湖州市文化广电旅游局签署战略合作协议，推出"Red City城市计划"	打造游玩两天住一晚的"一宿二泊"旅游名片，规划不同的旅游路线，体验湖州独具风格的民宿酒店
快手	2021年12月27日，快手宣布与美团达成互联网互通战略合作	美团在快手平台上线美团小程序，快手用户能够通过美团小程序直达酒店、民宿、景区等多个生活品类服务

（来源：迈点网，2021年）

除了抖音、小红书以外，微信公众号、视频号、头条等渠道，也是酒店可以铺开的宣传渠道。酒店有多种客源，而他们的活跃渠道各不相同，酒店应当在客源活跃渠道做推广，多渠道铺开，形成营销矩阵，全面塑造品牌。

5. 酒店短视频营销的难题

尽管短视频渠道在酒店营销层面发挥着很大的价值，但是不得不承认，在实际落地过程中，短视频推广在整个行业的应用水平仍然相对较低，主要有以下三个原因。

（1）无法精准提炼酒店卖点

酒店的产品覆盖了餐饮、客房、疗养等多个方面，产品面对其他行业来说相当巨大，因此，从哪个产品入手进行营销推广、消费者对哪个产品更感兴趣、不同的产品如何精准触达不同圈层的目标用户等问题始终围绕在酒店营销经理的脑中。

（2）缺乏实践经验和指导，难以落地实操

短视频营销发展到现在已相对成熟，没有一个团队长期输入优质的内容，是很难积累大量粉丝的。

曾有酒店一开始希望通过自营短视频平台账号进行推广，但效果并不理想，原因便在于其对产品的把握、短视频拍摄逻辑和平台流量算法都不甚了解，最终决定与专业的运营机构合作。传统酒店在短视频营销方面经验不足，想要通过短视频进行营销，一般来说，好的摄像、剪辑、运营、编导都是不可或缺的，但这些岗位对于传统酒店而言却都是全新的。

（3）酒店营销预算有限，难以大量铺陈

酒店在营销预算方面相当谨慎，尤其是单体酒店，在短视频营销方面仍处于观望状态，并不是所有的酒店都有足够的营销预算支付短视频平台上的推广费用，许多单体酒店的营销预算少甚至没有。但想要通过全方位整合资源、多维度布局，在话题的层层推进中达到预期的影响力，往往需要一笔不菲的费用。这也将导致短视频营销在酒店业的落地速度会放缓。

6.酒店短视频营销趋势

未来，随着短视频营销的不断升级，酒店将借助短视频实现更精准的流量运营。

（1）酒店营销视频化——从公域流量到私域流量的转型

短视频平台作为酒店的品牌宣传阵地之一，促进了用户从公域流量到私域流量的转型，这也是酒店品牌建立消费者心智的重要渠道。以雅高酒店集团为例，其在短视频渠道下单前需要注册会员绑定账号，在流量红利消失的当下，酒店营销视频化为酒店创造了公域流量转化为私域流量的绝佳途径。

（2）视频内容精致化——从"大而全"到挖掘"极致利益点"

平铺式的酒店宣传片在短视频市场并不吃香，从之前分发"包罗万象"的宣传片，到如今酒店探索属于自己的精准定位，酒店在进行短视频营销时要打造自身的差异化产品。

酒店需要找到自己的核心产品作为卖点以打动消费者并促成消费。以某沙漠酒店为例，虽然其地理位置偏远，但该区域每年会有流星雨出现，可以作为核心卖点进行营销，为酒店吸引更多游客打卡入住。一旦找到营销点，酒店就不再是价格导向，而是拥有了更多的价值所在。

（3）营销平台精准化——从全平台铺开到精准领域分发

从"人找货"到"货找人"，酒店不再执着于如何在全平台展示自己的产品，而是开始设法寻找适合自己的内容形式和领域契合的分发达人博主。

一方面，酒店借助短视频数据分析优化营销行为，制作更精准的用户画像，对消费者的需求更加精准独到，进行精细化的运营；另一方面，通过平台算法让产品触达目标圈层，通过挖掘用户兴趣，定位更精准的分发渠道。

（4）短视频营销更注重专业化分工协作——第三方机构助力

短视频营销更注重专业化分工协作。要做好短视频，至少需要一个专业的团队，包括摄像、剪辑、运营、编导等，但这些岗位对于酒店而言都是全新的。如今的短视频赛道瞬息万变，酒店这样相对传统的行业，等发现变化时，红利期早已过。因此，找到一个专业的第三方合作不失为酒店短视频营销的好办法。

短视频已经成为大众工作生活中不可或缺的媒介形态，多元渗透传播、恰到好处的特色宣发，没有高高在上的按头式安利……使得短视频营销成为助力酒店构建获客引流到复购营销闭环的一大利器。短视频平台丰富的内容形式在给酒店带来销售额突破的同时，也使酒店借助短视频变现的手段打开了品牌宣传和市场营销的另一扇窗，开拓了引流获客的新渠道。

未来，短视频将成为酒店行业进入电商时代后的又一助力。我们相信，会有越来越多的酒店在短视频平台上大放异彩。

二、酒店短视频创作

1. 酒店短视频创作的内容类别

从酒店业短视频的发布来看，有三大类内容十分受欢迎：差旅住宿攻略、酒店餐饮和酒店设计。

就差旅住宿攻略而言，各种帮助差旅人士解决差旅选择困难的"探店"模式颇为流行——酒店的多样和时间的不足导致很多差旅人士在选择上比较困难，通过发布探店攻略，消费者通过视频上的真实酒店样貌、人均消费和位置信息，就可以全面了解商家重要信息，省去了自行查找和判断时间，提高了决策效率。以"睡星人探店"为例，其发布的视频主要为有旅游、出差住宿需求的用户推荐专属不同人群的适睡酒店，视频多以周边交通、游玩景点为开头，在为观众策划不同目的地的旅行中插入其推荐的酒店，介绍酒店风格、特色产品等，在人们规划旅行的过程中向其种草酒店。

若酒店极富设计感，就可以主攻酒店设计方向的短视频主题，将酒店营销的重点放在酒店设计上。以杭州所见·西溪度假酒店为例，在其通过某抖音博主发布的宣传视频中展示了酒店将原本的"厅"改成了"亭"，走过池畔木桥才能到达前台等一系列独特的设计，吸引了3.5万人表示想去酒店打卡。

2. 酒店短视频创作的要点

(1) 视频有看点，酒店有卖点

短视频最大的特色就在于"短"，所以用户对于在有限时间里的内容也会更加挑剔。这就要求视频拍摄者在做视频时，一定尽可能在有限的时间内，将有效且能打动客人的信息展示出来，并形成传播。

而酒店拍摄短视频的最终目的，还是希望能够促成订单，因此要有1~2个能够吸引客人下单的卖点。

比如，突出自家酒店和竞争酒店相比有何特别差异。比如酒店有榻榻米房间，而这是其他同城竞争酒店所没有的，就可以包装成"××城不可错过的和风拍照地点"。

再比如，同样的东西，自家酒店与竞争酒店相比有更大的优势。如同样是早餐，自家酒店的早餐可以坐在透明玻璃落地窗边吃，俯瞰全城风景，单是这点就足够具备网红属性。

(2) 关注流行，了解趋势

短视频的火爆之后就是内容更迭的迅速，内容的生命周期就越来越短，这就要求有志做好短视频的酒店，能够成为这些视频网站上的"重度用户"。需要了解最近视频网站上火爆的视频是什么样的、哪些背景音乐是最近受欢迎的、最近这些平台上的其他人在讨论什么、哪些内容可以和自家酒店结合，等等。当这些形成内容敏感后，每当创作时，就可以快速和这些热门元素匹配上，帮助酒店更好地切合用户所关注的重点。

(3) 以客人的视角看问题

酒店应尽可能从客人的视角看看酒店有哪些地方值得再被宣传。在携程客人点评中，看看客人拍照分享最多的是什么、客人给好评最多的服务细节是什么，这都是非常好的素材。

比如，不少客人提及酒店的下午茶精美且好吃，这点就可以单拎出来做测评。又如，酒店亲子房非常受欢迎，就可以出"亲子周末出游去哪儿玩"攻略，把酒店软性植入这份攻略里。

（4）坐上景区流量的"顺风车"

如果把自身酒店的特色都说了一个遍，那么还可以从酒店周边的网红景区或是当地的旅游资源出发，让这些本身自带流量的"网红"，带着你家酒店一起"飞"。比如，可以做当地旅游几日游的攻略视频，同时在视频前或后软性植入酒店的信息，这样既不会太生硬，内容也更容易传播。

（5）记录生活，沉淀粉丝

每个成熟的网红账号落到背后都有人格，酒店也可以让账号更富有人情味些，从而帮助酒店更长久地运营下去。比如，可以拍摄民宿园艺师傅的日常工作，在记录园艺师傅工作的同时，还能顺便展示酒店绝美的园景。又如，可以拍摄酒店保洁阿姨的客房工作技巧，不仅能展示酒店的工作品质，还能展示房间信息。

3. 酒店短视频拍摄方法

（1）测评攻略

这类视频主要是围绕酒店的全方位或者某一大项（如餐饮、康体项目）等进行服务、设施、环境等多维度的评测，要求信息全面、角度客观。

测评视频适合高端酒店、度假酒店；拍摄形式主要是细致讲解，重点展示优势。开头可以对全视频内容做个概括，突出酒店的特色与人气，开局便要锁定观众注意力。例如：据说这家酒店在携程上海口碑榜排名第一，我们今天就一起来看看。对优势和特色的细节拍摄（风格/风景/环境/早餐/泳池/服务等），重点从五觉感官（视觉、听觉、嗅觉、味觉、触觉）上介绍。中间可以增加与其他酒店的对比，例如：同样的客房配置，我只在几家奢牌酒店里见过。对房间信息也要有介绍（地址/价格/预订方式），其中对于特殊的要求也要进行介绍，例如：酒店该房间需提前一周预订等。

拍摄时，注意镜头展示与声音描述要切合，同时要有代入感和想象空间，避免客人看得有莫名其妙的感觉。

(2)测评视频日志(Vlog)类

与攻略类视频一样,测评 Vlog 视频同样要求信息全面,但拍摄的内容会要求与拍摄者的活动路线及习惯一致,内容上会更偏拍摄者个人主观感受,对拍摄者语言能力及外貌形象有一定要求。适合主题酒店、特色民宿;拍摄形式为真人出镜讲解,富有个人感情。

开篇可围绕个人的生活入手,讲述为什么今天要测评这家酒店。例如:好多朋友最近都在给我推荐这家怀旧主题酒店,今天就跟着我一起来打卡吧。对优势和特色的细节拍摄(风格/风景/环境/早餐/泳池/服务等),介绍时从个人的感受方面入手。例如:介绍早餐好吃时,可以这么说:"他们家的早餐我可以打 10 分,光馄饨面我就可以吃好几碗。"还可以在这之中增加一些隐藏玩法的推荐,贴近 Vlog 纪实性。例如:"这家店会赠送多个康体项目,我个人更推荐睡眠瑜伽,真能让我晚上回来睡得死死的。"

拍摄时,注意出镜者出镜和空镜画面的结合,避免画面过于单一。另外,建议声音可以后期录制,避免多段视频录制后期剪辑时无法保证声音质量水平。

(3)高光展示

这类主要指的是针对酒店房间亮眼风景做展示,这也是酒店可长期操作的一种拍摄手法,但对拍摄的要求更高。适合房间风景好(海景、江景、夜景、园景等)的酒店,院落精美的民宿、客栈。拍摄形式无须出镜出声,只做镜头展示和搭配合适的背景音乐。

以第一人称的视角进行拍摄,让手机前的观众能够更好地进入当前所处的意境中。着重对一个细节进行高亮的特写,中间可运用镜头反转及音乐升华达到一个强调和突出的效果。常见有打开房门,就看到非常精致的房间;打开窗帘,外面就是绝美的海景或城市夜景等。这类视频不要贪图信息全面,整期内容只需对一个亮点的细节做特别描写即可。

(4)品牌故事

这类不会直接对酒店房间和设备设施做介绍,而是在讲解酒店品牌故事的过程中,用镜头带过。其中重要的是酒店品牌故事要足够吸引人,有一定的戏剧性,让人有听下去的欲望。这类拍摄适合历史悠久的酒店、设计师酒店、有故事的小客栈或小酒店。拍摄形式以旁白和字幕为主,中间可出现店主自述或是采访片段。

（5）合集盘点

这类主要是用于盘点多家同类型的酒店，让客人可以通过视频得出自己的判断选择。适合同地区酒店、同定位酒店、同品牌酒店等。拍摄形式从多家酒店多个相同的维度进行拍摄、介绍。因为信息较多，所以此类项目话术上应尽量精简，避免废话，直接给核心观点和决策信息。每家酒店都要有清晰的标识，避免客人看到最后混乱。同时，要注意避免介绍自家酒店时过度贬低竞争酒店，以免引起同行不满及客人怀疑。

4. 酒店短视频拍摄要点

（1）试拍

视频拍摄不用一气呵成，每一段拍摄可以多次尝试，调整灯光、布景、角度、滤镜，最终保留效果最佳的一条。

（2）持稳

拍摄时手不能抖，尽量保持平稳，否则很容易无法对焦而造成画面模糊，可以考虑网购三脚架保持稳定性。

（3）空镜头

这里的空镜头指的不是没有画面的镜头，而是指的纯展示的镜头，如拍摄窗外的景观、屋内布置等。主要是转场或是画面切换时做衔接使用，使得整体更加和谐。

（4）片头片尾

开拍时，每段视频先稳定拍摄 1~2 秒后，再进入正式的情节和画面拍摄。结束时，演员不要立即变化表情及神态，以保证后续剪辑连贯。

5. 酒店短视频制作要点

（1）视频片头

在如今快节奏的社会中，观众注意力持续时间很短，视频应该在尽可能短的时间里抓住客人眼球。酒店要尽量将关键信息放在视频片头，加深观众对酒店品牌的印象。

（2）字幕配音

字幕和配音可以对画面的补充与修饰，字幕一般与配音介绍同步。如果没有合适的配音人员，则可用背景轻音乐代替。字幕主要对酒店的特色与服务起到解释补充作用，也可以设置悬念，对画面效果进行修饰。

（3）色调

拍摄时可以使用滤镜，也可以通过剪辑对视频进行调色，让画面更具高级感。要注意的是，视频色调整体应保持一致。

（4）切换

拍摄不同场景的素材时，两个不同场景之间的切换要连贯流畅，视频剪辑软件基本都会提供多种转场切换的效果，但是一部切换方式尽量控制在2~3类以内，免得让客人感到眼花缭乱。

（5）规范

在拍摄和剪辑酒店短视频时，要特别注意平台审核标准，若不符合平台要求将可能无法通过审核，导致视频无法发布。平台不同，规则也有所差异，拍摄前应先查看。例如，某平台酒店旅拍审核标准如下：一是内容中出现活动时，需要明确活动的年月日等详细时间；二是不能出现电话、微信、二维码，以及非该平台的网址等信息；三是不可出现其他平台的标识（Logo）（酒店的 Logo 可以展示）；四是内容需要和酒店有关，非酒店场景的内容需要文字或者语音解说与酒店的关系。

6.酒店短视频文案写作

酒店短视频的文案需要简洁、富有感染力，既能快速抓住观众注意力，又能精准传递酒店的核心卖点。

（1）短平快

在短视频时代，用户的注意力稍纵即逝，文案写作要避免冗长铺垫。因此，酒店短视频文案一开始就要抛出颠覆认知的信息，如表4-4-3所示。

表4-4-3　酒店短视频短平快文案案例分析

类型	失败案例	成功案例	技巧说明
悬念式	欢迎来到××酒店	月薪5000元怎么住得起这里	用颠覆认知的问题制造好奇
对比式	我们房间很宽敞	从合租房到100平方米套房只要1秒	通过前后对比，突出价值感
数字式	多项优质服务	花普通酒店钱享7项VIP特权	具体数字增加可信度
痛点式	舒适睡眠体验	认床的人终于能睡整觉了	直击用户核心痛点

（2）突出价值

用户不关心酒店的占地面积或建筑历史，只关心"这能带给我什么"，文案写作要将设施转化为可以看到的直接利益，如表4-4-4所示的案例分析。

表4-4-4　酒店短视频价值可视化文案案例分析

抽象描述	可视化文案案例	转化原理	适用场景
豪华床品	躺下3分钟入睡的NASA（美国国家航空航天局）同款床垫	用结果代替特征，NASA背书增强权威感	高端酒店/健康主题
优质服务	你还没开口，管家已送来充电线	具体服务场景展现预见性	奢华酒店/商务客群
便利交通	比打车快！地铁口电梯直达大堂	量化比较（时间/成本）	城市商务酒店
亲子友好	娃玩3小时=你做完SPA+喝下午茶	用家长获得的自由时间换算价值	度假村/亲子酒店

（3）调动情绪

人类决策更多依赖情感而非逻辑，酒店短视频文案需要构建"感官沉浸式画面"，用场景化语言激发想象，触发用户的渴望，如表4-4-5所示。

表4-4-5　酒店短视频五感文案案例分析

感官	普通文案	五感强化文案案例	效果说明
视觉	海景房	落地窗正对鲸鱼洄游路线	独特景观记忆点
听觉	安静环境	只听得到自己的呼吸和远山钟声	用声音反差突出静谧
触觉	舒适浴缸	泡在38℃温泉里像被拥抱	温度+体感比喻
嗅觉	香氛系统	推门闻到爱马仕花园系列同款香	品牌联想提升格调
味觉	美味早餐	现开生蚝带着太平洋的海盐味	食材溯源增强新鲜感

（4）行动引导

即使酒店短视频再精彩，没有明确的行动指令，用户也可能看完就划走，结尾加行动号召语，可以促进转化，如表4-4-6所示的案例分析。

表 4-4-6　酒店短视频高转化行动号召语文案分析

类型	弱效果案例	强效果案例	设计要点
紧迫型	欢迎预订	樱花房只剩最后 2 间	真实限量信息 + 倒计时特效
福利型	联系有优惠	私信，领隐藏 8 折	设置专属暗号制造特权感
步骤型	点击了解	① 戳定位 ② 输 CODE 123 ③ 立省 300	分步降低操作难度，福利金额明确
测试型	查看房型	点击测试你的专属折扣等级	利用游戏化心理提升参与度

案例分析与实践

一、酒店短视频案例分析要点

表4-4-7列出了拍摄酒店短视频时需要注意的关键点,以确保视频质量和效果。

表4-4-7 酒店视频拍摄与制作流程及要点

阶段	内容	举措
策划阶段	确定视频主题和目的	• 确立展示酒店豪华设施和优质服务的主题 • 目的是吸引客人预订并提升品牌形象
	制订拍摄计划和脚本	• 确定拍摄场景包括客房、大堂、餐厅等 • 设计详细的镜头构图和拍摄角度 • 安排模特或员工出镜展示专业形象
拍摄准备阶段	确保场地整洁、布置精美	• 调整灯光和背景,确保画面清晰明亮 • 确保酒店各个区域整洁有序,展现高品质形象
	使用专业摄像设备和稳定器	• 使用高清摄像机或智能手机 • 使用稳定器或三脚架确保视频稳定 • 使用外接麦克风,保证声音清晰
拍摄阶段	多角度拍摄展示酒店全貌	• 拍摄外部建筑、大堂、客房、餐厅等 • 运用特写镜头突出细节,如客房装饰和餐厅美食
	安排模特或员工出镜	• 展示服务态度和专业形象 • 引入客人参与拍摄,增加真实感和互动性
后期制作阶段	精心剪辑视频素材	• 保留精彩镜头,控制视频长度在1~3分钟 • 添加字幕、转场效果、背景音乐等
监测反馈阶段	发布和推广视频	• 在社交媒体平台发布和分享视频,吸引目标受众 • 结合促销策略提升视频曝光度 • 监测反馈并调整视频内容
	监测视频反馈和观看量	• 定期监测视频观看量、点赞数和评论反馈 • 根据反馈意见调整和优化视频内容 • 了解观众反应,提升后续拍摄效果

二、酒店短视频案例分析

分组检索并选择有代表性的酒店类短视频,分析视频内容、风格特征及分镜头脚本,完成表4-4-8和表4-4-9。

表 4-4-8 案例基础信息

拍摄酒店名称	
视频内容分析	
拍摄风格特点	

表 4-4-9 案例分镜头脚本

序号	画面内容	运镜	时长	音效
1				
2				
3				
4				
5				
6				
7				
8				
9				
10				

三、酒店短视频拍摄任务

1. 任务要求

小组协同完成选题并将任务名称填入表 4-4-10。

表 4-4-10 任务要求

拍摄任务名称	
拍摄任务目标	（1）突出酒店定位与品质 酒店的定位是与目标消费群体达成共识，视频展示的内容需要能够与消费者产生共鸣，才能达成记忆目标、刺激消费的目的。镜头拍摄画面能够体现酒店的品质，吸引消费者。 （2）对服务的表现实事求是 在展示酒店的特色和服务的过程中要实事求是，夸大的表现会影响酒店在社交平台的口碑，适得其反。可以适当引用客户的评价画龙点睛，增强说服力。
拍摄任务要求	（1）撰写拍摄方案 选定酒店拍摄主题，明确受众人群，明确消费者需求和客户需求。同时，对于酒店短视频拍摄来说，要与时俱进，突出酒店的自身特点，根据拍摄主题撰写拍摄方案和脚本。 （2）现场进行拍摄 用推镜头、环绕镜头、蚂蚁镜头、跟镜头等方式将拍摄的酒店的主题凸显出来，将画面赋予张力。运用镜头增加画面的渲染力。拍摄时，除了熟练运用拍摄镜头外，还要避免拍摄视频画面的抖动。 （3）后期视频制作 后期制作要将创意文案、创意脚本的思路融入视频制作中，在视频后制作中，可以适当加入后期特效以及色彩搭配等，从而给人以酷炫的视觉冲击。

2. 头脑风暴

分小组进行讨论，自选几款可以拍摄的产品，并完成表 4-4-11。

表 4-4-11 拍摄项目发散思维

序号	酒店的类型及特点	目标受众群体的兴趣爱好
1		
2		
3		
4		
5		

3. 拍摄计划

请将拍摄及执行计划填入表 4-4-12。

表 4-4-12 拍摄及执行安排

序号	类目	具体描述
1	拍摄酒店类型	
2	酒店特征描述	
3	短片核心概念	
4	工具\道具	
5	分工任务简介	
6	时间安排	

4. 拍摄脚本

小组自选方案完成分镜头脚本的写作（见表 4-4-13）。

表 4-4-13 拍摄分镜头脚本写作

序号	画面内容	运镜	时长	音效
1				
2				
3				
4				
5				
6				
7				
8				
9				
10				

任务考核

一、单选题

1. 酒店短视频内容精致化指的是要表现拍摄酒店的（   ）。
   A. 全面　　　　B. 细节　　　　C. 宏观　　　　D. 利益点
2. 酒店测评 Vlog 视频内容上会更偏向（   ）。
   A. 客观评价　　B. 主观感受　　C. 平台特点　　D. 受众点评
3. 酒店拍摄使用的滤镜或者后期调色，视频色调整体应保持（   ）。
   A. 丰富　　　　B. 单一　　　　C. 多元　　　　D. 一致
4. 现阶段酒店短视频形式运营更加（   ）。
   A. 职业化　　　B. 业余化　　　C. 大众化　　　D. 本土化
5. 短视频平台拥有下沉市场用户优势，可深入挖掘旅游（   ）为商家提供精准服务。
   A. 国际市场　　B. 国内市场　　C. 大众市场　　D. 细分市场

二、多选题

1. （   ）等多方入局，反映酒店短视频营销正当时。
   A. 酒店方　　　B. 短视频平台　　C. 行业营销机构　　D. 专业媒体
2. 短视频推广在整个行业的应用水平仍然相对较低，主要原因有（   ）。
   A. 无法精准提炼酒店卖点
   B. 缺乏实践经验和指导，难以落地实操
   C. 酒店营销预算有限，难以大量铺陈
   D. 酒店短视频营销效果有限，难以实现流量转化
3. 从酒店业短视频发布来看，受欢迎的内容有（   ）。
   A. 差旅住宿攻略　　B. 酒店餐饮　　C. 酒店设计　　D. 酒店运营
4. 酒店短视频拍摄方法中测评攻略适合的酒店类型有（   ）。
   A. 高端酒店　　B. 度假酒店　　C. 主题酒店　　D. 特色民宿
5. 文中举例提及的某平台酒店旅拍审核标准包括（   ）。
   A. 内容中出现活动需要明确活动的年月日等详细时间
   B. 不能出现电话、微信、二维码、非携程的网址等信息
   C. 不可出现其他平台的 Logo（酒店的 Logo 可以展示）
   D. 内容需要和酒店有关，否则需要文字或者语音解说与酒店的关系

三、判断题

1. 短视频营销为酒店带来了新的获客渠道。（　　）
2. 抖音平台还不能够在线完成景区门票和酒店预订，需要转到其他平台实现。（　　）
3. 酒店视频营销平台精准化指的是从全平台铺开到精准领域分发。（　　）
4. 视频拍摄过程应该一气呵成，减少时间的投入，降低拍摄的成本。（　　）
5. 酒店品牌故事的讲述也要集中表现酒店的环境和布局特征。（　　）

四、实践题

根据以下任务要求完成酒店短视频拍摄任务（见表4-4-14）。

表4-4-14　酒店短视频拍摄任务

任务步骤	具体要求
项目策划	• 确定视频的主要目标（如吸引年轻旅客、提升酒店知名度等） • 选择明确的主题（如"奢华体验""家庭友好""商务便利"等）
脚本编写	• 撰写详细的旁白和画面描述，分为开场、主要内容和结尾 • 确保脚本逻辑清晰，内容吸引人。使用标准脚本格式，包含场景描述、旁白和音效等
拍摄计划制订	• 制定拍摄日程，明确外景和内景拍摄的具体日期与时间 • 列出所需的拍摄设备（相机、三脚架、灯光、无人机等） • 确定各个角色的职责（导演、摄影师、灯光师等）
实际拍摄	• 根据拍摄计划逐步进行每个场景的拍摄 • 注意光线、角度和画面构图，确保每个镜头质量 • 根据实际情况调整拍摄计划，确保拍摄顺利进行
后期制作	• 将拍摄素材导入视频剪辑软件，按照脚本进行剪辑 • 选择合适的背景音乐，并录制旁白音轨，确保音量平衡 • 添加必要的转场效果和文字说明，导出最终视频文件
提交要求	• 上传最终制作完成的酒店宣传短视频（1080P格式） • 提交项目报告，包含项目目标、策划思路、遇到的挑战及解决方案、成果总结
评分标准	• 创意性（30%）：主题选择与内容创意 • 脚本质量（20%）：脚本逻辑性和吸引力 • 拍摄质量（30%）：画面构图、光线运用和整体效果 • 后期制作（20%）：剪辑流畅度、配乐与旁白的结合

任务考核答案4-4

模块五

直 播

任务一　直播工具与平台　/284
任务二　直播方案策划　/303
任务三　直播实践　/316
任务四　社群直播　/333

视频微课 5-1
直播活动中的用户画像

任务一　直播工具与平台

任务分析

直播属于一种双向甚至是多维度互动的信息传播,甚至是一种多维度的信息传播。网络用户可以通过点赞、评论等方式与主播互动。以直播为代表的带货模式给消费者带来更直观、更生动的购物体验,营销效果好。直播销售的交易规模不断扩大,热度持续增强,逐渐成为电商平台、内容平台的新增长动力。在直播各个环节中,构建用户画像是一个关键环节。由于互联网时代赋予了用户更多的权利与意义,以用户为中心是互联网时代的新媒体特征。对新媒体而言,必须做好用户画像构建,即自身用户是什么人、用户的需求是什么、如何满足需求等,这样才能做好直播策划。

本部分的学习任务如表 5-1-1 所示。

表 5-1-1 学习任务表单

任务概述	（1）根据直播内容，选择直播主题，合适的直播平台，确定合适的表现形式； （2）按照不同用户的行为特征，制定不同的运营策略来满足用户的差异化需求，优化直播策划，达成运营目标； （3）通过精准的用户画像数据指导广告投放，促进点击率及转化率，建立用户画像的数据仓库，使用数据查询平台辅助业务决策。
学习目标	知识目标： （1）了解直播工具； （2）了解直播平台； （3）掌握构建用户画像层级划分的方法； （4）掌握用户画像的概念和作用； （5）了解直播账号的类型与用户的基本特征。 技能目标： （1）能根据账号类型、平台特征选择合适的直播方式； （2）能正确选择和使用新媒体画像工具； （3）能根据企业营销要求，绘制新媒体画像； （4）能熟练运用用户分层的方法和策略。 素质目标： （1）培养开拓进取的精神； （2）培养严谨科学的工作态度； （3）树立民族自信和文化自信； （4）提升独立思考能力，培养新思维能力。
学习内容	（1）掌握常用的直播道具、设备；了解常见的直播平台及直播账号类型。 （2）掌握新媒体用户个性化与社会化、主动性与被动性、情绪化与理性化、娱乐性与严肃性共存，付费使用与免费使用分流的特征。了解"Z世代"用户兴趣圈层。结合直播账号类型、平台规则，充分使用移动端、大数据和算法技术，了解个体用户的需求偏好及行动特点，并进行分类和分层，给直播运营提供依据，优化直播运营。 （3）掌握用户分层的基本步骤和方法，充分运用资讯客户端的个性化推送、服务类应用的基于位置的个性化服务推送等，能够对直播用户进行分层。 （4）掌握采集用户数据、建立用户标签、呈现用户画像的用户画像构建流程。通过对用户数据进行分析，对目标用户进行聚类。掌握关键变量，即打开内容相关的用户行为差异的核心因素的识别。
学习重点	（1）直播账号的策划，通过对直播内容、平台特征进行分析，选择合适的直播工具，优化直播策划； （2）用户画像的构建；通过用户分层，精准定位用户偏好，优化直播运营； （3）掌握用户数据采集、用户画像构建流程。熟悉用户画像分析工具，并初步具备使用用户画像工具进行企业用户画像的构建的技能，能初步利用抖音推荐机制进行作品优化。
学习难点	用户画像的概念及原理；如何找到用户行为动机和特征，并进行分类和分层，提升直播效能是项目任务的难点；通过案例分析、小组协作、个别辅导提升用户画像构建的精准性。

模块五 直播

📝 知识准备

一、直播类型及平台

目前国内直播类型多样,头部直播平台优势凸显。从用户数量、分布区域来看,目前国内大型直播平台包括抖音、哔哩哔哩、快手、微信视频号、斗鱼TV、虎牙和企鹅电竞等。斗鱼TV、虎牙和企鹅电竞等直播平台和哔哩哔哩、抖音、快手三大视频平台的用户特点不同。其中,斗鱼TV是老牌的赛事直播平台之一;虎牙用户在用礼物表达支持方面比较突出;企鹅电竞则属于直播平台中的后起之秀,但基于腾讯用户群基础及其旗下游戏品牌,发展速度较快。在弹幕数据上,哔哩哔哩不遑多让。快手、抖音、淘宝则是中国直播用户最常使用的电商直播平台。

从直播内容上看,目前国内直播主要分为六类:娱乐类、生活类、游戏类、购物类、专业领域类和体育类。

1. 娱乐类直播

娱乐类直播是目前最主要的直播形式之一,占网民收看线上直播类型的50%以上,是国内直播行业兴起后较早成熟的模式,也是最为人们所熟知的直播模式。娱乐直播主要为唱歌、跳舞等才艺直播,内容丰富,与网友互动性强。随着人们生活水平的提高,更多人开始注重精神生活,娱乐直播成为更多人展示自己的舞台。主播通过娱乐类直播平台,吸引粉丝,实现"全民互动",并通过流量变现。

2. 生活类直播

生活类直播主要包括旅行、做饭、逛街等。一方面,越来越多的人希望通过直播分享自己的观念,他们将自己的生活搬到镜头前;另一方面,人们通过直播互动与参与达到陪伴的作用,找到归属感。生活类直播弱化了对主播颜值和竞技等技能的要求,网友更注重文案好、画面舒适、互动性高、主播会一定的生活技能。生活类的直播平台主要有抖音、快手、微信视频号、哔哩哔哩、西瓜视频等。

3. 游戏类直播

游戏类直播包括手游、网游及页游。其中,竞技类的直播占比最大。游戏直播一直火爆,一般职业的游戏战队会和直播平台进行签约,因此,直播战队的主要收入来自实时直播。目前，各平台不断加快国内电竞游戏类直播的布局。以腾讯为例，不仅注资支持自家龙珠直播，还参加斗鱼TV的B轮融资；阿里体育斥资亿元举办电竞比赛。国内现在的游戏类直播用户主要集中在斗鱼TV、虎牙直播、战旗TV、企鹅电竞、YY直播等平台。游戏类主播通常个人特色明显，游戏技能高，互动性强。

4. 购物类直播

以电商直播为代表的购物类直播，主要通过关键意见领袖（KOL）在"电商＋直播"平台上和粉丝进行互动社交，达到以商品销售为主、增值服务（虚拟道具购买）为辅的盈利。主播主要是网络达人入驻和明星入驻，具有颜值高、知识专业、了解顾客喜好、会玩段子、互动性强的特点。近些年，消费者购物方式转向以线上为主，直播带货的形式也逐渐被更多人所知晓。电商直播主要包括两种模式，一是以淘宝等为代表的平台，自带商城，其变现方式以卖货为主，直播的主要目的是使自己平台形成从流量到交易的闭环；二是以抖音为代表的内容平台，以流量为主要生存方式，他们的变现方式包括把流量卖给淘宝、京东等平台做商城的流量入口，以及把流量卖给别的平台收取广告费等。这两种模式的发展均表明，直播已经跨越建立在娱乐基础上的单一商业模式，进而发展为新零售变革和数字营销时代新的增值点。

5. 专业领域类直播

专业领域类直播主要进行专业领域的知识分享，面向有信息知识获取需求的用户，专业门槛较高。主播通过演讲、辩论等方式将知识呈现在大众面前，表现力强、内容相对严肃。用户注重主播的解说和内容。受众对知识的主观消费意识强，知识付费已经逐渐被越来越多用户所接受。专业领域平台变现包括付费收看、服务收费、商业推广等。主要热门类型有育儿类、医学类等。主要平台包括得到、知乎、快手、抖音、哔哩哔哩等。主播主要是专业领域内的领袖入驻，具备一定公信力，观点独特，面向用户提供专业信息知识和技术服务。

6. 体育类直播

体育类直播主要包括体育明星直播和体育赛事直播。体育类直播平台虽然起步较晚，但用户多数来源于平台自身积累的体育爱好者，功能和内容方面的布局比较成熟。市场主要特点是版权竞争激烈和产品创新突出。体育类直播主要形式包括现场视频直播、文字图片直播、演播室访谈式直播，以及即时比分直播。用户通过打开网站点击相应的链接收看足球、篮球、乒乓球、台球等比赛。随着社会消费发生着日新月异的变化，体育直播的产业链正逐步完善。

二、直播道具及设备

1. 直播道具

- 在预热直播宣传海报中植入产品信息；
- 场地布置植入品牌 Logo；
- 手举牌植入品牌 Logo；
- 牌桌植入品牌 Logo；
- 臂贴植入品牌 Logo；
- 手卡植入品牌 Logo。

2. 直播设备

（1）手机

可准备两部手机，一部用来直播，一部用来放伴奏音乐和开展客服。选择的手机需要画质清晰，长时间直播稳定性好。

（2）麦克风（话筒）

麦克风的品牌种类有很多，选择电容麦克风，其优点是频率范围广，音色细腻，录下的声音很丰富。但缺点是对环境要求高，价格稍贵。如果对声音要求比较高，如吃播，最好是选择领夹麦克风（安卓、苹果手机和数码相机使用的接口不一样，注意区分或者准备转接口）。

（3）支架

支架的形式非常多，有多个机位（手机＋声卡＋麦克风＋补光灯）一体的，也有分开单个独立的，有落地的，也有台式的，根据自己的需求选择即可。要重点考虑直播支架的可伸缩性、扩展性及稳定性，且占地要小。

（4）补光灯

环形的补光灯是目前大家普遍使用的，可调节为暖光、白光或柔光，俗称"美颜灯"，大小一般在 10~18 寸，可根据直播场景选择。

（5）面光灯

面光灯从平面矩形区域照射，可以形成常规照射平面的光线。当区域较大时，光的强度会相应地增加。面光可以较好地照射人物，产生高光。

（6）顶灯

顶灯安装于主播头顶上方，通常使用LED灯，光线明亮。柔光灯和顶灯的搭配，能让主播们充分展示自己的美感。

（7）电脑

组装和品牌机都可以，配置一般CPU i5以上，最好是i7，内存8G，有独立显卡和声卡，其他的没有特殊要求。

（8）直播间

直播间对隔音要求较高。背景的总体要求是干净明亮、整洁大方，背景墙纸需选用浅色或纯色的背景布，若不选用背景墙纸，直播背景整洁干净即可。直播间大小根据直播内容及直播形式决定，如果是坐着播，25～40平方米的场地足以满足需求；如果是站着播（通常是服装类目），50～80平方米的场地足以满足需求。

三、直播账号

直播账号注册流程可参见"模块一　新媒体概论"之任务一的内容。在不同平台注册，注意按平台的要求进行即可。创建直播账号时需要注意以下三点。

1. 做好账号标签识别

注册之前需要明确直播号要用于发布什么主题类型的视频。需要注意的是做好账号垂直度，不要发无关主题的视频。构建一个新的直播账号后，前10个视频是很重要的，要做到视频内容标签一致。例如，旅游类直播账号，不要既放宠物视频，又放风景视频，缺乏垂直度。

2. 填写账号资料

注册账号时，系统就开始对账号进行分类定位，需要利用账号里的信息帮助系统准确定位我们的账号标签。账号资料收集有助于一个平台用户画像的形成。例如。账号是宠物主题，那么账号信息里应尽量多体现一些宠物相关信息，以便平台官方推荐给你的用户粉丝更加精准，提升作品点赞率。账号资料填写后就尽量不要去频繁修改。

3. 其他关联信息

尽可能绑定第三方平台，例如，QQ、微信、微博等账号，以便系统能更好地识别你是一个真实的用户，而不是营销号或僵尸号，并能多渠道提升账号的曝光度。目前抖音平台已经和火山、今日头条、西瓜视频等账号打通渠道。

四、用户画像

1. 相关概念

（1）标签

对某一类特定群体或对象的某项特征进行的抽象分类和概括，其值（标签值）具备可分类性。

（2）用户画像

用户画像（User Profile）最早由交互设计之父阿兰·库珀（Alan Cooper）提出，是指真实用户的虚拟代表，是建立在一系列属性数据之上的目标用户模型。构建用户画像是搜集、整理并分析用户在网上留下的各种数据，最后被处理为一系列标签的用户信息标签化过程。主要包括用户人口学特征、网络浏览内容、消费行为、网络社交活动。利用存储在服务器上的海量日志和数据库里的大量数据进行分析和挖掘，给用户贴"标签"。例如，梁微微，女，29岁，江苏人，未婚，收入1万元以上，爱美食，喜欢旅游，美妆达人，喜欢奶茶、甜品。这样的描述即为用户画像的典型案例。

总体来说，用户画像是根据信息而抽象出的标签化用户模型，是我们服务体验和内容创建过程中非常重要的工具，可以帮助我们判断用户需求，了解目标用户的行为特征。

（3）用户分层

一种根据用户活跃表现、价值贡献高低、影响力大小等维度进行划分的纵向的结构。根据不同用户的行为特征划分不同用户群，制定不同的运营策略，满足用户的差异化需求，完成低价值用户向高价值用户转化，充分发挥每个层级用户的价值，以达成运营目标金字塔模型分层（见图5-1-1）。

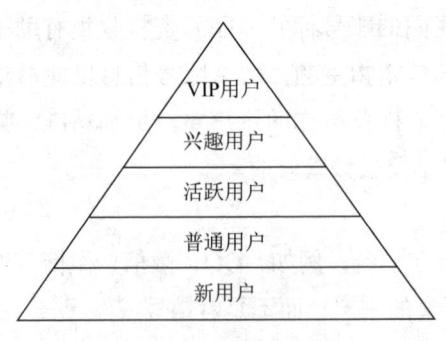

图 5-1-1 用户分层

2. 新媒体用户特征

新媒体用户，尤其是"Z世代"人群，在兴趣、创新、社交圈、影响力、信任和便捷六个方面具有明显特征，具体体现为标签化、圈层文化、注重品质和数据、精神消费、偏好兴趣社群等。"Z世代"是直播电商和短视频的主力军，通过了解以"Z世代"为主体的新媒体用户特征，精准定位需求，靶向发力施策，深入"Z世代"的消费世界中。在消费方面，消费为人设以及消费为社交是他们消费的两大特点。"Z世代"兴趣圈层更加垂直、多元，具有个性。通过构建建立在一系列属性数据之上的目标用户模型，结合直播账号定位，开展消费偏好分析、地域品类偏好分析、高端用户偏好分析，指导直播更好地把握运营方向，并给相关公司提供细分领域的深入洞察。

下面将从七个方面分析"Z世代"作为新媒体用户的特征。

（1）网络使用习惯

"Z世代"习惯通过网络分享生活、工作，沉浸于短视频、直播和社交，是互联网语境的主要塑造者。喜欢在生活、旅游、游戏、家居等场景中交流，注重"感觉"，对慰藉和滋养心灵的产品偏好明显，追求个性化的精致生活。

（2）兴趣圈层更加垂直多元

"Z世代"呈现出社交消费和人设消费的两大特点。根据2019年国家统计局数据，"Z世代"人群的消费力、消费增速远超其他年龄层，每月可支配收入达3501元，远高于中国人均2561元的可支配收入。对于他们来说，消费是寻获认同的表达，是维护社交关系的途径。从认知品牌到发起购买和"安利"推荐，都依赖社交媒体。在朋友圈、小红书、抖音晒单，交流分享购物及使用心得等，是他们主要的消费行为模式。网络化的社交需求凸显，通过兴趣爱好结识朋友，找到所属圈层，交换"社交货币"。具有圈层特征的语言逻辑和体系是其社群建设的主要特点。用消费表达自己的价值观，通过消费建立人设标签，消费注重品质及认同感，带有较强的自身的标签特色。

（3）个性化

"Z世代"特立独行且对世界有强烈的好奇心，他们追求个性化的原创内容，愿意为兴趣买单，更喜欢情感代入感强的产品。"Z世代"人群消费体现出较高的价格敏感度和新品试用参与性。品牌选择更加多样化及个性化，倾向于展示自己的品位和个性；对电子设备、培训学习、彩妆洗护品的开支远超其他品类。

（4）信息处理习惯

"Z世代"是完全的移动设备用户。他们较早开始使用智能手机和互联网，依赖数字虚拟世界的同时，会有意识地避免持续不断地曝光自己的生活。他们注重自己的形象，在意自我呈现的方式，追寻个性和独特，实现自我的同时，希望在群体中得到支持和理解，追求认同感和归属感。"Z世代"了解最新动态的最直接的方式就是观看视频和直播。

（5）注重品质精神消费

建立互相信任的长久机制是有效市场营销的关键，"Z世代"对于富有人文情怀的广告方式更能产生共鸣。要维持"Z世代"顾客忠诚度，品牌不仅要满足他们对价格和品质的要求，还要支持他们的理念，以维持消费者对自己产品和服务的追随。"Z世代"消费者在活动中与品牌的互动比品牌单方面的广告宣传辐射面更广。在娱乐体验之后，倾向于发布到社交媒体上，与朋友和家人分享。因此，与"Z世代"用户建立情感连接与信任，促使他们以"一传十、十传百"的方式完成口口相传，品牌方能够轻松完成宣传的目的，并且赢得良好的口碑。

（6）标签化

品牌方对产品和品牌的营销应做到把正确的价值观和品牌理念放在重要位置，赋予"Z世代"展现自我的力量。支持"Z世代"实现梦想，贴近他们标签的品牌更容易获得青睐。"Z世代"对全方位体验有较高要求。

（7）便捷与高效

"Z世代"在购买食品、服饰、健康和美妆类产品时，会考虑线上和线下购买，高效和便捷是必要条件。从营销方式和效果来看，营造一种舒适的购物体验，让交易自然产生。

3. 新媒体用户的行为

新媒体用户常常会表现出矛盾的两面性，不能以单一的、恒定的认知来理解他们。充分理解这种两面性才能更好地理解新媒体用户的行为，以及新媒体对人带来的深层影响。

（1）个性化与社会化共存

由于个体用户的需求偏好及行动特点被客户服务端等提供者通过技术获得了解，符合个体用户需求的个性化服务已经较为常见。与此同时，个体网民的信息消费行为往往是在社会氛围作用下的复杂过程。因此，信息消费带来的个体与社会之间的密切与频繁的双向互动形成了新媒体用户行为特征个性化与社会化共存。

（2）主动性和被动性共存

Web 2.0 的应用推动个人门户模式朝着赋予用户更大主动性的方向发展，用户可以自主构建自己的信息网络。在用户获得的主动性日益增加的发展趋势下，用户的媒介素养也变得更为重要。此外，鉴于用户不能改变平台所采用的技术模式、界面风格，用户只能适应，或是在可选择余地较小的情况下选择服从。因此，用户难以摆脱平台对各种内容、形式，或者平台间的捆绑。用户既拥有对内容生产的决定权，平台的流量导向也会反过来对用户的内容生产产生作用。

（3）娱乐性与严肃性共存

新媒体赋予普通人传播权，人人可传播。新媒体文化也呈现出与相对严肃的主流文化不同的面目。披上了与主流文化相区别的娱乐化的"外衣"。调侃、戏谑、恶搞等体现了新媒体文化的娱乐基调。谐音、仿词、反语、双关、缩略化等表达方式成为新媒体语言的特点，进一步带来娱乐化的效果。与此同时，严肃媒体的影响力依然在延续。中国经济正处在高速增长时期，社会处于转型期，普通人参与社会事务的愿望也导致其对严肃新闻的关注度始终不减。总体来说，应注重严肃内容的生产与用户的心理共鸣点，以及合适的表现形式。

（4）理性化与情绪化并存

诚信教育体系和法律系统尚处于建立健全的过程中，社会诚信的部分缺失，以及新媒体信息来源多元，加上人们对于真相的不懈追求，令人们的质疑心理始终存在。质疑的思维同时可以促使人们寻求事物的真相，也在一定程度上揭露问题并推动问题的解决。但另外，与传播媒体不同，新媒体的传播者包括科学共同体、政府、媒体、公众、非政府组织等多个主体。公众在科学类话题传播中呈现出明显的情绪化。科学传播的主要动机是提高人民素质，往往需要在某个垂直领域具备较深的专业知识。与此同时，传播与讨论科学类话题时，在原有认知框架下的选择，不仅是为了获得新知，也是为了证明与强化自己的立场与观点。因此，情绪化是新媒体文化的一个明显特征。

（5）免费使用与付费使用

付费使用，尤其是知识付费逐渐为大众所接受。从信息消费的角度看，用户是否愿意为一个产品付费受多元因素影响。付费习惯、情感动因、内容质量等决定用户是否愿意为产品付费。以"Z 世代"为例，包括游戏在内，部分他们偏好的内容和服务已经开始收费，这使他们的付费习惯从一开始就被培养起来。因此，对免费内容使用的惯性在"Z 世代"为主力军的直播、视频等中成为收费服务的障碍。

4. 作用机制

（1）精准营销

利用用户画像数据指导广告投放，降低成本、促进点击率及转化率。推荐算法逻辑不断改进，快速校正图像并推荐最新列表。广告方通过标签选择想要触达的用户以及合适的广告投放渠道，甚至可以基于用户的实时行为，实现精准的触达和转化。当前的 App 还特别注意使用个性化推荐技术，该技术可以覆盖数千人。

（2）优化运营

以用户画像数据为基础，将数据理解为业务层面的数据仓库，通过数据查询平台打通数据仓库，可以辅助业务决策。将运营资源靶向投给合适的用户，提高用户留存、转化和裂变。

（3）指导平台

通过不同人口属性的用户消费偏好趋势分析、高端用户青睐品牌分析、不同地域品类消费差异分析等指导平台运营方向，并给相关公司提供细分领域的深入洞察。

5. 使用原理

针对用户价值较高的金字塔模型顶部用户（约 20%），了解用户的需求，投入主要精力进行维护。然后靠 20% 的用户带动 80% 的用户。与此同时，刺激用户往上一级转化，提升用户的价值。

RFM 模型：该模型通过用户消费间隔、消费频次以及消费金额这三项指标来描述用户价值状况，是衡量用户价值和用户创利能力的重要工具和手段，对监控用户分层流动、制定精准化运营策略十分有效（见表 5-1-2）。

- R（Recency）：消费间隔，最近一次距离上次消费的时间间隔。
- F（Frequency）：消费频率，一段时间（1 个月/1 年……）内的消费总次数。
- M（Monetary）：消费金额，一段时间（1 个月/1 年……）内的消费总金额。

表 5-1-2 用户分层

序号	用户分层	消费间隔（R）	消费频率（F）	消费金额（M）
1	重要价值用户	高	高	高
2	重要发展用户	高	低	高
3	重要保持用户	低	高	高
4	重要挽留用户	低	低	高
5	一般价值用户	高	高	低
6	一般发展用户	高	低	低
7	一般保持用户	低	高	低
8	一般挽留用户	低	低	低

6. 构建用户画像

（1）数据采集

客观、真实、准确的数据是有效构建用户画像的关键。收集数据是构建用户画像中重要的一环，用户数据主要分为两类：静态数据和动态数据。

静态数据是用户相对稳定的信息，主要包括用户的基本信息、产品购买偏好、商业属性、客户关系管理（CRM）、生活形态五大维度。涵盖用户性别、年龄、地域、教育水平、婚姻状况、生活习性、工作岗位、职位层级、收入水平、住房情况、会员状态、社交方式等信息数据。静态数据可以由用户主动提供，也可以由模型预测。除了通过用户注册时主动填写的用户信息，还可以通过人工标记一部分用户的静态数据属性，如性别；然后通过分类模型，将性别缺失的用户的性别信息进行补充。通过用户静态数据标定用户身份的基础属性。

动态数据由用户行为信息组成，用户行为信息不断产生变化，主要包括兴趣、平台使用偏好和行为轨迹。行为轨迹主要体现在访问设备、访问时段、访问路径。比如，是通过搜索导航进入还是直接打开 App，某一时段具体访问直播间的用户及其关注、收藏、停留时间等媒体接触行为。以上行为轨迹被系统实时采集，容易被获取和跟踪。例如，将注册时间在一周内的标记为"新用户"，最近一周有购买行为的用户标记为"活跃用户"，用户动态数据易被识别和分析，有助于帮助直播营销团队理解特定基础属性人群的行为特点，确认用户不同场景下的不同访问轨迹。

表 5-1-3 为针对处于不同生命周期的产品描绘用户画像的方法。其中同样需要对用户的动态数据进行采集。

表 5-1-3　数据调研及搜集

序号	产品生命周期	目标	方法及策略
1	新生期（尚未定型）	探索市场，重点挖掘用户使用产品的场景及核心痛点	定性：找专家用户或竞品的用户并进行最小可行性产品（MVP）版本的验证
2	成长期（体量增大）	用户出现分层，针对性解决问题	（1）定量进行用户分层 （2）辅助定性了解每类用户
3	成熟期（体量平稳）	（1）持续满足现有用户的需求，提升产品体验 （2）尝试突破，找到细分市场，挖掘新的增长点	（1）定性挖掘 （2）定量验证
4	衰退期	了解原因	定性

（2）建立标签

标签是对大量用户数据中的关键变量的提取与总结，对目标用户进行聚类。通过分析和计算用户的动态数据和静态数据，确定关键变量后为用户打上标签。例如，从用户的年龄、性别、婚姻状况、教育水平、消费习惯、兴趣爱好、直播间停留时间等特征中进行识别，哪些才是导致用户对推送的内容喜欢或讨厌的原因，可以根据这些关键因素调整直播内容。

标签的选择直接影响用户画像的精细性与准确度。例如，兴趣爱好就可以是在用户感兴趣的物品画像的基础上生成的标签。比如，某用户购买了一条 100 元的数据线，并且将 200 元的 U 盘加入购物车。则用户的兴趣标签可以提取为"IT""U 盘"。每一个标签，都会有对应的权重，标签权重根据用户的行为时间、行为类型、行为价值等因素生成，如今天（权重）＞昨天＞前天，购买（权重）＞加购物车＞浏览，价格高（权重）＞价格低。具体的标签权重根据业务场景进行针对性建模。

数据标签化时需要和新媒体平台自身的功能与特点相结合，如直播类平台需要将产品属性等相关标签进行细化，而资讯类平台则需要尽可能多视角地用标签去描述内容的特征。

（3）建立画像

从以上两步获得的用户属性标签中，抽取平台用户各类角色的行为、目标、痛点等维度典型特征，形成画像的基本框架。通过详细描述每个角色的属性信息、场景等，对用户进行细分，并采用可视化形式展示用户画像。

用户画像所包含的内容并不完全固定，不同行业、企业、产品对用户画像有不同的理解和需求，用户画像包含的内容有所不同，但主要体现在人口属性、消费偏好、行为特征等方面。具体根据自己收集到的信息制作画像。可增加具有符合角色特征等关键信息的图片，提升代入感（见表5-1-4）。

表5-1-4 用户画像

原始数据	用户基本信息（静态数据）	用户持有产品（静态数据）	用户历史交易（产品购买次数、投诉次数等）（静态数据）
	用户收入支出信息（动态数据）	用户渠道使用（动态数据）	用户行为轨迹（动态数据）
模型标签	人口属性	用户价值（消费能力、违约概率、流失概率等）	用户兴趣爱好
	产品购买偏好	渠道使用偏好	用户活跃度
	用户关联关系	用户满意度	用户风险评分

根据品牌自身的需求和现状，精准确定用户画像维度。每一个品牌的人群画像都应该是各有特色的，不应该千篇一律。一个产品通常不超过3个用户角色。结合覆盖人群基数大小、业务规划、收益潜力、竞争优势等维度去进行层级划分，做好主要角色、次要角色、补充角色分类。

用户画像永远无法百分之百地描述一个人，在产品积累了一定的用户量时，可以使用定量法进行验证，补充优化更多维度信息。随着时间的推移，并根据已知数据抽象出新的标签使用户画像越来越立体，更加准确地展示用户画像。

案例分析与实践

一、案例分析

以体育直播平台为例,分析此类型直播平台的特点、用户类型和用户特征,讨论相应运营策略见表 5-1-5,完成表 5-1-6 的填写。

表 5-1-5 案例分析

用户类型	用户特征	运营策略
普通用户	一般用户	通过个性化提升转化
体育爱好者	专注某一项或多项体育运动,有贡献动力和能力	结合比赛直播做热点活动
体育发烧友	不限于某项体育活动,有一定体育技能	有策划性的内容或活动
线下活动爱好者	容易被活动激励,贡献力强	有礼品或成绩榜单的活动

表 5-1-6 用户分层

用户生命周期	用户分类	基本定义	关键指标	周期性操作行为（维持稳定客户）
新生期	新手用户			
成长期	成长用户			
成熟期	成熟用户			
衰退期	沉默用户			

利用用户分层方法及用户画像工具进行企业用户画像的构建,对用户画像关键变量进行分析,填入表 5-1-7。

表 5-1-7 用户画像关键变量分析

用户画像关键变量	特点描述	标签	用户画像
基本信息	性别		
	年龄		
	地域		
	职业		
	教育		
	……		

续表

用户画像关键变量	特点描述	标签	用户画像
产品购买偏好			
历史交易			
CRM			
生活形态			
渠道使用			
行为轨迹			

二、直播实践任务

通过实训，学会如何策划内容、准备道具、进行技术调试，以及与观众互动，锻炼团队合作和时间管理能力。分小组，根据不同的商品和目标受众制订合适的直播方案，提升灵活应变能力和创新能力。表5-1-8列出了直播实践任务清单。

表5-1-8　学习任务

任务名称	创建直播账号
任务目标	完成直播账号的设计；采集描述直播间用户画像所需的数据资料，小组合作分析和加工数据资料；通过分析和计算用户数据，提炼出用户群体的共同关键要素，将其转化为关键词，为用户属性标签；利用上述内容中的用户属性标签，从中抽取典型特征，完成用户的虚拟画像，构成直播用户的各类用户角色，有效进行用户细分
任务要求	（1）对直播平台、账号、主题进行分析 确认直播选题、目标和定位，对直播平台、账号进行分析、管理和反思，并搜集整理直播平台、账号用户关键数据。 （2）构建用户画像 分析确定直播平台、账号用户标签，构建用户画像。数据在模型中运行后，最终生成的画像以可视化的形式展现。用户画像内容丰富、维度精准。 （3）用户画像更新 制定直播内容、形式，并跟进直播过程，做好直播后复盘。根据直播数据，更新用户画像，并策划下一次直播主题、内容及形式。用户画像能够有效指导直播策划、直播效果。

根据项目任务要求,填写表 5-1-9 的任务工单。

表 5-1-9 任务工单

直播账号	
账号名称	
账号图像	
直播平台	
账号刊例	
用户画像	
直播类型	
直播内容	
主要直播设备	

任务考核

一、多选题

1. 关于直播设备的选择,以下说法正确的是(   )。
   A. 直播大屏幕、麦克风、摄像头是直播必要的设备
   B. 直播设备越简单越好
   C. 直播设备的选择取决于直播的内容
   D. 直播设备中最重要的是声音设备

2. 以下不属于直播特性的是(   )。
   A. 真实性   B. 实时性
   C. 单向性   D. 严肃性

3. 直播间的空间设置画面对在线观众来说是一种语言,其中主播对(   )的设置体现出主播所要表达的意图。
   A. 直播间背景画面   B. 直播间家具画面
   C. 直播间直播设备画面   D. 直播间主播画面

4. 下列属于教育类直播平台的有(   )。
   A. YY   B. 淘宝
   C. 千聊   D. CCtalk

5. 淘宝直播主要有以下哪些形式?(   )
   A. 达人直播   B. 明星直播
   C. 店铺直播   D. 企业直播

6. 新媒体用户特征包括(   )。
   A. 个性化与社会化   B. 主动性与被动性
   C. 情绪化与理性化   D. 娱乐性与严肃性

二、判断题

1. 用户画像的核心工作就是给用户打标签,标签通常是人为规定的抽象的特征标识,如年龄、性别、地域、兴趣等。这些标签集合就能描绘出一个用户的信息全貌。(   )

2. 用户有人口属性标签本身对广告投放既有实用意义,又有统计意义。(   )

3. 构建画像时，我们可以使用不同维度的标签，进行高级的组合分析，产出高质量的分析报告。（   ）
4. 用户行为具有内在驱动因素，其在平台的行为不会变化。（   ）
5. 根据用户分层来制定最终输出的运营策略，是否达到运营目标是衡量用户分层方案是否有效的标准。（   ）

三、简答题

1. 简述直播内容策划。
2. 除了本部分内容中所讲述的作用，用户画像还可以应用于哪些方面？

任务考核答案 5-1

视频微课 5-2
直播引流方法及应用

任务二　直播方案策划

任务分析

策划营销的原理一直都是大同小异的，只是不同载体的表现形式不一样。在做直播策划时，应采用大众比较喜闻乐见的营销形式，并结合主播的实际情况及品牌特点等进行策划。保证直播的顺畅运行且对整体的产出负责，是直播策划的基本出发点。

本节的学习任务主要包括：熟悉直播营销的常见形式，了解直播营销的方法和策略，掌握引流推广的技巧；了解影响直播效果的原因，并能对直播数据进行有效利用；能综合运用所学知识完成一次直播营销，完成一份直播方案策划，并对直播数据进行分析（见表 5-2-1）。

表 5-2-1 学习任务表单

任务概述	（1）完成一次直播策划，包括文案撰写、广告策划、营销策略等。确保在合法合规的前提下，每场直播或每个直播间吸引力不断提升。 （2）注重与用户的交流互动，引导用户采用弹幕的形式进行发言，参与到直播营销过程中。与此同时，在直播营销过程中，可让用户参与到品牌的整个建设过程，增加用户对品牌的认同感。 （3）通过收集直播数据并加以详细研究，提取有用信息形成结论，用数据指导直播营销、驱动营销策略。
学习目标	知识目标： （1）了解直播营销的概念及直播流量的构成； （2）了解直播营销的特点与优势； （3）掌握直播营销策划的技巧和流程； （4）掌握直播引流推广的策略。 技能目标： （1）完成直播方案策划； （2）学会运用引流推广的策略，提升直播效果； （3）掌握直播数据分析的方法； （4）熟练运用直播平台开展直播活动的技巧与方法。 素质目标： （1）通过合作探究式学习，培养良好的沟通协作能力； （2）具备一定的互联网思维； （3）培育学生追求真善美的内容创作观； （4）提升独立思考能力，培养创新意识。
学习内容	（1）完成直播带货计划及脚本的设计，掌握直播引流的策略。 （2）掌握直播营销的概念及要素，理解直播营销的价值和优势；掌握以直播平台为载体，通过视频、音频等手段进行现场制作和直播，为企业实现品牌推广和销售增长的目的的策略。 （3）掌握"直播＋电商""直播＋发布会""直播＋活动""直播＋访谈""直播＋广告植入""直播＋企业日常"六种基本直播营销模式的基本原理。 （4）掌握直播引流推广的基本方法与技巧，熟悉直播营销的流程。 （5）掌握运用平台数据优化直播营销的方法。
教学重点	通过对直播的信息技术设备进行操作，锻炼直播营销的策划能力。
教学难点	直播带货计划及脚本的设计；直播引流的策略。

知识准备

一、直播策划

1. 明确直播目的

首先要明确:为什么要做这场直播?是为了扩大影响力,还是直接获客?目标不一样,要准备的东西也就不一样,对直播内容和形式也会产生较大的影响(见表 5-2-2)。

表 5-2-2 直播目的及决定因素

直播目的	决定因素
销售提升	是否可以提升现金流和利润?
品牌推广	是否可以扩大传播量,缩短营销链路?
粉丝运营	是否可以帮助积累和运营私域流量?
新品破窗	是否可以成为新品牌/新品的高效渠道?
爆品打造	能否打造爆品?
清库存提升搜索指数	是否可以在帮助品牌清库存的同时增加站内搜索权重?

2. 明确直播主题

明确了主题才好去制定直播的内容。例如,直播主题针对家庭教育,那直播内容就不能谈职业教育,宣传文案自然也是以家庭教育为核心。

3. 明确目标受众

直播打算给哪些人看?哪些是你想要触及的人群,这一点要明确。受众决定了宣传文案的方向以及直播平台的选择。例如,家庭教育的受众自然是家长,消费者虽然是孩子,但是消费权在家长手里。

4. 明确直播实现的内容和方式

直播讲些什么内容能够引起观众的兴趣?以什么样的直播方式来完成?这都受制于下面提到的三点。

直播前:直播需要准备什么?内容、设备、网络等的确认。

直播中:直播中要注意什么?直播的时长、内容的进度、观众的互动等。

直播后:直播后需要做什么?一场直播不是直播完就算完了的,后续的总结很重要,尤其是数据整理分析。

5. 选择直播软硬件

相较于其他营销模式，直播营销成本较低。在没有特殊要求的情况下，硬件只需要一部智能手机。软件方面，除了要保证网络顺畅外，下载好计划直播平台的 App 即可。

6. 直播策划方案

直播策划方案设计如表 5-2-3 所示。

表 5-2-3　直播策划方案设计

直播主题	确定这次直播活动是为了吸引用户关注提升品牌知名度，还是为了实现转化提高销量，或是其他；根据不同主题制定策划方案	
直播流程		
序号	结构	要求
1	直播前	• 人员分工 • 选品 • 确定营销方案（设计直播引流策略） • 初步确定互动设计 • 直播预热（根据需要完成个人简介文案、预热小视频文案、多渠道平台文案纯视频、剧情型或实拍型视频）
2	直播中	• 主播自我介绍（在刚开始直播的半个小时，做一些预热活动） • 产品讲解（熟练运用直播引流策略，进行直播间的氛围管理） • 引导用户下单（充分运用优惠活动，如派发红包、抽奖送福利、粉丝分享直播活动、与其他主播及艺人合作等方式提升本场直播的目标达成率） • 下次直播预告
3	直播后	• 直播复盘（对本场直播数据进行分析，总结本场直播遇到的问题和需要优化的地方） • 粉丝维护（剪辑精彩短视频、发放奖品） • 跟进订单

二、直播流量

1. 类型

直播流量主要分为两类：免费流量和付费流量。

（1）免费流量

指不用花钱的流量，包括站内免费流量和站外免费流量等通过各种渠道获得的自然流量。

获取流量的重点在于直播间本身的价值。在人、货、场非常具有优势的带货直播间，可能出现自然推荐流量占比较大的现象，但这种直播间是非常难做的。通常来说，各项数据都很好的直播间，后面再开直播的时候，平台会优先给该直播间灌输流量。

（2）付费流量

即花钱购买的流量，主要包括两种：一是通过第三方工具或平台购买的流量；二是通过巨量千川、DOU+等平台官方的付费投放工具购买的流量。通过付费流量来撬动免费流量是获取流量最快速的方法。

2. 直播推流

主要包括账号标签和直播间权重。

（1）账号标签

包括用户标签和创作者标签。账号标签决定了平台能否推送精准的、垂直的流量。用户标签由用户每天刷的视频的类型构成，例如，用户经常看教育博主的视频，那平台就会给你打上一个"教育"的用户标签。创作者标签由创作者发布的短视频内容以及直播间带货的产品等构成。这两个标签互不冲突，也无关联。一个人可以同时拥有"美食"用户标签和"宠物"创作者标签。以抖音为例，给账号打创作者标签的方式有很多种，较快的方式是利用DOU+、巨量千川等付费的方式打标签；较慢的方式是一天一个短视频来慢慢打标签，也可以快速打标签。

（2）直播间权重

直播间权重涉及的关键指标包括UV价值[①]、停留时长、互动率、转化率（见表5-2-4）。UV价值高，你就会进入直播广场，迎来源源不断的免费流量。拉用户停留时长最好的时机是新号开播的前三天，可以采用"憋单"的方式进行操作。要想提升互动率，可以通过多设置一些互动问题，让观众在评论区回答，也可以通过发福袋的方式。需要注意，发福袋的时候要配合关键词指令，确保观众在评论区输入正确的文字才能有机会获得福袋。转化率不够的时候，可以使用巨量千川和DOU+去拉，或做一定量的人工干预。

---

① UV价值，即用户价值（User Value），是指每个独立访客（Unique Visitor,UV）对网站、应用或电商平台所产生的平均价值。这个价值通常是由用户的购买行为、浏览行为、停留时间等多个因素综合计算得出的。

表 5-2-4 直播间权重说明

直播间权重	内容	说明	标准
UV 价值	销售额/访客数 销售额 = 直播间商品的成交额 + 用户刷礼物的金额	进入直播间的每一个访客带来的价值	UV 价值 1 = 及格线（访客开始进入直播间）； UV 价值 5 以上 = 优秀
停留时长	用户进入直播间停留的时间	重要指标	停留时长 1 分钟：正常； 停留时长 3 分钟：中等； 停留时长 5 分钟：优秀
互动率	评论数与进入直播间人数比例	重要指标	3%~10%：正常； 计算方法：5000 人看，评论数至少达到 150 条
转化率	成交量/点击量	转化率决定了直播间的商品交易总额（GMV）	转化率 1%：合格； 转化率 5%：优秀

直播间权重决定了平台能推送多少流量。

3. 引流模式

直播引流包括两个模式——公域引流和私域引流。

（1）公域流量与公域引流

公域流量是集体所共有的流量，它不属于单一个体，属于平台流量。简单来说，就是商家通过唯品会、淘宝、拼多多等平台销售商品所获取的流量。公域流量属于各个平台。商家入驻后通过搜索优化、参加活动、投入推广费以及开展促销活动等方式来获得客户。公域引流的受众面广，可将信息快速传递给受众，并能持久化刺激消费者，有助于塑造品牌形象及提升品牌影响力，保持品牌活跃度和竞争规模，延长品牌存活时间。但是，商家对其没有支配权，不能完全掌控自己的流量分发，需要依靠平台获取流量，跟随平台形成广而告之的效应。

（2）私域流量与私域引流

私域流量指的是可以在任意时间、任意频次，直接触达用户的流量，如微信号、QQ 号上的粉丝就属于私域流量。私域流量通常不用付费。比起公域流量，私域流量应更注重引导和运营，而且具有营销成本低的优点，可以直接触达用户，用户也可近距离感受商家服务。通过活动等渗透，商家可以跟用户建立品牌情感关系，增强用户对品牌的认知，形成叠加效应。但是，当私域流量池中的用户发展到一定水平后，容易出现管理不力的现象，导致用户留存率较低。因此私域流量对商家的运营能力要求比较高。

三、直播营销

直播对网络营销具有巨大的影响，品牌需要优化直播营销策略，利用影音直播的优势，让自家的产品在议价能力强、选择多元化的消费者中间脱颖而出，使品牌声量和产品销量均达到更高的预期。

1. 优势

（1）打破空间壁垒

面对面的营销行为，不再受距离和场地的限制，同时直播软件的固有属性决定了销售人员可以同时应对比线下多得多的客户量。

（2）前所未有的时效性

随着科技手段的发展进步，任何品类的产品都可以做到实时宣传，实时产品展示，实时互动，实时下单。

（3）产品展示更全面更专业

不仅有专业人员操作演示，更可借助 VR、3D、投影、场景道具布置等技术手段来推销产品，从而达到更好、更直观的视觉效果。这是传统的实体售卖或平台网购无法实现的。

（4）销售成本相对较低

只要商家愿意，直播营销可以只需要一名销售和一部手机。许多知名的带货主播最初就是这样开始的。当然，为了提高效率，我们可以在此基础上添加各种营销手段，整体的直播过程要提前做好充足的准备，难免产生额外开支。但这也要比其他大部分销售形式的花费低许多，效果也是事半功倍。

直播营销还会产生一系列附加值。比如，对产品、品牌及公司的形象塑造。再如，销售人员在平台上的个人 IP 的形成。另外，直播的片段，尤其是高光时刻，可通过录制编辑上传到平台账号达到持续性宣传获客的效果，同时用来促进粉丝增长的主播粉丝群等，都含有潜在价值。

2. 策略

明确营销目的，可以是产品的销售目标、粉丝增长数量、活动报名人数、直播间人气等，设定促销或涨粉手段，常见的模式包括"直播+电商""直播+发布会""直播+活动""直播+访谈""直播+广告植入""直播+企业日常"。围绕营销目的设计话题或故事背景，例如现在比较常见的"水果丰收，不想让中间商赚差价，在农场直接发货""工厂倒闭了，产品低价甩卖"。或者为了更加吸引眼球，先利用一些幽默或搞怪的呈现形式聚集人气，之后再合理过渡到正题。常用的策略包括产品、价格、渠道、促销等。具体有如下几种。

（1）设置目标人群

根据用户画像选品或者根据商品类型确定用户画像，均要求直播营销确定清晰的目标人群。然后根据目标人群选择合适的直播时间。例如，目标人群是上班族，就不要把直播时间设定为工作日的9:00。这样的时间段，直播间消费者数量寥寥无几。

（2）设置固定时段

发展固定时段，满足消费者的预期心理。固定时段能够提高原始顾客的忠诚度、黏着度，培养消费者习惯，同时增加曝光度，以此开发新客群。若无法做到固定时段直播，应直播的前一周、3天、1天通过平台、社交媒体先向粉丝预告，让粉丝有所期待。非固定直播时段，会让用户群体无法准确得知是否该将时间空下来。

（3）吸引粉丝眼球

用话题抓住粉丝的眼球。例如，以事件为基础，围绕和自己产业、品牌、产品相关的主题或事件，将品牌产品代入直播中以增加其曝光度。在千千万万的直播主中脱颖而出，吸引消费者进入直播间。用主题吸引用户关注，优化直播脚本，可以包含起承转合等关键点，慢慢将观众代入情绪中，让观众能随时保持好奇心、期待度，保证关注直播间的时长。

（4）注重实时互动

直播团队，尤其是主播和客服，应耐心地回答消费者的问题，注重实时互动，用幽默的话题调动氛围。

（5）注重专业导向

许多专业性比较强的产品，可以选择利用专业性强的直播营销，其在营销过程之中总是不缺卖点。鉴于用户对不熟悉的事物总是充满陌生感，专家给予恰当的指导在用户接触不熟悉事物的初期有较强的引导作用。

（6）寻找合作伙伴

充分利用"1+1>2"的效果，一是品牌可以邀请不同领域的人合作，一同规划直播节目，而合作对象可以是达人、名人或是其他品牌商。综合双方不同的受众群体，能带来更高的曝光度和知名度，促进品牌口碑加速建立。一群人一起做，效果常常好得出乎意料。要特别注意的是真实性，以最真实的样貌示人是大众最喜爱的。寻找合作伙伴时，可以寻找与品牌形象相当的对象，也可以选择有自身辨识度的当下爆火的账号。

常见的直播合作模式包括：

专场：在某一时段专门介绍某系列产品，通常以小时计算。

链接费＋佣金：主要集中在腰部达人以上，通常为链接费＋佣金的形式，保障主播的最大权益。

纯佣：新小主播，通常开展跟商家对接纯佣的产品合作，以佣金结算。

四、直播数据

1. 数据获取途径

最真实、可靠且最容易获得的是直播平台自带的数据分析功能。由于不同平台的发展方向各不相同，所以平台所提供的数据更带有一定的专属参考价值，假设某平台希望提升自身的电商属性，那么它会侧重向主播展示用户的下单率、加购频次、购物链接点击量等电商相关数据。

如果说平台所提供的是官方数据，那么还有许多非官方数据统计网站，我们可以轻松搜索到。非官方或第三方数据统计网站的优点很多，比如，数据的分析形式多样，且更直观；统计的项目更多、更全面。

另外，如有个性化数据需要记录，可安排助理或专人在直播时或直播回放阶段单独统计。

2. 直播数据分析

从统计数据的角度观察并发现直播过程中出现的问题，并提供改进策略，从而对以营销为目的的直播内容加以优化。

直播数据一般包含直播次数、直播时长、用户观看次数、直播总时长、访问观看次数、实时在线人数、用户平均观看时长、用户停留时长、互动率、商品点击量、下单转化率、粉丝转化率、新增粉丝数、粉丝发言高频词汇、粉丝画像等。

📖 案例分析与实践

一、直播案例分析

分组检索不同类型的直播营销，分析直播营销的形式、结构及特征，完成下列表格的填写（见表 5-2-5）。

表 5-2-5　直播营销模式分析

直播营销模式	形式	主题	策略
直播 + 电商			
直播 + 发布会			
直播 + 活动			
直播 + 访谈			
直播 + 广告植入			
直播 + 企业日常			

请开展一次直播实践，并在直播结束后分析直播数据，提出直播营销优化方案并完成以下表格（见表 5-2-6）。

表 5-2-6　直播优化方案分析

直播营销模式	类型	方法	特点
不同人群引流			
不同渠道引流			
不同时段引流			

二、直播实践任务

1. 直播任务工单

表 5-2-7 为某航空公司的境外游发布会直播策划任务工单。

表 5-2-7　某航空公司的境外游发布会直播策划

任务名称	某航空公司的境外游发布会直播
任务目标	完成前期的直播策划，小组合作围绕用户画像、商家品牌特色、旅游线路卖点等，进行能够体现主题特色的直播

续表

任务要求	（1）直播方案 完成一份直播策划方案。确认直播主题，围绕直播主题，确定给粉丝带来什么样的直播内容，对选品进行前期的考察，并和涉及的商铺、店主、品牌做提前沟通；注重用户视角切入、紧扣市场热点等直播主题策划技巧；初步确定互动设计，包括根据产品信息设计问答、设计一定的互动门槛、吸睛道具等；做好利益点策划。 （2）直播前准备 直播团队通过直播文案预热、短视频直播预热、不同平台的付费预热引流等多种方式对直播进行预告，吸引用户在直播时进入直播间。能够完成个人简介文案、预热小视频文案、多渠道平台文案，以及剧情型或实拍型视频。 （3）直播中管理 直播时要做好引导、互动，熟练运用直播引流策略，进行直播间的氛围管理。充分运用优惠活动（派发红包、抽奖送福利等）、粉丝分享直播活动、与其他主播及艺人合作等方式提升本场直播的目标达成率，为后期的直播运营提供改进方向。注意在刚开始直播的半个小时做一些预热活动。 （4）直播后反馈 做好直播复盘、粉丝维护、剪辑精彩短视频、及时跟进订单、发放奖品等工作。通过分析每场直播的优缺点，摸索规律，使工作流程化。促进老用户复购，引导新用户关注，争取拥有更多的流量。对直播视频进行剪辑，然后将其包装到推文中或做成精彩的短视频。做好售后，建立粉丝群，给出精彩花絮，让观众对成片产生兴趣，为下一场直播造势、引流。

2. 直播活动计划表

请将直播活动计划填入表 5-2-8。

表 5-2-8　策划一次某航空公司的境外游发布会直播

品牌/产品	
直播主题	
营销团队	
直播流程	

序号	结构	要求
1	直播前	
2	直播中	
3	直播后	

任务考核

一、单选题

1. 不属于目标平台自带的预告功能的是（　　）。
   A. 直播倒计时　　　　　　　　B. 直播广告宣传
   C. 同品类大数据推广　　　　　D. 朋友圈转发

2. 按照直播流程，引流的时间点不包括（　　）。
   A. 直播前引流　　　　　　　　B. 直播中引流
   C. 直播后引流　　　　　　　　D. 常态化账号引流

3. 私域流量对商家的运营能力要求（　　）。
   A. 比较高　　B. 比较低　　C. 一般　　D. 不一定

4. UV 价值高，你就会进入直播广场，迎来源源不断的（　　）。
   A. 客户　　B. 付费流量　　C. 免费流量　　D. 订单

5. 以下不属于公域引流特点的是（　　）。
   A. 持久化刺激消费者　　　　　B. 有助于塑造品牌形象
   C. 保持品牌活跃度　　　　　　D. 提升品牌销量

二、多选题

1. 常见的引流渠道或方法，包括（　　）。
   A. 视频　　B. 问答　　C. 广告　　D. 线下

2. 直播中需要注意的事项包括（　　）。
   A. 直播的时长　　　　　　　　B. 内容的进度
   C. 数据分析　　　　　　　　　D. 观众的互动

3. 直播营销以（　　）等特点广受企业营销的青睐。
   A. 时效性　　B. 叠加效应　　C. 直达用户　　D. 便捷性

4. 直播营销包括（　　）、渠道、促销四个基本策略。
   A. 产品　　B. 价格　　C. 流量　　D. 平台

5. 在（　　）非常具有优势的带货直播间，可能出现自然推荐流量占比较大的现象。
   A. 人　　B. 场　　C. 货　　D. 流

三、判断题

1. "直播+"营销模式营销体验佳,正成为主流。（ ）
2. 对企业而言,通过直播可以增强与观众之间的互动,在直播中为粉丝送出优惠,可以直接高效地促成销售转化。（ ）
3. 直播活动的结尾,应最大限程度引导直播结束时的剩余流量,实现企业产品与品牌的宣传与销售转化。（ ）

任务考核答案 5-2

视频微课 5-3
直播带货话术技巧

任务三　直播实践

任务分析

对品牌与个人而言,直播带货是一个不可错过的营销机会与渠道。在直播间的互动氛围下,购买的群体效应更容易被激发,从而极大地提高销量。产品是直播能否长久的关键点,产品质量高、价格实惠更能吸引用户,留存率高才能让直播带货长久地运营发展。能否吸引用户眼球是直播带货脱颖而出的关键,所以直播内容制作须优质精良。

通过本节内容的学习,要了解直播的流程和规律,理解直播运营概念及原理,掌握直播运营的基本环节和整个过程,掌握客户关系管理的方法和策略,熟悉客户服务的基本理论,掌握直播产生的原因及规避方法,能对直播带货产品进行选择和评估,能综合运用所学知识完成一次简单的直播,并对直播效果进行评价(见表 5-3-1)。

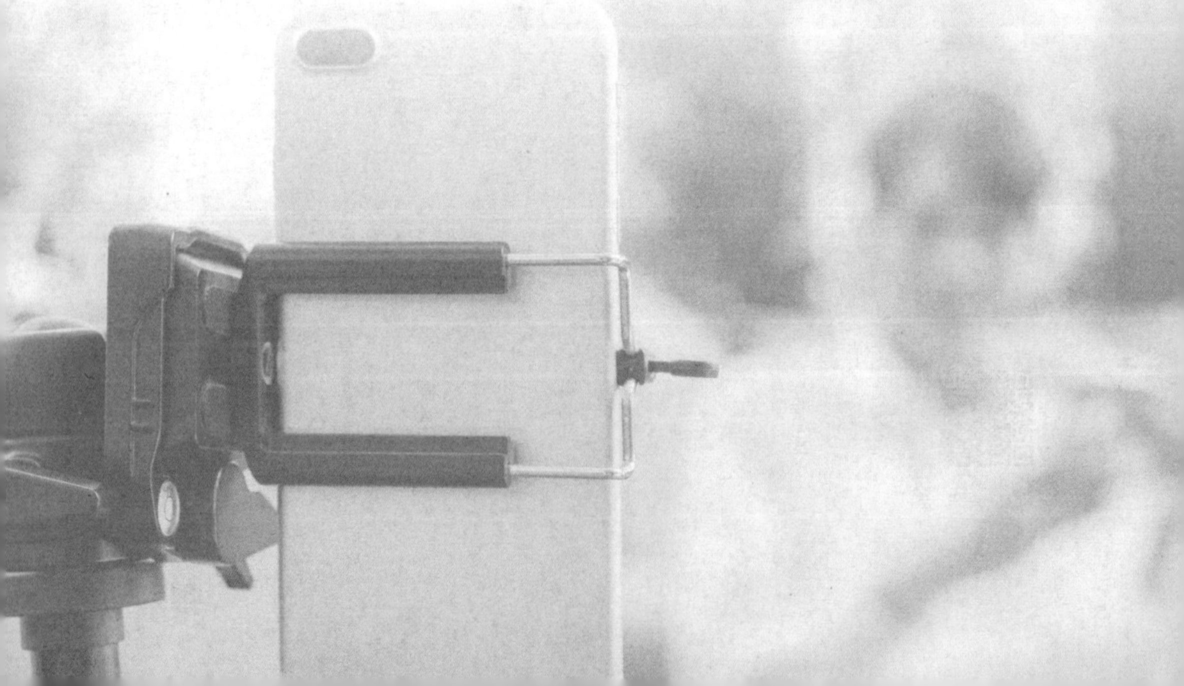

表 5-3-1 学习任务表单

任务概述	（1）了解直播类型及账号，确定好品牌直播属性、人群与平台，根据品牌特性，尽可能挑选平台的用户人群与品牌锁定的目标人群几乎重叠的平台，针对性地挑选一个平台进行深度运营，做到平台聚焦； （2）直播运营包含直播间优化和客户维护分析两个部分，直播间优化主要体现在主播筛选、团队分工、直播间呈现、商品选择、话术技巧、直播数据分析等方面； （3）掌握话术与技巧，通过主播与观众实时互动，让观众感知到切身服务，及时回应用户诉求及用户反馈。
学习目标	知识目标： （1）了解直播运营的特点与表现形式； （2）掌握直播团队分工的方法； （3）掌握直播带货的运营设计与粉丝维护方法； （4）掌握直播带货的原则和流程。 技能目标： （1）模仿直播带货案例完成一次直播带货实操； （2）学会根据选品定位选择合适的方式展现选品特色； （3）掌握直播带货的运营设计及话术技巧； （4）熟练运用用户的开发和维护技巧与方法； （5）能够根据选品的特征进行脚本创编。 素质目标： （1）通过合作探究式学习，培养良好的沟通协作能力； （2）具备良好的电商职业道德、诚实守信； （3）树立正确的义利观； （4）增强对直播内容的鉴别与批判。
学习内容	（1）直播带货团队打造，确保直播各个环节人员的流畅配合和快速反应，直播带货的顺利进行需要直播带货各环节的良好衔接和准备； （2）直播选品，要严把产品质量关，确保产品以及售后服务质量，应选择来自正规合法企业的产品； （3）掌握用户分层的基本步骤和方法，能够对直播间、平台、品牌用户进行分层，并通过场控、控评、场外触达等方式与观众互动； （4）掌握话术技巧，并灵活运用话术提升直播间的互动率、产品转化等。
学习重点	直播带货计划的安排；通过对直播的信息技术设备进行操作、话术技巧的运用等，锻炼直播间的管理能力。
学习难点	利用直播的优势，推进产品销售。

 知识准备

一、直播

1. 直播类型

（1）游戏直播

游戏直播主要面对游戏爱好者，是对游戏内容的分享和交流。游戏直播已形成一定规模，行业内已经有比较知名和有粉丝基础的主播。针对网络直播乱象、青少年沉迷游戏等问题，根据《中华人民共和国未成年人保护法》和网络直播、网络游戏等相关管理规定，国家广播电视总局网络视听节目管理司与中共中央宣传部出版局于2022年4月发布了《关于加强网络视听节目平台游戏直播管理的通知》，严禁网络视听平台传播违规游戏，加强游戏直播内容播出管理，加强游戏主播行为规范引导，严禁违法失德人员利用直播发声出镜，督促网络直播平台建立并实行未成年人保护机制，严格履行分类报审报备制度。

（2）泛娱乐直播

泛娱乐包含领域较广，体育赛事、演艺节目、才艺展示、生活直播、主播聊天、明星面对面等都属于泛娱乐直播。生活直播是对主播自己的日常生活进行直播，直播内容可以从饮食、出行到宠物等，通过与观众之间的互动拉近距离吸引更多粉丝关注。

（3）电商直播

电商直播的目的是通过直播来销售产品。电商直播不是仅仅用夸张的语言和戏剧效果来实现"饥饿营销"，电商直播可以增强主播与受众的交互和共情，符合互联网时代用户的社交习惯。电商直播实际上是电子商务在垂直领域的一个拓展。通过直播，电子商务更具有真实性和可控性。

（4）教育直播

教育直播，是将教育内容通过网络传输到观众端的一种实时互动式教学方式。教育直播的应用场景包括远程辅导、学术研究、在线课程及职业培训，具有个性化、实时性、互动性和便捷性等特点。它可以实现教师与学生、学生与学生之间的实时互动，打破了传统教育中的时空限制，让学习变得更加便捷、高效。

2. 直播账号

直播账号主要可分为四大类：品牌型账号、店铺型账号、商品型账号和 IP 型账号。

（1）品牌型账号

品牌型账号通常有成熟的研发能力，具备数据选品能力，注意品牌形象。以宣传品牌为主，销售带货为辅。这种厂家进行广告宣传的方式，比其他媒介方式更直接。通过带货可以达到品效合一，能有效促使品牌以最优途径接触到用户群体，并收集到有用的信息反馈，指导品牌迭代自己的产品和服务。这类账号通常有稳定的供应链体系和固定的宣传推广费用。

（2）店铺型账号

店铺型账号是指经销商等通过直播营销自己的商品。其无研发能力，但有数据选品能力。它的商品特征即比拼的要素是产品的吸引力，如价格、产品质量。有拼合型供应链，有固定品效推广费用，注重盈利能力。用户通过店铺直播直观地了解商品。这种直播的用户构成是意向客户和复购消费者，因此通过直播能转化有明确需求的用户。店铺直播类的达人特征是店铺达人，包括店铺员工、明星等。其流量来源是电商平台本身的流量，以及自有客户即私域流量。

（3）商品型账号

商品型账号通常无研发能力，但有模仿性选品能力，以售卖商品为核心定位，如特定品类的专家导购。直播的内容与商品的属性是强关联的，追求的第一目标是商品的销售转化。要想在同类产品直播销售中脱颖而出，价格并不是核心因素，比拼的要素是账号的信任度、主播人格魅力、账号与用户的关系以及产品吸引力。用户构成也是以粉丝为主、路人为辅。流量来源主要是自有的运营流量。有组货型供应链，无固定品效推广费用，注重盈利生存能力。

（4）IP 型账号

IP 型账号更注重 IP 形象，注重 IP 人设的差异化，注重盈利能力。主播能占据性价比标签的位置，并且在用户中拥有高信任度。用户构成往往是以达人粉丝为主，粉丝黏性相对较高。粉丝量越大，综合变现的能力越强。这类账号有依托型供应链，有数据选品能力，无固定品效推广费用，它的流量更多来源于自有的流量和活动平台的倾斜。用户有需求时，可以自行选品招商，帮用户找商品。其主要比拼的是达人的粉丝数、流量、产品和价格。这类账号门槛高，要打造可被大众所广泛认可和接受的人设，成为"什么都能卖"的达人难度高（见表 5-3-2）。

表 5-3-2 账号类型分析

账号类型	研发能力	选品能力	供应链	推广费用	主要关注点
品牌型	成熟	数据选品	稳定	固定	品牌形象
店铺型	无	数据选品	拼合型	固定	盈利能力
商品型	无	模仿性选品	组货型	不固定	生存能力
IP 型	无	数据选品	依托型	不固定	IP 形象

人力资源社会保障部、市场监管总局、国家统计局于 2020 年 7 月联合发布区块链工程技术人员等九个新职业。其中，"互联网营销师"包含其中。另外，还发布了包含"直播销售员"在内的五个新工种。

直播销售员分为初、中、高三个级别。从业人员可在官方指定机构接受培训，并获得培训认定。随着直播营销行业的快速兴起，不难看出直播营销员在未来将会越来越抢手。

3. 直播要素

（1）人员设定

团队建设，尤其是选择人设适宜、画风匹配的主播至关重要。

（2）用户（需求侧）

主播是否具有影响用户的能力，即是否具有私域流量。按照私域流量"AIE 标准"，主播要有长期的私域流量，就必须 IP 化，必须有忠实粉丝。

（3）选品（供给侧）

直播让产品成为焦点，会极大程度上放大瑕疵。商家高效的供应链和过硬的产品是关键。

（4）直播脚本

主播、用户、货品三者是基于场景交互的，需要按照既定脚本控制的剧情形成"场域"，促成大量成交。直播脚本可分为单品脚本和整场脚本。单品脚本和整场脚本的构成要素如表 5-3-3 和表 5-3-4 所示。

表 5-3-3 单品脚本要素

单品脚本要素					
产品名称	上架顺序	目标人群	产品卖点	话术技巧	互动设计

表 5-3-4 整场脚本要素

整场脚本要素					
直播主题	直播基本信息（时间、地点、环境搭建等）	人员分工	直播流程	话术技巧（可以单品脚本的形式呈现）	互动设计

二、优化直播运营

1. 基本概念

（1）运营

顾名思义就是运作和营收，是与产品生产和服务创造密切相关的各项管理工作的总称。

（2）直播运营

对直播进行计划、组织、实施和控制，以更好地打造直播间，获取更多粉丝的关注。

2. 直播间人员设定

直播间人员设定如表 5-3-5 所示。

表 5-3-5 直播间人员设定

直播团队	场上人员：主播、副播、助播（监控）
	场下人员：造势、客服
人员设定	主要角色
主播	介绍产品等，统筹全场
副播	带动气氛、介绍促销活动、提醒卖点、节点抽奖
助播	数据运营、场外监控、数据跟踪、复盘优化、画外音互动
造势	通过文字带动直播间氛围，引出商品卖点让主播回答
客服	负责抽奖登记，回复粉丝关于产品的问题

3. 选品

直播带货的核心价值仍是带货产品本身，须秉持对消费者认真负责的态度。

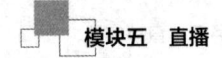

(1)引流款

专门为店铺引流的产品,通常是目标客户群体里面绝大部分顾客可以接受的、性价比高的商品,常常以成本价,甚至是低于成本价销售。例如,淘宝上的卖家为了提高自己店的信誉和销量,就主推价格实惠、质量不错的商品,卖家通过做活动,让顾客去买。这类产品不属于利润型,它们属于不盈利或者盈利幅度很小的产品。一般会用在直播带货开始前半个小时的热场活动中。

(2)爆品

上架该类产品的主要目的是清库存、冲销量。这些商品是直播间的主打款,又是冲销量的商品。

上架该类产品的时段没有太多的要求,为达到最大直播效果,产品需要时不时出现在直播中。在整个直播间里,讲解频次较高或讲解时长较长,以便加深消费者对商品的印象。

(3)利润款

适用于直播间目标用户里面某一特定人群。这部分商品一般品质高,产品卖点突出,用户对这类商品的价格敏感度不高。利润款决定一场直播的盈利。一般而言,利润款上架的时段是直播间人气和流量较高的时候。这样能确保利润款商品被更多的人看到。主播会适当拉长商品的讲解时间,并且通过不断反复讲解,一方面强调产品的价格或活动,另一方面向不断进入直播间的粉丝传递商品的信息,提高商品的转化率。

(4)常规款

通常是打造直播间形象的一些高品质、高调性、高客单价的极小众产品。仅会在产品销售中占极小一部分,目的就是提升形象,在无形中给直播间增添好感和信任。可以选择3~5款产品,适合目标客户里面的3~5个细分人群。常规款容易被忽略,有些直播间没有常规款产品。常规款商品不是为了利润,而是为了直播间的形象而存在的,可以在直播间人气不高也不低的时段,让主播适当讲解一下,让整个直播间的形象有所提升。

4. 直播间互动设计

(1)抽奖互动

包括抽奖预热,介绍抽奖的规则、门槛、奖品、注意事项等,可以选择不提前透露具体的抽奖规则,以便引导粉丝留在直播间。在直播过程中,定时重复关键信息，调动粉丝的积极性。如利用倒计时的形式，营造氛围感、提升期待度。

（2）其他互动

包括欢迎互动、问答互动、点赞互动、关注互动、转发互动等。注意设计好互动，包括互动时间、互动形式、互动说明等，重点在于构思、设计互动话术。

促单转化的三个手段：限时、限量、限地，见表5-3-6。

直播间工具：发红包、抽奖、助手刷礼物带节奏、主播才艺展示。

表 5-3-6　促单转化

制造紧迫感（限时）	制造稀缺（限量）	让用户占便宜，但只限在直播间（限地）
直播开抢 整点抽奖 限时抢购 直播结束	全场唯一 独家售卖 定制款 明星款	只送不卖 全场5折 小样 买赠 特价

5. 客户维护

第一次成为你顾客的人，成为你第二次顾客的可能性高达80%。常见的维护客户沟通技巧包括：老客户专场、粉丝见面会、粉丝立减、粉丝生日免单等。

（1）品牌粉丝维护

品牌粉丝指的是对直播在情感上有较强的依赖感和归属感的用户。对于他们来说，内容往往不是最重要的，重要的是账号的特点与互动性。要做好这类粉丝的维护工作，就要做好账号的运营，在凸显账号特色的同时，通过加强用户对直播品牌的参与度来留住用户。

（2）内容粉丝维护

这一类粉丝比较追求作品内容与质量。在被直播内容吸引后，产生关注行为。维护这类粉丝的时候，直播作品的质量和持续输出非常重要。其中，流程化的内容生产机制有助于通过这种规律来培养用户习惯，留住粉丝。与此同时，这类粉丝对直播内容有个性化诉求，因此，他们也是作品输出的关键力量。

（3）路人粉丝维护

路人粉丝是因为某一次爆款直播内容而关注直播间的粉丝，或者是某些线上活动引导而来的粉丝。直播粉丝一般都是路人粉丝，只有持续地播才有几个铁粉。对于这类粉丝，可以通过导流到社群，把公域流量平台的路人粉丝，变成私域流量社群的品牌粉丝。

三、直播带货话术技巧

在直播带货中，话术技巧是吸引观众、提高互动和促进销售的重要工具。

1. 开场话术

开场时，主播应使用吸引人的开场白，激发观众的兴趣，让他们有继续观看的动力。例如，可以通过自我介绍、预告福利等方式来吸引观众的注意力。开场白可以包括欢迎新观众、介绍直播主题和内容，以及预告即将提供的优惠或福利。此外，还可以通过幽默的话题或有趣的开场白来营造轻松愉快的氛围，从而拉近与观众的距离。

2. 产品介绍话术

清晰简洁地介绍产品的特点、优势和功能，突出产品的价值和独特之处。这有助于增强用户对产品的信任感。例如，可以展示产品的可信度和销量证明，如网友推荐、网红背书等。在描述产品时，主播应详细讲解其卖点、优势和使用场景，并利用生动的比喻或形象的描绘来增强观众的代入感。此外，还可以通过展示产品的实际效果或使用体验来增强说服力。

3. 互动话术

通过提问、选择题和刷屏式互动增加观众参与感，提高直播间活跃度。例如，可以要求观众在评论区刷特定的字或符号，营造一种热闹的氛围。互动话术还包括及时回答观众的问题、连麦互动，以及设置小游戏或小福利来增加趣味性和吸引力。这些互动不仅能提高观众的参与度，还能增强他们对直播内容的兴趣和忠诚度。

4. 促单话术

在用户犹豫时使用，强调限时优惠、数量有限等紧迫感，刺激用户购买欲望。例如，可以说"不用想，直接拍，只有我们这里有这样的价格，往后只会越来越贵"。促单话术还可以通过强调产品的独特性和限时优惠来塑造价值感，促使用户立即下单。此外，还可以利用用户"怕失去""怕错过"的心理，通过饥饿营销策略来推动购买决策。

5. 情感话术

通过情感联结来增强消费者的购买意愿。例如，主播可以分享个人使用体验，建立一种"自己人"的感觉，使消费者感受到被重视。情感话术还包括感谢观众的支持，以及分享一些与产品相关的真实故事或经历，从而拉近与观众的情感距离。

6. 结束话术

在直播结束时感谢观众，并预告下次直播的时间和重要产品，以保持观众的期待和忠诚度。结束话术可以表达对观众陪伴的感激之情，并预告下一次直播的主题和亮点。此外，还可以通过发放小礼品或预告下一次直播的福利来激励观众继续关注。

在直播过程中保持灵活应对各种突发情况的能力，如及时回应观众提问、调整直播节奏等。应变能力是主播成功的关键之一，能够帮助主播在面对意外情况时迅速做出反应，维持直播的流畅性和观众的参与度。

通过这些话术技巧，主播可以更好地吸引观众，提高直播带货的效果和转化率。掌握这些技巧需要不断练习和总结经验，以适应不同的直播场景和观众需求。

案例分析与实践

一、直播案例分析

分组检索不同类型的直播，分析直播的内容、结构及特征，完成下列表格的填写（见表 5-3-7 ~ 表 5-3-11）。

表 5-3-7 案例基础信息

直播名称	
直播内容描述	
直播间风格特点	

表 5-3-8 单品解说脚本

序号	内容	方式	时长	效果
1	引出话题			
2	提出痛点			
3	建立信任			
4	产品卖点			

续表

序号	内容	方式	时长	效果
5	使用体验			
6	引导消费			
7	组合销售			

表 5-3-9 话术设计

序号	品牌	类别	卖点	话术	问答案例
1					
2					
3					
4					
5					
6					

表 5-3-10 话术设计技巧应用

技巧一:用话术阐述目标人群的痛点	痛苦场景: 严重后果: 未来风险: (注:严重后果和未来风险为选填项)	
技巧二:FABE 法则	F(属性)	
	A(优势)	
	B(好处)	
	E(证据)	
技巧三:使用限时、限量、限价等字眼		

表 5-3-11 流程指导人员分配表

类型	推流	客服	运营
时间	19:30~20:35 (19:00 到位)	19:30~20:35 (19:00 到位)	19:30~20:35 (19:00 到位)
负责人			
协助人			
职责			(1)店铺正常运作 (2)后台数据监控汇报(表格数据由运营定制提供)
事项	预热 抛出问题 附和观众意见 虚拟下单		

续表

类型	推流	客服	运营
内容		抖音客服： （1）统一名称：客服×× （2）回答客户问题、重复论述产品卖点 （3）活动规则重复刷屏 淘宝客服： （1）产品卖点答复 （2）相应优惠券发放	

二、直播实训任务

按照直播活动岗位进行直播分工，研究任务表单并规划直播活动（见表5-3-12）。

表5-3-12 直播带货任务表单

拍摄任务名称	直播带货
任务目标	直播脚本完整，能够体现带货产品的卖点； 人员分工合理，直播间配合默契； 话术符合具有幽默感及体验感，能较好地完成促单行为； 直播流畅、展示完整
任务要求	（1）完成直播带货脚本 　　文案部分包括直播的主题、流程、话术及选品，为直播工作打下良好的基础。 （2）直播执行管理 　　直播策划过程中，要从团队构建、直播设备、直播手法、直播布场等方面出发，掌控直播执行过程。 （3）直播数据分析 　　能初步通过构建竞品指标体系、单场指标体系、大数据指标体系收集数据，加以详细研究，提取有用信息，并驱动直播业务决策，解决直播问题。能获知平台流量数据、行业流量数据、标签流量排行和主播情况，明晰平台的直播带货现状和自身所处情况。了解对手的市场状况和运营策略，学习优点、规避不足。

直播脚本能够确保直播流程的顺畅进行。通过科学规划和严谨执行，直播脚本帮助主播有序地展开直播，避免出现无话可说或逻辑混乱的情况。它为主播提供了一个清晰的结构，确保内容的连贯性和逻辑性，从而提升观众的观看体验。根据任务描述完成脚本的安排（见表5-3-13和表5-3-14）。

表 5-3-13　整场直播活动脚本

直播主题				
直播时间				
直播地点及形式				
直播平台				
直播人员安排				
直播目标				
前期准备				
时间段	环节	主播	助理	场控/客服
	开场预热			
	开播抽奖			
	产品预告			
	产品讲解：1号产品（引流款）			
	互动活动：1元秒杀			
	产品讲解：2号产品（利润款）			
	互动活动：小游戏			
	产品讲解：3号产品（利润款）			
	互动活动：专家分享			
	总结返场			
	结尾预告			

表 5-3-14　单品直播脚本撰写

讲解时间	××：×× 开始讲解；讲解时长：×× 分钟；商品链接：×× 号	
品牌介绍		
产品卖点	外观	
	功能	
	特点	
产品展示		
目标人群		
直播间利益点		

任务考核

一、单选题

1. 以下哪一个不属于新兴的移动直播平台（　　　）。
   A. 映客　　　　B. 花椒　　　　C. 知乎　　　　D. 快手

2. 在直播领域，（　　　）是最简单、最直接的一种变现方式。
   A. 植入广告　　B. 会员变现　　C. 用户打赏　　D. 内容付费

3. （　　　）是一款短视频和直播电商服务平台，可以为抖音、快手和哔哩哔哩平台上的短视频创作者和直播间提供数据分析服务。
   A. 飞瓜数据　　B. 蝉妈妈　　　C. 新抖　　　　D. 灰豚数据

4. RFM 模型是衡量用户价值和用户创利能力的重要工具和手段。通过用户近期购买行为、购买总体频率以及（　　　）这三项指标来描述用户价值状况，对监控用户分层流动、制定精准化运营策略十分有效。
   A. 预期购买金额　　　　　　　B. 总花费
   C. 购买品类　　　　　　　　　D. 在线时长

二、多选题

1. 以下哪一项不属于传统意义上的直播（　　　）。
   A. 以电视为载体的文艺活动直播
   B. 以广播平台为载体的体育比赛直播
   C. 以优酷为载体的新闻事件直播
   D. 以抖音为载体的带货直播

2. 根据平台的主打内容不同，直播主要分为（　　　）等类型。
   A. 游戏直播　　B. 电商直播　　C. 教育直播　　D. 泛娱乐直播

3. 典型的电商类直播平台有（　　　）。
   A. 淘宝直播　　B. 京东直播　　C. 唯品会直播　　D. 拼多多直播

4. 直播营销的常见形式包括（　　　）。
   A. 直播＋电商　　　　　　　　B. 直播＋内容营销
   C. 直播＋个人 IP　　　　　　　D. 直播＋广告植入

5. 基于用户生命周期的分层包括（　　　）等不同类型。
   A. 导入期　　　B. 转化期　　　C. 成长期　　　D. 流失期

6. 在直播搜索模块输入商品关键词，即可获知该商品在哪类直播间销售额高，通过直播详情页查看该直播间的（　　）等作为参考。

A. 购买人数　　B. 推广策略　　C. 主推商品　　D. 消费金额

三、判断题

1. 直播团队的运营任职要求为具备完整的活动策划能力、缜密的数据分析能力、强大的执行能力及紧急事件处理能力。（　　）

2. 直播团队的核心任务是做好直播，在直播流程方面需要仔细梳理，形成无缝衔接，团队成员以此进行细化分工，明确对接流程和工作职责，有利于提高团队的协作效率，避免无效工作。（　　）

3. 用户画像是精细化运营的数据基础，可以将运营资源定向投给合适的用户，对于提高用户留存、转化和裂变起到一定作用。（　　）

4. 基础人口属性包括性别、年龄段、城市地域、职业、经济收入、渠道来源、用户活跃表现、价值贡献高低、影响力大小等，这是常用的用户分层维度。（　　）

5. 直播时，用户如果对主播推荐的商品感兴趣，大多会点击购物车查看商品详情，而用户的这一操作可以体现在直播中的"正在购买人数"弹幕上。（　　）

任务考核答案 5-3

视频微课 5-4
社群运营与社群直播

任务四　社群直播

任务分析

社群是流量基础,作为私域流量,有着很重要的作用。维护好社群,有利于下次直播。与此同时,社群是一个很好的宣传途径,那些对直播感兴趣的人可以加入社群中。社群直播是将社群跟直播结合起来,运用社群的流量,将其转化为直播的粉丝,成为潜在的消费用户。通过社群直播,让社群成员直观地了解产品,也是与社群成员产生互动、增加客户黏性及产生复购最好的渠道。例如,通过在微信上分享直播链接,从而吸引用户观看直播,打造属于自己的私域流量,进行裂变分销。

通过本节的学习,要了解社群的类型和社群运营的方法,以及社群直播的方式,能初步按照社群直播的特点完成一次社群直播策划,掌握运用社群运营及直播留存策略实现促进用户留存的技能(见表 5-4-1)。

表 5-4-1 学习任务表单

任务概述	（1）优化社群直播，做好直播前预热，借助社群对直播活动做预热工作，从而提高直播带货的销量；做好直播间的开场、互动，以及收尾；直播后，做好社群维护； （2）按照社群的五个构成要素，制定社群运营策略，满足不同社群的差异化需求；打造社群运营团队； （3）确定社群直播模式，采用在直播间设置分销员的方式，通过企业在系统后台进行设置，添加分销员的身份。借助系统的营销工具，增加直播带货带来的收益。
学习目标	知识目标： （1）了解社群、社群运营与社群直播； （2）了解社群直播的特点和优势； （3）掌握社群运营的策略； （4）掌握社群直播分销的概念与方式。 技能目标： （1）能界定社群类型； （2）能运用社群运营及直播留存策略，实现用户留存。 素质目标： （1）提升独立思考能力，培养创新思维能力； （2）培养拆分思维与聚合思维； （3）培养脚踏实地的实干精神。
学习内容	（1）掌握社群和社群运营的基本概念，了解建设社群的目标与任务，掌握社群运营的基本原则与方法策略，针对不同类型社群构建社群运营团队，掌握社群运营的技巧； （2）掌握社群直播的原理，了解社群直播的基本流程，并通过创建社群直播运营团队、打造社群直播脚本，优化社群直播运营； （3）设置合理的用户裂变机制，通过分享分销活动机制吸引用户成为分销员，或设置小程序页面点击直接进入直播，扩大宣传渠道。
学习重点	社群直播的策划；通过社群直播流程策划、团队搭建、数据评估，优化社群直播运营。
学习难点	社群运营和社群直播的概念及原理；找到社群直播的方式，提升直播效能。

知识准备

社群直播 =70% 社群运营 +20% 直播转化 +10% 工具营销。实现私域流量裂变的核心在于社群运营。

一、社群

1. 概念

社群是一群人的连接，是人聚集而成的产物，有一定的社会形态。通常有共同的目标及共同利益，基于各种文化和互利机制、合作模式等手段，让一群人聚合和链接的组织。人和人要产生交叉的关系和深入的情感联结，才能被看作社群。

2. 特点

传统的社群形式大多受时空限制，社群的直接沟通也相应受到局限。随着移动互联网快速发展，打破空间、时间的高效率工具的出现，桌面端转移到移动端，QQ、微信、聊天室等成为新媒介，社群组织、互动、管理变得容易。体现出以下特点。

（1）身份认同和归属感

共同的利益是把社群成员链接起来的必要条件。这里的利益不单单指金钱，还包括他们共同的兴趣爱好，以人为核心。人的兴趣爱好越来越广泛，做社群要有一个清晰的定位，以及你想做的社群细分领域。

（2）去中心化

每个人在社群中是一个内容的贡献者，也是一个获得者。彼此建立圈层化分享、互动和体验，并从中互利，通过去中心化的社交和网络服务的方式，形成一个强链接关系的社交组织。

（3）同好

这里指人们对某种事物的共同认可或行为。建立社群一定要明确我们为了什么而聚到一起？最重要的是一起做什么。例如，可以基于某一个产品而聚集到一起，如宝宝奶粉、宝宝辅食；可以基于某一种行为而聚集到一起，如电影爱好者的影视分享群、爱旅游的驴友群、考四六级的考级交流群；可以基于某一种标签而聚集到一起，如房车生活的粉丝；可以基于某一种空间而聚集到一起，如某生活小区的业主群；可以基于某一种情感而聚集到一起，

如同乡会、校友群、班级群等。

3. 结构

结构决定社群的存活。对社群的结构进行有效规划，才能避免社群走向沉寂。社群基本结构包括：组成成员、交流平台、加入原则和管理规范。结构做得越好，社群生命力越强（见表5-4-2）。

表5-4-2 社群结构

序号	结构	要求	说明
1	组成成员	发起那些有"同好"的人形成金字塔或者环形结构	第一批成员会对以后的社群运营产生巨大影响
2	交流平台	选择一个聚集地作为日常交流的大本营	目前常见的有QQ、微信、YY等
3	加入原则	设置一定的筛选机制作为门槛	保证社群质量； 提升社群成员归属感
4	管理规范	设立管理员； 不断完善群规	/

二、社群运营

1. 社群组成

（1）创建者

社群的创建者是社群组建的灵魂人物。社群的创建者一般的特质包括：人格魅力，在这个社群主体所在领域范围内有一定的积累和话语权，能号召一定的人群。

（2）管理者

社群的管理者应具备如下方面的品质：有责任心，恪守群管理职责；有良好的自我管理能力，以身作则，率先遵守群规；有耐心，团结友爱，顾全大局，遇事从容淡定；决策果断，能够针对成员的行为进行评估；赏罚分明，运用平台工具实施不同的奖惩。起到两个作用：一是成为连接社群领袖和社群成员之间的纽带。二是执行群规则，管理社群。若有社群规则但是没有去落实，规则就等于形同虚设。经过社群规则的筛选，剩下来的成员会是一群具有规则意识的、高质量的该主题领域社群。

（3）参与者

社群参与者应风格多元，并尽可能参与到社群的活动或者讨论中。社群中应该有核心用户。核心用户是一个社群的灵魂，一个社群如果没有足量的核心用户，那这个社群是无法活跃的。

（4）思考者

社群中的思考者角色通常学习能力较强，能够深刻理解社群文化，参与过社群的构建，熟悉所有细节。

（5）分化者

社群中的分化者角色是未来社群复制的种子用户，是复制社群规模的基础。

（6）付费者

社群的运营与维护需要成本，包括时间和物料的消耗，所以社群要有给予经济来源的付费者。付费的原因可以是购买相关产品、社群协作的产出、基于某种原因的赞助等。

（7）合作者

社群中的合作者角色应认同社群的核心价值观，有匹配资源的外部合作者和懂链接、能谈判、善交流的内部开拓者。

2. 管理模型

社群管理模型可分为两种：环型和金字塔型。

（1）环型

群交流以相互影响和相互变化的形式存在。一般来讲，在这种群中，存在一个非常活跃的灵魂人物，他可能同时是管理者、开拓者、思考者。如果群里拥有2~3个活跃的思考者，那么这个群不但生命力很强，而且会碰撞出很多火花，如社交群。基于社交的环型社群，通常会有几个以上的活跃的灵魂人物，这样的群有很强的生命力，而且会碰撞出很多的火花。环型的社群应控制人数。太大的规模不利于环型社群运营。社群的产品逻辑是，群员进入关系是相对平等的，社群是一个松散型组织，不超过40人是一个小型自组织形态最佳的规模。

（2）金字塔型

在金字塔型社群中，主要包括

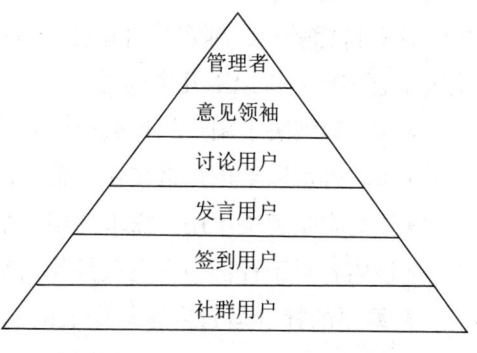

图5-4-1 社群成员金字塔结构

一个高影响力人物和一群组织者帮助管理群，群员基本上都是追随高影响力人物。金字塔结构适合学习群。这种群里，高影响力人物经常定期分享，由组织者进行日常的群管理（见图5-4-1）。

3. 运营策略

（1）输出

持续输出有价值的东西是考验社群生命力的重要指标之一，决定了社群的价值，所以社群在成立之前具有一定的活跃度，但随着时间的增长，若不能持续提供价值，社群的活跃度会慢慢下降，最后沦为广告群。为了防止这种情况的出现，优秀的社群一定要能给群员提供稳定的价值，如坚持定期分享。对社群成员来说，会选择屏蔽不能提供价值的社群，再去加入一个新群或选择创建一个新群。没有足够价值的社群迟早会被解散。

（2）复制

能否复制决定了社群的规模。是否应该复制需要考量两个因素：一是，是不是真的有必要通过复制扩大社群规模。情感归宿和价值认同是社群的核心，社群过大，情感分裂的可能性就越大。例如，进入一个人数很多的群，可能产生的问题是遴选信息的成本和人员相互认识的成本高。二是，通过复制是否能达到较好的变现效果。大部分社群运营的最终目的是变现，要根据社群的成长阶段，判定社群位于成长周期的哪个阶段，确定能否通过复制提升变现效果。

（3）仪式感

创造仪式感，让组织有更强的归属感。例如，可在固定时间、固定氛围下发表咨询。通过简单的事情重复做、重复的事情用心做来创造仪式感。

（4）社群分享

针对目标受众，确定社群运营内容的主题，并将主题分解到每周、每天。确定主题需要思考以下几个问题。

- 该内容解决了用户的什么痛点问题？
- 该内容可以给用户带来什么思考价值？
- 该内容是解决了用户需求的哪一个具体场景？
- 该内容对于社群而言亮点是什么？

在编写的社群运营内容规划表的基础上，结合用户属性，进一步规划内容输出的时间。确定相对固定的时间有助于提升关注度，不要随意发挥，以免打乱预定计划，影响到运营的全套规划。如内容发布在晚上还是早上，一天一次还是一天两次。切忌因为社群一时的活跃和一时的沉寂，就瞬间决定调整思路，打乱输出时间。内容形式多元选择、不拘一格。重点关注宣传页设计、色彩搭配、图片样式、设计灵感等。宣传页的设计应突出主题内容的关键点，按照一定的逻辑关系，提炼出该主题内容的2~3个关键点。内容切忌过长，主题切忌太分散。

文案的口吻直接关系到内容是否具备社群亲和力。社群亲和力指的是内容除了在主题上是切中用户需求的，在身份上也应是与大家同频的。"内容输出"还要衡量群员的输出成果，好的社群里所有的成员都有不同层次、不同领域的高质量输出。优化内容需要思考以下几个问题：

- 哪些内容用户更喜欢？
- 哪些内容是用户喜欢且对社群引导目标有很大的关联性的？
- 哪些内容是用户喜欢，但是社群还没有输出的？
- 哪些内容是用户不喜欢的，社群却输出了？

互动式引导贯穿内容运营的每一个周期。社群运营就像一场由运营管理员精心策划的舞台剧，主角是核心用户或是意见领袖，运营管理员则是幕后的编剧或者导演。分享时保持气氛要注意以下几点：

- 暖场时，保持账号活跃；
- 保持仪式感，欢迎仪式要隆重，所有环节要保持应有的氛围；
- 注意控场，主持人要随时控场，要做好舆论引导，调节场内气氛；
- 及时反馈，对于群内成员的疑惑，要及时引导并给予适当帮助；
- 维持纪律，分享纪律很重要，要保证分享的流畅性；
- 结束后要及时跟进分享，做好复盘。

设置群规，基本群规包括以下几个方面：

- 不要发广告；
- 不要灌水；
- 不要滥发表情包；
- 不要私拉好友；
- 如要分享内容，须事先和本群组织者联系，允许后再发，并说明分享意图和理由；
- 广告合作联系群主：广告集中发给管理员，由管理员在规定广告时间内（比如固定在周六日）统一代发；
- 不准讨论非本群话题。

三、社群直播

1. 形式

社群直播支持多种展示方式。可以根据直播的类型，以及直播带货的种类，调整不同的直播展示样式。

2. 优势

社群直播能让用户直观地了解产品，也是与客户产生互动、令客户产生黏性以及产生复购最好的渠道。通过运营社群，再配合直播的留存方案，实现用户留存促活，推动企业发展。

打造商业闭环：企业开启社群直播新模式，可以帮助他们打造商业闭环。

裂变获客：使用社群直播分销系统，解决企业获客难题，低成本进行高效率获客，获客更加精准。

留存促活：想要实现用户促活，可以借助直播中的各种营销活动，对私域流量的用户进行转化，也能更好地提高流量转化率。

3. 直播流程

社群直播与直播带货基本流程均包括直播前、直播中、直播后三个环节。

（1）直播前

提前3~5天在社群通知，给予充足的时间为直播做宣传。主要通过发起一些直播内容的提问预热。部分问题可以马上解答，同时可以留一些在直播当天解答，也是为直播引流做好准备。若社群直播在晚上8点，则从当天中午或者下午两三点开始，从直播流程、直播福利方向上切入再做预告，提醒用户直播的具体时间，并进行福利预热。直播前倒计时1小时开始发放红包，召回群内的用户。以群接龙来接力，如常用的方式是在公告最后面加一句接龙的话语，比如"今晚8点，看直播领红包"。提升群里的直播热情与氛围。多群同步开启直播提醒，快速触及所有用户。

（2）直播中

开展直播团队配合、控场与话术、问题收集以及转播直播内容。转播的方式可以通过截取一些过程中比较"好看"的截图，然后配上文案转发至群或者朋友圈来引导那些未观看直播的人关注直播。

（3）直播后

做好收尾和引流，引导这些用户沉淀到我们的个人号和公众号上。

四、社群直播分销系统

借助工具更快地实现社群与直播的整合，利用社群团购直播分销系统，快速将内容融会贯通，并充分运用营销手段，优化运营。

1. 汇聚流量

社群直播分销通过汇聚更多的客户流量，有效提升商家销量。直播这种形式其实有着很好的渲染力，通过社群直播去吸引客户。客户也可通过直播了解商家的经营模式及商品，提升对商家的信任感。商家通过直播能够更好地展现自己的商品，提升自己的品牌形象。吸引更多客户的加入，将流量引流到直播分销系统上来，实现锁客。再加上商家的奖励机制的推动，可以更好地调动大家的积极性，从而为商家带来更多的订单数量。

2. 裂变拓客

社群直播分销可以有效地扩展和裂变客户。通过社群直播分销可以更好地促进客户的裂变，直播形式可以让商家直接对话客户，同时直播的链接也可以被客户进行分享和转发，如此就可以让更多客户看到直播链接信息，从而进入直播平台。商家通过直播这个模式去培养客户的忠诚度，解决客户的问题，提升客户的业务能力，最终让客户转变成为分销商。如此可以实现客户自动裂变。商家只需要设计好佣金制度，就可以更好地激励客户去加入社群，并进行裂变。

3. 提升平台影响力

直播分销有助于平台影响力的提升。社群直播分销系统会吸引来更多的客户。反过来，平台的影响力大了，那么客户也会对商家更加信任，形成良性循环。社群团购直播分销能够促进商家业务顺利进行。社群直播分销模式能很好地带来更多的客户流量。

案例分析与实践

一、社群运营案例分析

假设你所在的团队运营有一个"夕阳红驴友"社群,试分析社群运营的策略及团队分工,完成下列表格的填写(见表 5-4-3~表 5-4-5)。

表 5-4-3 夕阳红驴友群日程表

夕阳红驴友群							
	星期一	星期二	星期三	星期四	星期五	星期六	星期日
上午	6:00~8:00 早安打卡 10:00~12:00 专业知识分享					管理员统一 发布广告	
中午	休息						
下午							
晚上			驴友 分享会	自由沟通 交流学习			每周复盘

表 5-4-4 线下活动设计

类型	内容
沙龙	旅游文化欣赏、培训、读书会等
运动	
兴趣	
公益	义工、环保、社区服务、慈善、助学等

表 5-4-5　常用旅游社群运营模式

运营要素	微信群 1	微信群 2	微信群 3
规模		创建 50 人的群	
主题			
结构	金字塔型结构，只有通过管理员才能入群		环型结构，每个人关系平等，都有邀请权限。创建者可以踢人，提供准入审核
权限			
共享			

二、社群直播实践

1. 任务要求

社群直播任务要求如表 5-4-6 所示。

表 5-4-6　社群直播任务要求

建立社群		完成一份社群策划方案。确认社群模式，围绕社群模式，确定给粉丝带来什么样的社群直播、线下活动。对社群团队进行分工，运用恰当的社群运营策略，进行社群运营。初步确定社群直播的主题
社群直播	直播前	（1）设计活动方案： • 整体 SOP 执行方案； • 设计裂变海报（具备裂变属性）； • 建立可复制化操作方法； • 吸引种子用户（推广首批用户）； • 专业社群运维（社群种草营销）； • 持续进行裂变（滚雪球式的裂变）。 （2）确定引流产品：活动引流诱饵。 （3）动员团队报名：提升代理参与度。 （4）建群定 PK 方案：建立指挥群。 （5）预热： • 提前 3～5 天——做公告告知； • 直播前 1 天晚上——群活动预热

续表

社群直播	直播中	做好宣传引导，营造氛围： （1）社群种草：产品种草、品牌种草； （2）社群公开课：转化初级客户； （3）直播转化：秒杀、零售、代理； （4）促进回款：动销升单、升级补货
	直播后	（1）做好引流转化； （2）设计线下活动

2. 社群直播实践任务

请根据社群类型，策划一次社群直播（见表 5-4-7）。

表 5-4-7 社区直播策划

社群名称	
社群模式	
运营团队	

社群直播			
序号	结构	要求	
1	直播前	
2	直播中	
3	直播后	

任务考核

一、多选题

1. 留住社群核心成员，需要做到（　　）。
   A. 追求大而全的运营规模　　B. 持续完善社群运营流程
   C. 建立合理的回报机制　　　D. 设置固定的组织架构
2. 社群淘汰规则包括（　　）。
   A. 人员定额制　　　　　　　B. 犯规剔除制
   C. 积分淘汰制　　　　　　　D. 成果淘汰制
3. 社群营销的价值主要体现在（　　）。
   A. 刺激产品销售　　　　　　B. 提供交流平台
   C. 感受品牌温度　　　　　　D. 维护顾客黏性
4. 邀请名人嘉宾参与线上线下社群活动的有效手段包括（　　）。
   A. 通过新媒体建立连接
   B. 主动为名人提供帮助建立连接
   C. 通过邮件真诚邀请建立直接连接
   D. 做出影响力吸引别人主动建立连接
5. 通过社群建立强关系的途径有（　　）。
   A. 社交关系　　B. 交叉覆盖　　C. 定期淘汰　　D. 创造连接

二、判断题

1. 失焦是社群消亡的主要原因。　　　　　　　　　　　　　　　　（　　）
2. 社群商业变现的模式有自建社群、转卖社群、承包社群、打入社群。
   　　　　　　　　　　　　　　　　　　　　　　　　　　　　　（　　）
3. 通过与社群有关的 KOL 进行合作，引起他们转发，是线下宣传内容引爆的主要方式。　　　　　　　　　　　　　　　　　　　　　　（　　）

三、简答题

请列举常用的旅游社群模式。

任务考核答案 5-4

参考文献

https://www.icourse163.org/course/ZJU-21002?from=searchPage&outVendor=zw_mooc_pcssjg.

https://www.icourse163.org/course/GDIT-1206311831?tid=1472365492.

https://www.icourse163.org/course/HUST-1003174001?from=searchPage&outVendor=zw_mooc_pcssjg_.

https://www.icourse163.org/course/SWJTU-1463202168?from=searchPage&outVendor=zw_mooc_pcssjg_.

https://www.icourse163.org/course/XJTU-1205911816?from=searchPage&outVendor=zw_mooc_pcssjg_.

https://www.icourse163.org/course/NTVU-1468606161?from=searchPage&outVendor=zw_mooc_pcssjg_.

https://www.icourse163.org/course/SYSU-136001?from=searchPage&outVendor=zw_mooc_pcssjg_.

https://www.icourse163.org/course/CUC-1003758002?from=searchPage&outVendor=zw_mooc_pcssjg_.

https://www.icourse163.org/course/ZZU-1207195801?from=searchPage&outVendor=zw_mooc_pcssjg_.

https://www.zhihu.com/topic/19647591/hot.

https://www.zhihu.com/search?q=%E7%94%A8%E6%88%B7%E5%88%86%E5%B1%82&type=content.

https://zhuanlan.zhihu.com/p/159367065.

https://www.zhihu.com/search?type=content.